全訂 人事・労務管理シリーズ Ⅰ

労働条件の決定・変更

安西法律事務所　監修
社団法人 全国労働基準関係団体連合会　編

社団法人 全国労働基準関係団体連合会

はじめに

　近年のわが国の社会経済の変化は、めまぐるしいものがあります。産業・経済のグローバル化、ＩＴ技術の進展等により産業構造が変化していることに加え、経済全体が低迷する中においても国際間競争が激化している状況にあり、各企業ともその存続をかけて各般にわたっての懸命な対応に迫られるなど、厳しい環境下におかれています。

　こうした環境変化は、労働の場にも大きな影響を与え、雇用形態の多様化、非正規労働者の増加といった働き方にも影響を与えています。また、不況にともなう失業率の増加といった雇用環境の悪化が懸念される一方、急速な少子高齢化による労働力人口の減少により、企業としてもその支え手となる有能な人材を確保することが今後困難になっていくことも想像に難くありません。

　また、現に企業内で働く「人」の管理、すなわち人事労務管理のあり方についても、従来の画一的に管理可能な労働者像を想定したものでは限界があり、人材の多様化・個別化への対応が求められています。そして、一方においては、個別労使間のトラブルが急増し、その内容も解雇や労働条件に関する事案のほか、過労死、メンタルヘルス、職場のいじめなど多岐にわたっており、企業としても、リスク管理によるトラブルの未然防止という観点から、これらの問題への深い認識と真摯な対応が必要となってきています。

　本シリーズは、このような労働関係をめぐる諸問題や人事労務管理のノウハウについて、関係法令の基礎知識はもちろんのこと、より深く理解を深めるために、関連する裁判例、学説などを数多く紹介・収録し、企業担当者の方々の実務的な対応への参考となる書として編集したものです。

　本シリーズは、平成18年に初版として発行したものですが、6年ぶりのリニューアル版となる今回は、項目を整理して大幅な再構成を試みるとともに、その間に制定された労働契約法のほか各関係法令の改正や最近の新しい裁判例等も多数盛り込みました。

　そして、その時々で必要なＱ＆Ａだけを読んでも理解できるよう、関

連事項のＱ＆Ａを多く設け、随所に図解を加えながら解説しています。さらに巻末には、本書で紹介した裁判例の索引を付し、より理解を深めるための裁判例資料の活用にお役立ていただくことを企図しています。

　また、末筆になりましたが、本書リニューアルにあたり、監修をいただいた安西法律事務所の安西愈先生、諸先生方をはじめ執筆・編集にご協力いただきました皆様には、深く感謝申し上げます。

　最後に、本シリーズが、事業主、企業の人事労務担当者、関係労使の皆様などに広く活用され、お役立ていただけることを願ってやみません。

平成24年8月

　　　　　　　　　　　　　　　社団法人 全国労働基準関係団体連合会

全訂 人事・労務管理シリーズ I
労働条件の決定・変更

Contents

第1部 労働条件の決定システム

第1章 労働条件を規律するもの ── 3

- Q1 労働契約の基本原則 ………………………………………… 4
- Q2 労使対等の原則と法令による補充 ………………………… 10
- Q3 就業規則による労働条件の決定 …………………………… 14
- Q4 労働協約による労働条件の決定 …………………………… 19
- Q5 労働条件を決定する規範と効力関係 ……………………… 23
- Q6 労働慣行と法的意義 ………………………………………… 28
- Q7 労使協定の意義と効力 ……………………………………… 34

第2章 労働契約の成立と労働条件の決定 ── 41

- Q8 募集条件と労働契約の内容の相違 ………………………… 42
- Q9 採用内定の意義と内定者の研修参加義務 ………………… 47
- Q10 労働契約締結時の労働条件の明示 ………………………… 51
- Q11 試用期間中の労働条件 ……………………………………… 56

第2部 労働条件の変更システム

第1章 就業規則による労働条件の変更 ── 63

- Q12 就業規則の作成・変更手続き ……………………………… 64
- Q13 就業規則の不利益変更 ……………………………………… 69
- Q14 合理性の総合判断要素ごとの判断内容 …………………… 75
- Q15 合理性の総合判断要素の軽重 ……………………………… 85
- Q16 激変緩和のための調整給の支給期間 ……………………… 90
- Q17 就業規則の作成・変更手続き違反と有効性 ……………… 93

第2章　労働協約による労働条件の変更 — 97
- Q18　労働協約の規範的効力 …………………………………… 98
- Q19　労働協約の不利益変更と規範的効力 ………………… 102
- Q20　労働協約の不利益変更と一般的拘束力 ……………… 106
- Q21　不利益変更の一般的拘束力と少数組合の組合員への適用 ‥ 109

第3章　労働慣行と労働条件の変更 — 115
- Q22　労働慣行の改廃・変更の方法 ………………………… 116
- Q23　労働慣行と一方的な不利益変更 ……………………… 120
- Q24　労働組合との労使慣行と通常の労働慣行の改廃の違い …… 125

第4章　個別労働契約の変更 — 129
- Q25　不利益変更と黙示の同意 ……………………………… 130
- Q26　変更解約告知 …………………………………………… 136

第3部　各種の労働条件の変更

第1章　労働時間、休日、休暇の変更 — 145
- Q27　労働時間の繰上げ等の導入 …………………………… 146
- Q28　休日増加と1日の労働時間の延長 …………………… 152
- Q29　変形労働時間制の導入 ………………………………… 157
- Q30　割増賃金の支給対象時間の変更 ……………………… 161
- Q31　会社休日日数の削減 …………………………………… 166

第2章　賃金、退職金等の変更 — 171
- Q32　業績不振と定期昇給の凍結 …………………………… 172

Q33	業績悪化と月給の引下げ	177
Q34	業績不振と諸手当の廃止	188
Q35	海外駐在員の給与の下方修正	192
Q36	職能資格給体系への変更	194
Q37	成果主義賃金体系の導入	201
Q38	年俸制の導入	208
Q39	企業合併と賃金制度の統一	213
Q40	賞与の不支給	217
Q41	年俸制と賞与の廃止	222
Q42	管理職や役員の賃金・報酬の引下げ	226
Q43	定年後再雇用者の賃金引下げ	233
Q44	退職金の係数カーブの引下げ	236
Q45	退職金の支給条件と不利益変更	243

第3章 福利厚生施設等の不利益変更 ── 247

Q46	福利厚生施設の見直し	248
Q47	社宅等の利用条件の不利益変更	253
Q48	作業服の廃止、クリーニング代の有料化	257
Q49	従業員食堂の廃止・値上げ	259
Q50	教育奨励金・教育休暇・海外留学制度の廃止	260
Q51	カフェテリアプランの導入	263

第4章 社会保険、企業年金の不利益変更 ── 267

Q52	労働者負担部分の社会保険料の会社負担の廃止	268
Q53	労働者を被保険者とする団体生命保険の掛金の引下げ	271
Q54	独自の退職年金の廃止	276

Q55	企業年金給付の引下げ ……………………………………	279
Q56	厚生年金基金の解散 ………………………………………	285

第5章　その他の労働条件の変更　　　291

Q57	女性と単身赴任 ……………………………………………	292
Q58	懲戒の種類・事由の追加・変更 …………………………	298
Q59	秘密保持義務等の強化と競業制限の厳格化 ……………	303

巻末付録・裁判例等索引 ………………………………………… 312

凡　例

[主な法令名等の略称]
労基法…労働基準法　　労基則…労働基準法施行規則　　労契法…労働契約法
労組法…労働組合法　　最賃法…最低賃金法
安衛法…労働安全衛生法　　職安法…職業安定法
男女雇用機会均等法…雇用の分野における男女の均等な機会及び待遇の確保等に関する法律
パート労働法…短時間労働者の雇用管理の改善等に関する法律
育児・介護休業法…育児休業、介護休業等育児又は家族介護を行う労働者の福祉に関する法律
労働時間等設定改善法…労働時間等の設定の改善に関する特別措置法
高年齢者雇用安定法…高年齢者等の雇用の安定等に関する法律
確給法…確定給付企業年金法
労基署…労働基準監督署　　ハローワーク…公共職業安定所

[主な行政通達の種類]
発基…労働基準局関係の事務次官名通達
基発…労働基準局長名通達
基収…疑義について労働基準局長が回答した通達
雇児発…雇用均等・児童家庭局長名通達
職発…職業安定局長名通達
労発…労政局長名通達

第1部 労働条件の決定システム

第1章

労働条件を規律するもの

労働契約の基本原則

Q1 労働契約法に定める労働契約の基本原則とは、どのようなものですか?

Point
(1) 労働契約は、労使当事者間の合意で成立する。
(2) 労働契約は、次の原則に従って決定・変更される。
　①労使対等で合意する
　②就業の実態に応じて均衡を考慮する
　③労働者の仕事と生活の調和に配慮する
　④信義に従い誠実に権利を行使し、義務を履行する
　⑤労働契約に基づく権利を濫用しない
(3) 上記のほか、労働契約法では、使用者は、労働条件や労働契約の内容について、労働者の理解を深めるようにし、労使当事者間で、できる限り契約内容を書面で確認するようにすることや、労働契約にともない、労働者の生命、身体の安全、心身の健康等を確保するよう配慮すべき義務を使用者が負うことが定められている。

1 労働契約の基本ルールを定める労働契約法

　平成19年12月に新たに制定され、平成20年3月から施行された労働契約法(以下「労契法」といいます。)は、従来の裁判例によって積み重ねられた法理を法制化し、労働者と使用者との労働契約における民事的なルールを定めたものです。
　同法第1条ではまず、「労働者及び使用者の自主的な交渉の下で、労働契約が合意により成立し、又は変更されるという合意の原則その他労働契約に関する基本的事項を定めることにより、合理的な労働条件の決定又は変更が円滑に行われるようにすることを通じて、労働者の保護を図りつつ、個別の労働関係の安定に資することを目的とする」としています。そして、労働契約の基本原則として、労働契約が労使対等の立場による合意に基づいて締結・変更すべきであること(第3条)を明記し、さらに、労働契約を締結する場合も、労働条件を途中で変更する場合も、労使の合意が原則であること(第6条、第8条)を個別に規定しています。

2 労働契約法に定める基本原則

このように、労働契約は合意原則を基本としていますが、労働者と使用者とでは、情報量や経済力、交渉力などの点で実質的に差があるのが通常です。そこで労契法は、「労働者の保護を図りつつ、個別の労働関係の安定に資すること」（第1条）をも目的として掲げ、労働契約に関する理念、基本原則として以下のルールを明記しています。

(1) 労使対等の合意原則（第3条第1項）

> 労働契約は、労働者と使用者が対等な立場における合意に基づいて締結・変更する

契約の一般原則からすれば、契約の両当事者が対等な立場で合意することが前提となっています。これは労働契約の場合も同様ですが、労契法は、この原則を明記しています。

(2) 均衡考慮の原則（第3条第2項）

> 労働契約は、就業の実態に応じて、均衡を考慮しつつ、締結・変更する

いわゆる正社員以外のパートタイマー、有期契約労働者などの非正規雇用による労働者は、その就業の実態もさまざまで、補助的な業務に従事する者もいれば、基幹的な業務に従事して正社員とほとんど変わらない働き方をする者もみられます。

労契法は、労働契約を締結する場合、あるいは変更する場合に、就業の実態に応じて他の労働者との均衡（バランス）を考慮して、労働条件・処遇を決定・変更すべきことを明らかにしています。

(3) 仕事と生活の調和への配慮の原則（第3条第3項）

> 労働契約は、仕事と生活の調和にも配慮しつつ、締結・変更する

労働者には、仕事だけではなく、家庭生活や個人としての生活、地

域社会の一員としての生活など個別にさまざまな生活があります。近年では、長時間労働による健康障害や、仕事以外の生活時間を十分に確保できないことなどが問題となっており、個々の労働者が仕事も生活も充実させることができるような働き方の柔軟性・多様性を認めていこうとする考え方（仕事と生活の調和＝ワーク・ライフ・バランス）が意識されるようになりました。

そこで労契法では、労働契約で労働条件や処遇を決定・変更する際にも、労働者が仕事以外の生活も充実させることができるよう、仕事と生活の調和に配慮すべきことを基本原則として定めています。

(4) 信義誠実の原則（第3条第4項）

> 労働者と使用者は、労働契約を遵守するとともに、信義に従い誠実に、権利を行使し、また、義務を履行しなければならない

契約の両当事者は、契約関係に入ることによって、相互の信頼関係を前提に、それぞれ相手方に対して権利を行使するとともに、義務を履行するというのが契約の一般原則です（信義誠実の原則。民法第1条第2項）。

この原則は、労働契約についてもあてはまり、労働基準法（以下「労基法」といいます。）でも「労働者及び使用者は、労働協約、就業規則及び労働契約を遵守し、誠実に各々その義務を履行しなければならない」と定めています（第2条第2項）。

そして、労働契約の民事ルールを定める労契法もまた、上記の基本原則を明記しています。

(5) 権利濫用の禁止（第3条第5項）

> 労働者と使用者は、労働契約に基づく権利を濫用してはならない

契約の両当事者は、契約に基づく権利を濫用してはならないことは、契約の一般原則です（民法第1条第3項）。これは、労働契約の場合でも同様であり、労契法でも、労働契約の一般ルールとしてこの基本原則が規定されています。

また、同法では、特に労働者に与える影響が大きい出向、懲戒、解雇について、使用者の権利の行使が権利濫用にあたる場合には無効となることを個別に定めています（第14条、第15条、第16条）。

3 その他労働契約法の総則的規定

(1) 労働契約内容の理解の促進（第4条第1項）

> 使用者は、労働者に提示する労働条件及び労働契約の内容について、労働者の理解を深めるようにする

　労働契約を締結する際、あるいは労働条件を変更する際、通常、使用者が労働者に労働条件を提示します。しかし、その内容があいまいだったり、あるいは労働者が十分に理解しておらず、労使双方の認識のズレから後にトラブルとなることが少なくありません。

　労働契約は、労使対等の立場で合意することが基本です。しかし現実には、労使の間には、情報量や交渉力に実質的な差があるなど、使用者側と労働者側では社会的、経済的な力関係に不均衡なものがあり、労働者は使用者から労働条件を提示されれば、その内容を明確にしないまま承諾してしまうこともままあります。そこで労契法は、情報量や交渉力などの点で優位に立つ使用者に、労働契約の内容について労働者の理解を深めるようにすることを基本的な責務としています。

　ここで、「労働者の理解を深める」というのは、具体的に使用者が行うべき行為は明確にされていませんが、行政解釈上、労働契約を締結する場合や、締結後において就業環境や労働条件が大きく変わる重要な場面で、使用者がその内容を詳しく説明したり、労働者からの求めに応じて誠実に回答することなどが想定されています（平24.8.10基発0810第2号）。

(2) 書面確認（第4条第2項）

> 労働者と使用者は、労働契約の内容をできる限り書面で確認する

　労働契約は、書面がなくても、労使当事者の意思表示だけで成立し

ます(民法第623条、労契法第6条)。

　しかし、契約を締結する際、あるいは契約の途中で労働条件を変更する際に、その内容が口約束だけで決められ、そのあいまいさや労使双方の認識のズレによって、後日労使間のトラブルを招くおそれがあります。

　そこで、労契法は、労使当事者間で、契約内容を書面で明確にして確認しておくことを定めています。この書面確認のルールは、法文上「できる限り」とされていますので、必ずしも義務づけられているわけではありませんが、労使間のトラブルを防止するうえでは大変重要です。

　なお、書面で確認するのは、最初に労働契約を締結する場合だけではなく、契約の途中で労働条件を変更する場合などにも、適宜行うことが重要です。この点は、労基法が労働契約の締結時にのみ労働条件の明示義務を課している(第15条第1項)こととは異なり、労働契約のあらゆる場面にわたります。また、書面で確認すべき内容は、労基法第15条第1項に定める労働契約締結時の明示事項(52頁の**図表Q10－1参照**)のほか、有期労働契約の更新に関する事項、賞与など広く含まれます。

(3) 安全配慮義務(第5条)

> 使用者は、労働契約にともない、労働者の生命・身体等の安全を確保するため必要な配慮をしなければならない

　労働契約は、労働者が労務を提供し、使用者がそれに対して賃金を支払うことを目的とした契約です。その前提として、労働者の生命・身体等の安全が確保されていなければ、労働者は使用者に対して契約の趣旨に従った十分な労務を提供することができません。

　また、労働者は、使用者の指揮命令の下で、その指定された場所に配置され、使用者が供給する設備・器具等を用いて労働に従事するのが通常です。このため、裁判実務上、労働契約の内容として具体的に定めなくても、労働契約にともない、信義則上当然に使用者が労働者の生命・身体等の安全に配慮すべき義務(安全配慮義務)を負うとい

う判例法理が確立されています（昭50.2.25最高裁第三小法廷判決、陸上自衛隊事件、ID03465／昭59.4.10最高裁第三小法廷判決、川義事件、ID03115）。

　労契法は、この判例法理を法文化し、安全配慮義務を、労働契約が締結されればこれに付随して当然に発生する使用者の義務としています。

　なお、この安全配慮義務の内容は、特定の措置を講ずべきことが定められているわけではありませんが、個別の事案に応じて、労働者の職種、労務内容、労務提供場所等の具体的な状況に応じて、必要な措置を行ったかどうかが判断されることになります。

　また、使用者が配慮すべき労働者の「生命・身体等の安全」とは、物理的・身体的な安全だけではなく、心身の健康への配慮も含まれます。したがって、長時間労働などの過重労働による脳・心臓疾患やうつ病などの精神障害を予防するための適切な措置を講じることも、安全配慮義務の履行として重要となります。

労使対等の原則と法令による補充

Q2
労働条件は、本来、労使当事者の合意で決定できるということですが、労働条件の内容を決定・変更するのに法律上の規制があるのですか？

Point
(1) 労働契約は労使対等による合意が原則である。しかし、社会的・経済的には労働者よりも使用者が優位に立っており、実質的な対等性を担保するために、労基法など諸法令により、労働条件の最低基準や使用者への一定の措置の義務づけを定めている。
(2) 労基法や労契法などの所定の手続き・内容の合理性など一定要件の下で、就業規則により集団的・画一的に労働条件を決定・変更することができる。
(3) 労働組合と使用者が対等な交渉により労働協約を締結し、集団的に労働条件を決定・変更する仕組みについては労組法で規定されている。

1 労使対等の合意原則

　労基法では「労働条件は、労働者と使用者が、対等の立場において決定すべきものである」（第2条第1項）と定め、また、労契法では「労働契約は、労働者及び使用者が対等の立場における合意に基づいて締結し、又は変更すべきものとする」（第3条第1項）と定めており、労働条件は、労使当事者間の労働契約によって、労使対等の立場で合意することによって決定・変更されることが原則となっています。
　契約の当事者は本来対等の立場にあります。しかし、労働契約の場合、労使当事者が労働条件について「対等の立場において決定する」といっても、実際には、使用者側と労働者側では社会的、経済的な力関係からみて不均衡なものがあり、実質的には対等な関係にはありません。
　敷衍していいますと、賃金を支払う使用者の側は、労働条件についての交渉がまとまらなければ採用する必要はなく、支払うべきお金を貯蓄しておくこともできます。しかし、労働者の側は提供すべき労働力をためておくということはできません。また、人を雇い、使う側はほとんど

の場合、組織・法人としての企業であって、雇われる個人に対して経済的、社会的に優位にあることが通常ですし、しかも日本では、採用や処遇は通常「人事部」というプロ集団が担当しています。これに対して、雇われ、使われる側は常に生身の個人です。一方は、人知が結集され、ノウハウが蓄積されたプロの組織が企業という法人の機関として、一方は、個人の生身の労働者が労働条件について交渉し、これを管理するのですから、実質的には対等というわけにはいきません。つまり、労働条件は、原則どおり「当事者の自由な合意」にまかせてしまうと労働者の側にとって不利な内容になりやすいという特質をもっています。

このように、労使当事者間に力の差があるという現実があることを踏まえ、労基法は、労働者の保護という観点から、労働条件の最低限度を保障する行政取締法的・強行法的アプローチにより、また、労契法は、契約自由を原則としつつも労働者保護を目的とした民法の特別法的アプローチにより、それぞれ「労使対等の原則」について明文の規定を置いているわけです。

2 労使間の実質的対等を担保するための規制

このような労働契約の特質と労働条件の性格から、労働条件の決定や変更については、「当事者の合意による」という原則がさまざまに修正されています。

(1) 強行法規による労働者保護

労使の実質的立場が不均衡であることから、法によって労働者側を保護する必要性が生まれ、労働条件の決定や変更、また、労働条件の内容そのものについても、労働者の側をサポートする法制度が労働契約に介入することになります。

例えば、労基法や労働安全衛生法（以下「安衛法」といいます。）は、賃金、労働時間、休日、職場の安全や衛生等について一定の法律上の最低基準を下回るような労働条件は無効とし（労基法第13条）、そのような労働条件で労働者を使用した使用者に刑罰を科すという形で労働条件の内容に介入しています（労基法第117条以下、安衛法第115

条の2以下)。さらに、雇用の分野における男女の均等な機会及び待遇の確保等に関する法律（以下「男女雇用機会均等法」といいます。）は性別による不当な差別を禁止し、最低賃金法（以下「最賃法」といいます。）は賃金の最低限度を罰則をもって定めています。また、短時間労働者の雇用管理の改善等に関する法律（以下「パート労働法」といいます。）は、正社員よりも相対的に労働条件その他の待遇について低く設定されがちなパートタイマーについて、正社員との均衡のとれた待遇を確保する措置等を定めています。

(2) 労働条件の集団的決定・変更システム

労働条件は、企業が数多くいる労働者の統一的・効率的な労務管理を行うとともに、個々の労働者が団結して労働組合を組織することによって使用者との対等な交渉を可能とする、という観点から、統一的・集団的に決定、変更される場合が多いという特徴があります。すなわち、使用者が作成する職場のルールである就業規則や、労働組合と使用者との取り決めである労働協約が法的に用意され、現実にもこれらが労働条件を集団的に決定・変更するものとして機能しています。

就業規則については、使用者が作成・変更する場合には、過半数の労働者で組織される労働組合等の意見を聴取させ、労働基準監督署長（以下「労基署長」といいます。）に届け出させるというシステムにしています（労基法第89条、第90条）。また、就業規則によって労働条件を決定・変更する場合には、その内容の合理性や労働者への周知を効力要件とすることによって、労働契約の労使対等性を担保する仕組みがとられています（労契法第7条、第10条）。

そして、労働組合法（以下「労組法」といいます。）では、労働組合が労働条件について団体交渉を要求する場合には、使用者は正当な理由がない限りこれを拒むことができず（第7条第2号）、締結した労働協約は個別契約を規律するという定めを置く（第16条）ことによって、労働者側に対し団結の力で定めた労働条件の決定・変更についての交渉の結果を保障しています。

さらに、明示的に契約内容になっていなくても、ある労働条件についての取扱いが反復・継続して行われ、しかも労使ともにそれを規範

として意識している労働慣行も、労働契約で合意したのと同様の効力を有することがあります（**Q6**参照）。

(3) 労働契約法

　前記のとおり、これまで労働条件は、多くの場合、統一的・集団的に決定・変更されてきたわけですが、一方では、近年、パートタイマーなどの有期契約労働者、派遣労働者など就業形態が多様化し、人材活用、人事管理のあり方も個別化が進んでいるため、労働者の利益も一様ではなく、必ずしも定型的・画一的な労働者を想定して一律に労働条件を決定・変更することが容易ではなくなってきている実情もあります。また、労働関係の個別化・多様化にともない、労働契約をめぐる個別の労使当事者間でのトラブルも増加し、その内容も多様化・複雑化してきています。

　このような実態に対応するために平成19年に制定されたのが労契法です。同法は、個別労働関係における労働契約の基本ルールを定めたものですので、今後も増加していくと思われる個別の労働契約において、労働条件を決定・変更する場面で、同法に定める基本ルールに従い、労使当事者双方の合意により合理的な労働条件の設定を行うことが重要となってきます。

就業規則による労働条件の決定

Q3 労働条件の決定は労使間の合意によるのが原則とされていますが、使用者が作成する就業規則で労働条件を決定できる場合とは、どのような場合ですか？

Point
(1) 労働契約の内容である労働条件の決定は個別の労使合意が原則。ただし、①就業規則が合理的なものであること、②その就業規則を労働者に周知させたことを要件として、就業規則によって個別の労働条件を決定することができる。
(2) 個別の労働契約で、就業規則の内容と異なる内容の労働条件を定めることもできる。ただし、就業規則で定める基準を下回る労働条件は、下回る部分について無効となり、就業規則で定める基準に引き上げられる。

1 就業規則の意義と役割

　就業規則は、労働条件や服務規律を定める職場の基本的なルールとなるものです。わが国では、就業規則が統一的・画一的な労務管理を可能とするツールとして広く機能してきた実態があります。そして、実際に労働者を雇い入れ、労働契約を締結する際には、使用者が就業規則の内容を示し、労働者もまた特段異存がなければ就業規則に記載された労働条件で承諾するといったことが行われています。

2 合意原則と就業規則で労働条件を決定するルール

　Q1で説明したとおり、労働契約の内容である労働条件は、労使当事者間での合意によって決定されるのが原則です（労契法第6条）。
　しかし一方で、労契法では、就業規則に定める労働条件によって個別の労働条件を決定する仕組みを定めています（同法第7条）。
　就業規則は、その作成・変更のプロセスにおいて、事業場の労働者の過半数で組織される労働組合（過半数組合）、これがないときは労働者の過半数を代表する者（過半数代表者）からの意見を聴くことが必要で

すが（労基法第90条）、基本的には、使用者が作成・変更するものです。
　では、このように使用者が定める就業規則によって個々の労働条件を決定することができるのはなぜでしょうか。
　労契法第7条は、**秋北バス事件判決（昭43.12.25最高裁大法廷判決、ID 01480）**に代表される判例の積み重ねにより確立した判例法理をもとに法制化したものです。以下では、同判決に沿って就業規則で労働条件が決定される考え方について説明します。

(1) 就業規則の法的規範性

　まず、就業規則の法的性質をどのようにみるかについては、学説上さまざまな見解がありますが、同判決では、前記のような就業規則が統一的・画一的な労務管理を行うツールとして機能してきた実態を踏まえて、就業規則が「合理的な労働条件を定めているものであるかぎり、経営主体と労働者との間の労働条件は、その就業規則によるという事実たる慣習が成立しているものとして、法的規範性が認められる」と判示しています。
　ここで、「事実たる慣習」とは、慣習が事実として定着し、明確な法的拘束力はないが一定の規範を形成したものです。これについて民法第92条では、「法令中の公の秩序に関しない規定と異なる慣習がある場合において、法律行為の当事者がその慣習による意思を有しているものと認められるときは、その慣習に従う。」として、当事者が法令の任意規定※と異なる慣習に従う意思がある場合には、その慣習が任意規定に優先することを定めています。
　これを同判決についてあてはめれば、労働条件は就業規則に定められているという事実が労使当事者間で認識されているのが通常であり、両当事者の意思として、「職場のルールである就業規則に従う」という「慣習による意思」が成立しているものとして、就業規則に「法

※**任意規定**
　…当事者の意思によりその適用を排除できる規定。当事者が任意規定と異なる意思表示をした場合は、当該規定によらないことができる（民法第91条）。これに対し、当事者の意思にかかわりなく適用される規定が「強行規定」であり、これに違反するとその法律行為は無効となる（民法第90条）。

的規範性」があると考えることができます。

(2) 就業規則が労使当事者を拘束するための要件～就業規則の合理性と周知

①就業規則の合理性

同判決はまた、「就業規則は、当該事業場内での社会的規範たるにとどまらず、法的規範としての性質を認められるに至っているものと解すべきであるから、当該事業場の労働者は、就業規則の存在および内容を現実に知っていると否とにかかわらず、また、これに対して個別的に同意を与えたかどうかを問わず、当然に、その適用を受けるものというべきである。」としたうえで、「新たな就業規則の作成又は変更によって、既得の権利を奪い、労働者に不利益な労働条件を一方的に課することは、原則として、許されないと解すべきであるが、労働条件の集合的処理、特にその統一的かつ画一的な決定を建前とする就業規則の性質からいって、当該規則条項が合理的なものである限り、個々の労働者において、これに同意しないことを理由として、その適用を拒否することは許されない」と判示しています。

また、**電電公社帯広局事件判決**（昭61.3.13最高裁第一小法廷判決、ID00261）も、前掲判示を引用したうえで、「使用者が当該具体的労働契約上いかなる事項について業務命令を発することができるかという点についても、関連する就業規則の規定内容が合理的なものであるかぎりにおいてそれが当該労働契約の内容となっているということを前提として検討すべきこととなる。換言すれば、就業規則が労働者に対し、一定の事項につき使用者の業務命令に服従すべき旨を定めているときは、そのような就業規則の規定内容が合理的なものであるかぎりにおいて当該具体的労働契約の内容をなしているものということができる。」としています。

つまり、就業規則が法的規範性をもっているということは、労使当事者は就業規則に拘束されることを意味し、それは個々の労働者において就業規則の存在や内容を知っているか否か、また、個別の合意があったか否かにかかわらず、その適用を受けることになりま

す。そして、就業規則が労使当事者を拘束するためには、その就業規則の規定内容が合理的なものであることを要件としています。

また、この「合理性」は、基本的には個別事案ごとに判断されますが、労働契約を締結する際、就業規則で定める労働条件を労働契約の内容とする場合は、その労働条件の内容の客観的な合理性が判断されます。この点は、就業規則の変更によって従前の労働条件を労働者の不利益に変更する場合に要件とされる「合理性」が、変更後の労働条件の内容の合理性（相当性）のみならず、変更の必要性、労働者が受ける不利益の程度、労働組合等との交渉の状況、その他就業規則の変更に係る事情も総合的に勘案して厳格に判断される（労契法第10条）ことと比較して、一般的には広く認められるという違いがあります。

②労働者への周知

さらに、就業規則が労使当事者を拘束する前提として、その適用を受ける労働者に周知させることが必要です。この点について、懲戒に関する事案ですが、**フジ興産事件判決（平15.10.10最高裁第二小法廷判決、ID 08227）** は、「就業規則が法的規範としての性質を有するものとして、拘束力を生ずるためには、その内容を適用を受ける事業場の労働者に周知させる手続が採られていることを要する」としています。

③**労契法が定める就業規則による労働条件決定の効力発生要件**

労契法もまた、これらの判例法理に従い、「労働者及び使用者が労働契約を締結する場合において、使用者が合理的な労働条件が定められている就業規則を労働者に周知させていた場合には、労働契約の内容は、その就業規則で定める労働条件によるものとする。」（第7条本文）と定め、労働契約の成立場面において、①就業規則の規定内容が合理的なものであること、②就業規則を事業場の労働者に周知させていたこと、を要件として、就業規則で定める労働条件が個別の労働契約の内容となることを認めています。

なお、ここでいう「周知」とは、実質的に労働者が就業規則の内

容を知ろうと思えばいつでも知り得る状態になっていることを意味しており、「知り得る状態」になっていれば、個々の労働者が実際に就業規則の存在や内容を知らなくてもこの要件を満たしているものと解釈されます（平24.8.10基発0810第2号）。

(3) 就業規則の内容と異なる個別の合意がある場合

　前記の就業規則によって労働条件を決定するルールは、個別の労働契約で具体的な労働条件が定められていない場合に、就業規則が労働契約の内容を補充することを定めたものです。

　したがって、労使当事者間で就業規則と異なる内容を個別の労働契約で定めた場合（特約がある場合）には、その部分については、就業規則よりもその合意が優先されます（労契法第7条ただし書き）。

　もっとも、後述するように（**Q5**の**2**(4)参照）、労働契約で定める労働条件が就業規則で定める基準よりも下回る場合は、その下回った部分が無効となり、その無効部分は就業規則で定める基準に引き上げられます（同法第12条）。このため、個別の合意で就業規則と異なる内容を定める場合には、就業規則の基準以上の内容で定める必要があります。

労働協約による労働条件の決定

Q4 労働組合に加入していない労働者についても、労働協約でその労働条件が決定されるのでしょうか？

Point
（1）労働組合と使用者との間で締結される労働協約は、集団的に労働条件・待遇の基準を設定し、一定水準を保障する機能をもつ。
（2）労働協約で定める「労働条件その他の労働者の待遇に関する基準」に反する労働契約は、その反する部分が無効となり、労働協約で定める基準になる（規範的効力）。
（3）労働協約は原則として、当該協約を締結した労働組合の組合員以外の労働者にはその効力が及ばない。ただし、「労働条件その他の労働者の待遇に関する部分」については、一定要件の下で、組合員以外の者にもその効力が及ぶ（一般的拘束力）。

1　労働協約とは

　労働協約とは、労働組合と使用者またはその団体が当事者となって締結する労働条件その他に関する取り決めです。労働協約の締結は、少数組合を含めすべての労働組合に認められています。
　労働組合の目的は、使用者と対等の立場に立って交渉し、労働条件の向上等を図ることにありますが、その交渉結果については一定の取り決めを成立させ、その合意内容を明確にすることが多くあります。このように、労働組合と使用者が交渉の結果結んだ取り決めが労働協約です。労働協約には、**3**で後述するとおり、民事上の効力が付与されていますので、労組法では、「労働組合と使用者又はその団体との間の労働条件その他に関する労働協約は、書面に作成し、両当事者が署名し、又は記名押印することによってその効力を生ずる。」（第14条）と定め、①書面で作成すること、②両当事者が署名または記名押印することを要件としています。
　なお、①と②の要件を充足し、労働条件その他に関する合意書面であるならば、名称のいかんを問わず、協定、覚書、確認、念書その他いか

なる名称であってもよく、確認事項に関する覚書も、両当事者が署名または記名押印すれば労働協約となる（昭33.6.4福岡地裁判決、夕刊フクニチ新聞社事件）とされています。

2 労働協約の機能

わが国では、一般に労働組合が企業別に組織され、団体交渉が個々の企業または事業場レベルで行われることから、労働協約も企業内協約の形態をとるものが支配的です。このような形態における労働協約の機能は、第1に、労働条件を規整する機能、すなわち、労働関係における労働者の待遇の基準を設定してこれを一定期間保障する機能をもっています。第2に、労使関係のルールの設定機能、すなわち、労働組合と使用者の間のさまざまな活動や行動についての便宜供与や協議・取扱いなどに関するルールを設定する機能です。第3には、経営を規整する機能、すなわち、使用者の経営上のさまざまな権限に対する労働組合のいろいろな関与、例えば人事措置についての事前協議や同意を得ること、経営の再編・合理化等の施策を円満に、かつ労働者の納得を得て行うための措置等を制度化する機能です。

3 労働協約の効力

労働協約には大別して、①使用者と労働組合間での契約の効力としての「債権的効力」と、②組合員の労働契約を集団的に規律する「規範的効力」があります。

債権的効力は、例えば、ユニオン・ショップ協定、組合活動に関する条項、団交に関するルール、人事に関する協議・同意に関する事項や、労使間で紛争が生じた場合に一定の手続きを経なければ争議行為を行わない「平和条項」と呼ばれるものなどが含まれます。

ここでは規範的効力について、説明しましょう。

(1) 労働協約の規範的効力

労組法第16条は、「労働協約に定める労働条件その他の労働者の待

遇に関する基準に違反する労働契約の部分は、無効とする。この場合において無効となった部分は、基準の定めるところによる。労働契約に定がない部分についても、同様とする。」と規定しています。すなわち、労働協約の条項のうち、「労働条件その他の労働者の待遇に関する基準」について、組合員の労働契約の内容を規定する「規範的効力」が認められます。そしてこの規範的効力は、具体的には、①労働協約による基準に反するとその部分が無効となる「強行的効力」と、②無効となった部分や労働契約に定めのない部分が労働協約の基準で直接規律される「直律的効力」からなっています。

また、わが国では、労働組合は自己の組合員についてのみ団体交渉権をもつとされており（労組法第6条）、一方で、組合員をごくわずかしかもたない少数の組合であっても団体交渉権が認められています。したがって、少数組合も使用者との合意により労働協約の締結が認められています。そこで、一の企業・事業場に複数の組合がある場合には、いわゆる複数組合代表制※という立場から、労働協約は原則として、それを締結した労働組合の組合員に対してのみ効力を生じ、それら組合員以外の労働者には効力を生じないこととされています（労働協約の規範的効力についてはQ18参照）。

(2) 労働協約の拡張適用（一般的拘束力）

ただし、労働協約の締結当時者である労働組合に加入していない労働者（非組合員）にも、労働協約の効力が及ぶ場合があります。これを「労働協約の拡張適用」とか、「一般的拘束力」と呼んでいます。

この点について、まず労組法では、「一の工場事業場に常時使用される同種の労働者の4分の3以上の数の労働者が一の労働協約の適用を受けるに至ったときは、当該工場事業場に使用される他の同種の労働者に関しても、当該労働協約が適用されるものとする。」（第17条）と定めています。つまり、事業場の4分の3以上の多数労働者で組織

※**複数組合代表制**
　…複数組合がある場合、組合は自己の組合員についてのみ団体交渉権をもつ方式。この場合は、少数組合であっても団体交渉権が認められる。

される労働組合の労働協約の効力が他の非組合員にも及ぶことになります。この趣旨をどのようにみるかは学説上見解が分かれますが、判例は、「主として一の事業場の4分の3以上の同種労働者に適用される労働協約上の労働条件によって当該事業場の労働条件を統一し、労働組合の団結権の維持強化と当該事業場における公正妥当な労働条件の実現を図ることにあると解される」と判示しています（平8.3.26最高裁第三小法廷判決、朝日火災海上保険（高田）事件、ID 06785）。

また、1つの地域に同種の労働者の大部分が1つの労働協約の適用を受けている場合には、当事者の申立て等により、厚生労働大臣または都道府県知事は、労働委員会の決議を経てその地域の他の同種の労働者と使用者にもその労働協約の効力を及ぼす決定をすることができます（労組法第18条）。

なお、労働協約の拡張適用が認められるのは、「労働条件その他の労働者の待遇に関する」部分（規範的部分。同法第16条）のみです（労働協約の一般的拘束力についてはQ 20参照）。

4 労働協約の規範的効力と労働条件決定機能

以上のように、労働協約は、その労働協約を締結した労働組合の組合員のみにその効力が及ぶのが原則ですが、労働条件や待遇に関する規範的部分については、一定要件の下で非組合員にも効力が及びます。

前記判例が示すように、労働協約は、事業場の労働条件を統一して公正妥当な労働条件を実現するための基準としての性格をもつものであり、それゆえに個々の労働契約の内容である労働条件を決定するシステムの1つと位置づけられるのです。

労働条件を決定する規範と効力関係

Q5 労働条件を決定する規範にはどのようなものがあるのですか？　また、労働契約や就業規則で決めた労働条件が法律や労働協約に反するときはどうなるのですか？

Point
(1) 労働条件を決定する規範には、法律、労働協約、就業規則、労働契約のほか労働慣行などがある。
(2) 労基法（法律）に反する労働契約は、その反する部分について無効となり、無効部分は労基法の基準に引き上げられる。
(3) 法令または労働協約に反する就業規則によって個別の労働条件を決定することはできない。
(4) 労働協約で定める「労働条件その他の労働者の待遇に関する基準」に反する労働契約は、その反する部分について無効となり、無効部分は労働協約で定める基準による。
(5) 就業規則で定める内容を下回る労働契約は、下回る部分について無効となり、無効部分は就業規則で定める基準に引き上げられる。

1 労働条件決定システム

　労働契約も私人間の契約の1つですから、契約の内容は当事者の意思によって自由に決めることができます。そして、労働契約の内容となる労働条件は、個々の労使当事者間の合意によって決定されるのが原則です（労契法第6条）。
　しかし、Q2で説明したように、社会的・経済的に労働者と使用者とでは力関係に格差があるため、両当事者の対等性を担保する仕組みが必要ですし、また、数多くの労働者を合理的に管理していくうえでは、ある程度集団的・統一的に労働条件を決定する仕組みが必要となります。
　これまでのQ＆Aでも解説しましたが、労働条件を決定する規範・システムとして、次のようなものがあります。

> ◆法律（労基法・労契法・最賃法・安衛法・パート労働法・男女雇用機会均等法等）
> ◆労働協約（Q4参照）
> ◆就業規則（Q3参照）
> ◆労働契約（Q1、2参照）
> ◆労働慣行（Q6参照）

　なお、以上のほか、過半数組合（これがなければ過半数代表者）と使用者との間で締結する労使協定があります。労使協定は、直接労働条件を決定するものではありませんが、労基法上一定の制度を導入・設定する際にその枠組みを設定する機能をもっています（労使協定についてはQ7参照）。

2 労働条件を決定する規範相互の効力関係

(1) 法令と労働契約

　労基法は「労働条件は、労働者が人たるに値する生活を営むための必要を充たすべきものでなければならない。」（第1条第1項）と定め、労働条件の最低基準を規定し、この法定基準を下回る労働条件を取り決めても、そのような取り決めには一切効力を認めないことにしています。

　また、これを実質的に担保するため、民事上も「強行的・直律的効力」を定めています。すなわち、「この法律（労基法）で定める基準に達しない労働条件を定める労働契約は、その部分については無効とする。この場合において、無効となった部分は、この法律で定める基準による。」（労基法第13条）と定めています。この規定により労基法に違反する労働契約の内容はその部分について無効になります。これを労基法の「強行的効力」といいます。例えば、「1日10時間労働する」という合意を労働契約でした場合に、同法第36条（時間外・休日労働協定）や変形労働時間制等が適用されない限り、その合意は契約当事者の自由な合意によるものであっても、1日の法定労働時間を8時間と定める同法第32条第2項に違反し、同法第13条により無効になります。

そしてこの場合には、無効となった部分は労基法の定める基準に置き換えられ、1日8時間労働へ変更されることになります（第13条）。これを労基法の「直律的効力」とか「補充的効力」といいます。例えば、「8時間を超えて労働させた場合に割増賃金を支払わなくてもよい」と合意したとしても、同法第37条で規定する所定の2割5分増しの割増賃金を支払わなければならないという労働条件の基準に違反するため、同法の規定により労働契約も置き換えられ、「1日8時間を超えて労働した場合には割増賃金を支払う」という契約内容となります。

(2) 法令・労働協約と就業規則

　労契法第13条は、「就業規則が法令又は労働協約に反する場合には、当該反する部分については、第7条、第10条及び前条（第12条）の規定は、当該法令又は労働協約の適用を受ける労働者との間の労働契約については、適用しない。」と規定し、就業規則と法令・労働協約との効力関係について定めています。すなわち、同法第7条及び第10条で、合理的な内容の就業規則が周知されていた場合にはその就業規則の効力が認められる旨規定していますが、その就業規則が法令または労働協約に反する部分によって個別の労働条件を決定・変更することは認められないことになります。また、労契法第12条に規定されているように、就業規則には、労働契約の最低基準を画する効力があります（(4)参照）、就業規則が法令または労働協約に反する部分については、労働契約で定める労働条件の最低基準となる効力は認められないことになります。

　なお、事業場の一部の労働者のみが労働組合に加入していて、その労働協約の適用が一部の労働者（組合員）に限られている場合には、その適用を受ける労働者の労働契約についてのみ労契法第13条が適用されることとなります。

　さらに、労基法第92条第1項は、「就業規則は、法令又は当該事業場について適用される労働協約に反してはならない。」と規定しており、前記労契法第13条と同様の趣旨です。しかし第2項は「行政官庁は、法令又は労働協約に抵触する就業規則の変更を命ずることができる。」と定め、この変更命令に従わない場合は、罰則の適用もありま

す（30万円以下の罰金。同法第120条第3号）。これは、適正な労働条件を確保することを目的とした行政取締法規としての労基法の性格からくる規定であり、労使当事者間の民事的効力を定める労契法第13条とは規定ぶりが異なります。

(3) 労働協約と労働契約

　Q4で述べたとおり、労働協約には、原則として組合員の労働契約を規律する規範的効力があります（労組法第16条）。すなわち、労働協約に定める「労働条件その他の労働者の待遇に関する基準」に違反する労働契約は無効となり（強行的効力）、無効となった部分は労働協約で定める基準によります（直律的効力）。
　この効力が一定要件の下で非組合員にも及ぶ（労働協約の拡張適用）ことは前記のとおりです（Q4参照）。

(4) 就業規則と労働契約

　就業規則で一般的な労働条件について定めている場合でも、個別の労働契約を締結する場合、あるいは労働条件を変更する場合に、労使当事者間で就業規則で定める労働条件によらない合意（特約）をすることも可能です（労契法第7条ただし書き、第10条ただし書き）。
　ただしこの場合に、就業規則で定める内容を下回る労働条件を定めても、その下回る部分は無効となり、無効となった部分は、就業規則で定める基準に引き上げられます（労契法第12条）。つまり、就業規則で定める基準によらずに個別の労働契約で労働条件を定める場合には、就業規則で定める基準以上の労働条件を定めなければなりません。
　これは、既述のとおり、就業規則が労働条件を集団的・統一的に定める機能に着目し、合理性と周知を要件として、個々の労働契約で定めた労働条件の最低基準を画する効力を就業規則に与えたものです。

　以上の労働条件を決定する規範の効力の相互関係を図示すると、**図表Q5-1**のようになります。

図表Q5−1 労働条件決定システムの効力関係

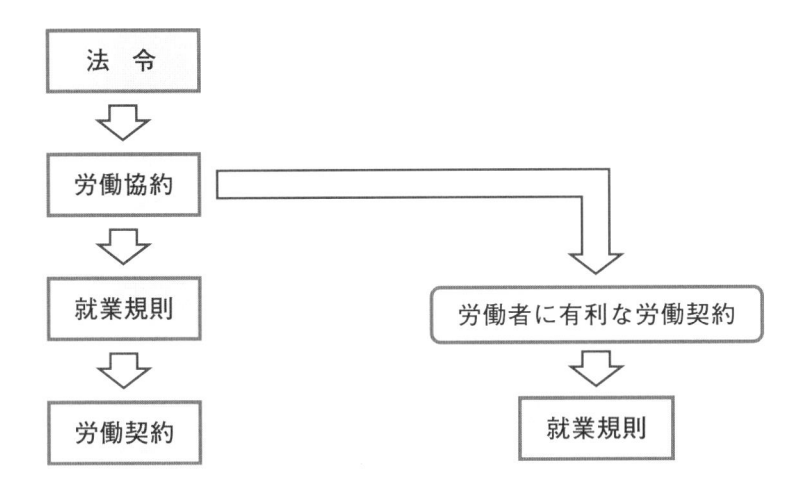

```
法 令
 ↓
労働協約 ────────────┐
 ↓                    ↓
就業規則        労働者に有利な労働契約
 ↓                    ↓
労働契約            就業規則
```

第1章 労働条件を規律するもの

労働慣行と法的意義

Q6 労働慣行は法的にどのような効力をもちますか？ また、それが労働条件の決定や変更にどのような影響を与えますか？

Point
(1) 企業内である取扱いが長年反復継続してきた事実があり、それが企業内で規範として認識されるようになった慣行的取扱いを「労働慣行」という。
(2) 労働慣行には「慣習法」や「事実たる慣習」があり、これらは法的拘束力をもち、労働契約の内容に影響を与える。
(3) 労働慣行は、①その取扱いが労働契約の内容となる、②これに反する行為を権利の濫用として無効とする、③就業規則等の規定の解釈を明確化・補充する――といった機能がある。
(4) 慣例や前例、先例には法的拘束力はないが、これらに反する取扱いが権利濫用にあたるか否かについて、1つの判断要素となり得る。

1 労働慣行の意義と類型

　労働条件を決定・変更する原則的な方法は、個別の労使間の合意であり、これを補完・担保するのが就業規則や集団的合意である労働協約といえます。しかし、労働関係が現実に展開している現場では、就業規則や労働協約等に明示的な定めがなくても、各種手当の支給や賃金制度の内容、職場規律、施設管理、組合活動等について一定の取扱いや処理の方法が長い間反復・継続して行われ、それが使用者と労働者あるいは労働組合との間で、守らなくてはならない規範であるとの認識を生むに至っている場合が少なくありません。こうした企業内の慣行は、一般に「労働慣行」と呼ばれています。
　しかし、企業内の慣行といっても、労使当事者に対してどの程度の拘束力があるのか、労働契約上の権利・義務に対してどのような影響を与えるのか、といった点でいくつかの類型に分けることができます。

(1) 慣習法

　社会生活上反復して行われ、ある程度まで一般人または一定の職業あるいは階級に属する人を拘束するようになった一種の社会規範としての慣習が、民衆の法意識によって支えられ、法としての価値を取得したものを「慣習法」といいます（『新版・新法律学辞典』161～162頁、有斐閣）。つまり、社会における日常生活や取引活動等の中で繰り返し行われている行為や取扱いで、人々が自然とそれに従うようになり、ついに法律と同じように人々を一般的に拘束し、規律するようになって法的に規範化したものが「慣習法」です。この慣習法にどの程度の効力を認めるかは国によって違いますが、わが国では、慣習法について、法の適用に関する通則法※第3条によって「公の秩序又は善良の風俗に反しない慣習は、法令の規定により認められたもの又は法令に規定されていない事項に関するものに限り、法律と同一の効力を有する。」と定められています。もっとも、労働法の分野においては、このような慣習法は存在しないといってよいでしょう。

　ただし、商法ではその第1条第2項で「商事に関し、この法律に定めがない事項については商慣習に従い、商慣習がないときは、民法の定めるところによる。」と規定されており、商事に関しては慣習法が民法に優先して適用される旨定められています。

(2) 事実たる慣習

　次に、慣習であっても法律上の定めと同じ程度までの一般的な規範や拘束力を有するには至っていないものの、その取引社会や集団の中においては繰り返し反復して行われ、それが一定のルールあるいは暗黙の取扱いとなっており、何も言わなければ当然その集団の中の当事者間ではそのルールによって取り扱われることを予想しているものもあります。これを民法では「事実たる慣習」と呼んでいます。この「事実たる慣習」については、民法第92条で「法令中の公の秩序に関しな

※**法の適用に関する通則法**
　…平成18年に法の適用に関する事項を定めた「法例」を全面改正して制定された。法の適用に関する通則法第3条は、法例第2条に該当する。

い規定と異なる慣習がある場合において、法律行為の当事者がその慣習による意思を有しているものと認められるときは、その慣習に従う。」と定め、反復継続する事実とその「慣習による意思」（規範意識）が認められる場合には、法的な効力が認められています。

判例では、例えば、就業規則は、「それが合理的な労働条件を定めているものであるかぎり、経営主体と労働者との労働条件は、その就業規則によるという事実たる慣習が成立しているものとして、その法的規範性が認められる」と示されています（昭43.12.25最高裁大法廷判決、秋北バス事件、ID01480）。

(3) 慣　例

(2)に述べたような規範意識を有するまでには至らない、企業や職場内における事実上の取扱いの繰返しは、単なる「慣例」であり、法規範的な効力はもち得ません。しかし、このような慣例でも、従業員の行為について懲戒処分や不当労働行為等が問題となったときには、企業内における一定の取扱いの方向づけ的な事実として、その判断・評価にあたって考慮されることはあります。

例えば、使用者が従来の慣例に反して、ストライキによる組合員間の賃金カット額の均等化を図るための臨時徴収費をチェック・オフすることを拒否することは、組合運営に対する支配介入にあたるとされた例（昭57.9.10最高裁第二小法廷判決、プリマハム事件）、従来の慣例に反して、別組合の組合員には通常なら廃車代替するところを、申立組合員にはこれをしなかったことは申立組合及び組合員への不利益取扱いであるとされた例（昭57.8.30大分地労委命令、泉都別府タクシー事件）があります。

(4) 先例・前例

企業内において一定の取扱いの方向づけといった程度にも至らず、単に数回繰り返されている程度のものは、「先例」または「前例」と呼ばれ、これらは労働慣行とは認められません。

しかし、その場合でも、それが就業規則の適用上の取扱いや上司の許可、承認事項といったような事実に関わる場合には、その反復の程

度にもよりますが、同種の取扱いの「前例的期待」となることは事実としてあります。その場合、前例と違う取扱いがなされたときには、なぜ同じ取扱いをしなかったかという点について適用上の差別的取扱いや不当な目的で適用されないのではないかという使用者の内心の意思の推測材料の1つとされることはあり得ます。

例えば「入れチャボ〔編注：タクシー運転手が欠勤する場合に、課長に依頼して自己の担当車両のメーターを倒してもらい、待ち時間料金を運転手が負担して会社に入金することによって出勤したことにし、欠勤扱いを免れること〕は過去相当程度行われており、指導部はもちろん、部長ら管理職もこれを認識していた事実が認められる（中略）事情に照らせば、右入れチャボ行為をしたことを理由に、何らの事前警告を発することなく懲戒解雇処分に付するのは重きに失するといわざるを得ない。」(**平7.10.24大阪地裁決定、大阪相互タクシー事件、ID 06738**)とする裁判例があります。また、ほぼ同時期に定年に達した非組合員を再雇用しながら、業務遂行能力の著しい減退・喪失等の属人的理由などの特別の理由なく組合員を再雇用しなかったことは組合員を理由とする不利益取扱いの不当労働行為である（**平7.3.7東京地労委命令、明和会事件**）とする地労委（地方労働委員会）命令もあります。

このように、同じようなケースについて前例があるときは、前例と異なった取扱いをする場合には、前例と今回のケースとの違いといった点を明白にしておくことが必要です。

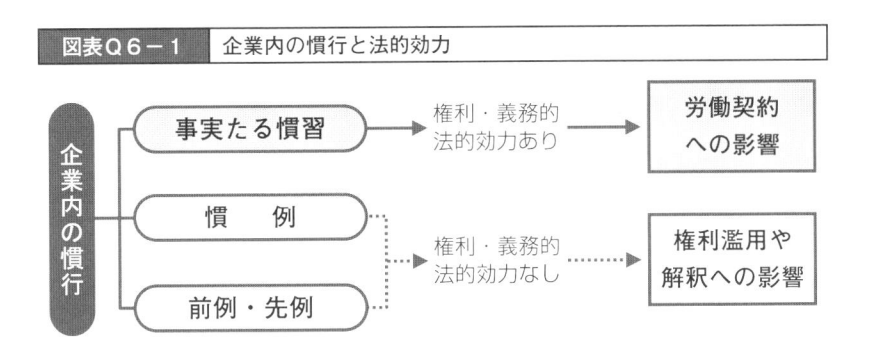

図表Q6-1　企業内の慣行と法的効力

企業内の慣行
- 事実たる慣習 → 権利・義務的法的効力あり → 労働契約への影響
- 慣例
- 前例・先例 → 権利・義務的法的効力なし → 権利濫用や解釈への影響

第1章　労働条件を規律するもの

2 労働慣行が労働条件の決定・変更に与える法的効果

　以上の慣行のうち、一定の取扱いが反復継続されてきた事実があり、労使当事者もそれに従う意思をもつような「事実たる慣習」としての労働慣行が成立していると認められる場合には、このような労働慣行は、個別の労働条件を決定・変更する際にも影響を与えます。労働慣行の法的効果については、以下のように整理することができます（参考：菅野和夫『労働法（第九版）』（弘文堂発行）86〜87頁）。

(1) 反復・継続によって労働契約の内容になることも

　長期にわたって継続してきたある取扱いが、反復・継続することによって労働契約の内容になっていると認められる場合があります。この場合には、労働契約の内容になり得る労働慣行が、労働条件その他の労働者の待遇に関するものであって、恒常的な取扱いとして行われ続けてきたものであることが必要です。こうした労働慣行は、労働契約の当事者間において長い間、従うべき決まりとして認識されてきたことにより、黙示の合意の成立が認められたり、また、両当事者がこうした慣行による意思を有するものと認められることによって労働契約の内容となったりします。

　なお、裁判例では、労働慣行がこうした契約としての効力を認められるためには、当該事項について決定権限を有する管理者が当該慣行を承認し、それに従ってきたことを要する（**昭63.2.24東京地裁判決、国鉄蒲田電車区事件、ID03928**／**平元.2.10長崎地裁判決、三菱重工業長崎造船所事件、ID03998**／**平5.6.25大阪高裁判決、商大八戸ノ里ドライビングスクール事件**等）とする考え方が定着しています。

(2) 労働慣行に反する行為を権利の濫用とする

　労働慣行は、それに反するような使用者の権利の行使を「権利の濫用」として効力を失わせる効果をもつことがあります。

　使用者が労働慣行によらず、規定どおりの取扱いをしようとする場合、どのような対応をする必要があるでしょうか。例えば、服務規律規定のうえでは明らかに規律違反を構成するような行為を、実際には

黙認して放置する取扱いが長期にわたって続いてきたという場合に、あるとき突然、その行為を理由として懲戒処分することは、懲戒権の濫用とみなされる場合があります。

　もし、規定どおりの取扱いに戻すのであれば、使用者が今後は規定に従い、これに反する行為は懲戒処分に付することがある旨を労働者に周知徹底し、一定の猶予期間を設ける必要があります。

(3) 規定の解釈を明確化・補充する

　労働慣行の中には、労働協約や就業規則の規定上明確さを欠くような定めについて、その解釈を明確にしたり、具体的な意味を付したりするなどして補充する機能を果たすものがあります。

　例えば、欠勤時間に応じて賃金を減額するという規定はあるがその減額方法が規定されていなかった場合に、その欠勤時間の算定は、1時間を超えた欠勤について行うという取扱いが継続してなされ、定着しているとみなされる場合です。就業規則や労働協約の定めの内容を具体化する意味を有するこのような労働慣行は、裁判所では就業規則ないし労働協約の「解釈基準」としての意味を付され、就業規則や労働協約と一体のものとみなされています。

労使協定の意義と効力

Q7 労使協定は、労働条件の決定にどのような影響を与えるのでしょうか？

Point
(1) 労基法などの法令には、過半数組合または過半数代表者を協定当事者として代表意思を反映させる労使協定によって一定の法的効果を生じさせる種々の規定が置かれている。
(2) 労使協定には、①使用者への刑事罰を免責する、②使用者の強行義務を解除する、③就業規則や労働協約を媒介として、個々の労働者との労働契約を拘束するといった法的効果がある。

1 労使協定の意義

(1) 労使協定
①労使協定を要件とするもの

労基法には、「当該事業場に、労働者の過半数で組織する労働組合がある場合においてはその労働組合、労働者の過半数で組織する労働組合がないときは労働者の過半数を代表する者との書面による協定がある場合」といった規定が多数あります。

これらの労使協定は、いずれも事業場を単位として締結され、協定の一方の当事者は使用者であり、他方は過半数組合、これがない場合は過半数代表者となります。

労基法に規定されている労使協定の多くは労働時間に関するものです。例えば、同法には変形労働時間制、フレックスタイム制、みなし労働時間制などの制度がありますが、そのほとんどが労使協定の締結を要件としています。

もともと、労基法制定当初は、第36条に定める労使協定であるいわゆる「三六協定」(時間外・休日労働協定) のみに、8時間労働制の「原則」に対する「例外」を認めるための免罰的効力を認めていました。しかしその後、累次の労基法の改正により労使協定を要件とする事項が増えていったほか (図表Q7-1参照)、賃金の支

払の確保等に関する法律、育児休業、介護休業等育児又は家族介護を行う労働者の福祉に関する法律（以下「育児・介護休業法」といいます。）、雇用保険法、安衛法、会社分割に伴う労働契約の承継等に関する法律、雇用対策法等にも、過半数組合や過半数代表者との労使協定やこれらの者からの意見聴取が制度化され拡大されてきました。

図表Q7−1　労使協定の締結が要件とされる規定（労基法）

	労使協定が必要な場合	法条文	届出
①	労働者の委託による社内預金管理	第18条	必要
②	賃金からの一部控除	第24条	
③	1カ月単位の変形労働時間制	第32条の2	必要
④	フレックスタイム制	第32条の3	
⑤	1年単位の変形労働時間制	第32条の4	必要
⑥	1週間単位の非定型的変形労働時間制	第32条の5	必要
⑦	交替制など一斉休憩によらない場合	第34条	
⑧	時間外労働・休日労働	第36条	必要
⑨	月60時間超の時間外労働をさせた場合の代替休暇制度	第37条	
⑩	事業場外のみなし労働時間制	第38条の2	必要
⑪	専門業務型裁量労働制	第38条の3	必要
⑫	時間単位年休	第39条	
⑬	年次有給休暇の計画的付与	第39条	
⑭	年次有給休暇取得日の賃金を健康保険の標準報酬日額で支払う場合	第39条	

※③〜⑬については、労使委員会及び労働時間等設定改善委員会（一定要件を満たす衛生委員会等も含みます。）の5分の4以上の多数による決議をもって代えることができる。この場合、⑧の決議以外は労基署長への届出は不要。

②労使委員会の決議

①のほか、労使協定ではありませんが、「企画業務型裁量労働制」の導入要件として、労使委員会の決議という制度が規定されています。この労使委員会は、「事業場における労働条件に関する事項を

調査審議し、事業主に対し当該事項について意見を述べること」を目的として設置されるものです（労基法第38条の4第1項）。

　労使委員会の委員についても、過半数組合または過半数代表者の指名が資格要件とされており、労使委員会の委員の5分の4以上の多数による決議は、労使協定に代えることができます。

　また、所定外労働の削減や年次有給休暇の取得促進など事業場で自主的に労働時間等の設定の改善に取り組むことを目的とした、労働時間等の設定の改善に関する特別措置法（労働時間等設定改善法）では、事業場での取組みを進めていくための労使協議機関として「労働時間等設定改善委員会」（衛生委員会等も含みます。）を設けることとしています。同委員会の委員の5分の4以上の多数による決議は、労基法上の労働時間等に関する労使協定に代えることができ、この場合はさらに、36協定に関するもの以外の決議を所轄労基署長へ届け出る必要はありません（同法第7条）。

(2) 労使協定制度の趣旨と労働者の意思の反映

　労使協定は、主として行政取締法である労基法等が原則として使用者に禁止している事項を、必要がある場合に労働者の団体意思が同意した範囲内で例外的に許容するものです。したがって、法令の原則規定を適用しないで例外を許容するかどうかの判断は、個々の労働者や少数派の労働者ではなく、その事業場の労働者全体の見地からなされる必要があります。

　そのため、そのような判断をする労使協定の締結当事者として、過半数組合または過半数代表者に限定されているのです。

　例えば、労基法は、労使協定を締結することを要件の1つとして、対象期間が最長1年までの変形労働時間制とすることを認めています。このような変形労働時間制を導入しようとする事業場に、過半数組合がある場合には、使用者は過半数組合と話し合い、合意して労使協定を締結し、これを所轄労基署長に届け出れば、1年単位の変形労働時間制を実施することができます（同法第32条の4）。ところが、労働組合があっても、それが過半数の労働者で組織されていない場合には、労使協定の締結当事者となることはできません。その場合には、

過半数代表者を選出し、その過半数代表者と使用者が労使協定を締結しなければ変形労働時間制を行うことはできません。

2 労使協定の法的効力

　以上のような労使協定がもっている法的効力は、次のとおりです。
　第1に、労使協定には刑罰免除的効力があります。すなわち、典型的な例として三六協定を挙げれば、過半数組合や過半数代表者と労使協定を締結し、所轄労基署長へ届け出た場合には、法定労働時間（週40時間、1日8時間。労基法第32条）や法定休日（原則1週1回。同法第35条）の基準を超えて労働させても労基法違反とはならず、刑事罰（6ヵ月以下の懲役または30万円以下の罰金。同法第119条1号）を科されないという免罰効果があります。なお、この刑事上の効果は、労使協定の範囲内に限られ、当該協定で定める限度を超えて労働させたり、当該協定で定める手続き等の要件に反して時間外・休日労働をさせたりする場合には、労基法違反となります。
　もっとも、労使協定の効力は、刑事上の免罰効果に限られますので、労使協定をもって労働者に時間外・休日労働の民事上の義務を課すことはできません。そこで、使用者が労働者に時間外・休日労働を命ずるには、労働協約、就業規則等の根拠が必要であり、これらの規定等により労働者が使用者の時間外・休日労働命令に従わなければならない旨を定める必要があります。
　第2に、労使協定には、労働契約を直接規律する強行的効力はありませんが、その内容は少なくとも労働契約を規律するうえでの前提要件となります。例えば、育児・介護休業法第6条は、「事業主は、労働者からの育児休業申出があったときは、当該育児休業申出を拒むことができない。」と定め、ただし書きで、労使協定により定めたものについては「申出拒否をなし得る場合」として事業主に認めています（例：雇用期間1年未満の労働者を育児休業から除外する協定。介護休業にも同旨の規定あり。第12条）が、これは、法律の強行的効力（育児・介護休業付与義務）を解除する効力を有するものと解されます。
　第3に、労使協定それ自体と労働者の個人の意思に基づいて結ばれる

労働契約とは、おのずと法的性格がまったく異なりますが、個々の労働者との労働契約を締結する際には、労使協定は、就業規則または労働協約を媒介として、個々の労働者の労働契約の内容を拘束する機能をもっています。最高裁も**日立製作所武蔵工場事件（平3.11.28最高裁第一小法廷判決、ID 05831）**において、「使用者が、当該事業場の労働者の過半数で組織する労働組合等と書面による協定（いわゆる三六協定）を締結し、これを所轄労働基準監督署長に届け出た場合において、使用者が当該事業場に適用される就業規則に当該三六協定の範囲内で一定の業務上の事由があれば労働契約に定める労働時間を延長して労働者を労働させることができる旨定めているときは、当該就業規則の規定の内容が合理的なものである限り、それが具体的労働契約の内容をなすから、右就業規則の規定の適用を受ける労働者は、その定めるところに従い、労働契約に定める労働時間を超えて労働をする義務を負うものと解するを相当とする。」と判示しています。

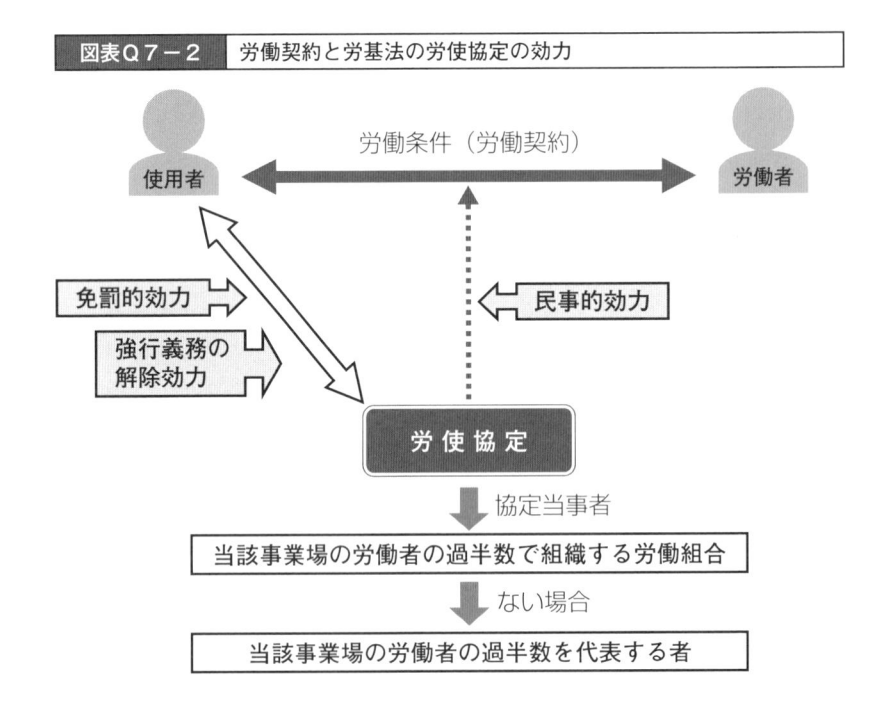

図表Q7-2　労働契約と労基法の労使協定の効力

使用者 ←労働条件（労働契約）→ 労働者

免罰的効力
強行義務の解除効力
民事的効力

労使協定

↓協定当事者

当該事業場の労働者の過半数で組織する労働組合

↓ない場合

当該事業場の労働者の過半数を代表する者

したがって、労使協定は、原則として労基法の定める法定労働条件に関する例外を許容するものであり、その私法上の効力としては、労働契約、就業規則または労働協約を介して、実質的には、労働者を民事上拘束することにもなるといえます（**図表Ｑ７－２参照**）。
　なお、労使協定が労働協約としての効力をもつ場合があり、その場合には、当該協約が適用される労働者については、そこで定められた事項について、規範的効力が及ぶことになります。

●●●**計画年休に関する労使協定の効力**●●●

　前掲図表Ｑ７－１の⑬年次有給休暇の計画的付与（計画年休）に関する労使協定（第39条第6項）が締結されている場合は、計画年休については、労働者の時季指定権及び使用者の時季変更権はともに行使することができないと解されている（昭63.3.14基発第150号・婦発第47号）ことからすれば、免罰的効果にとどまらず、協定それ自体に私法的効力が認められていると解されています。すなわち、計画年休については、労働者がその取得する時季を指定し得ず、仮に労働者が別の日に取得することを申し出ても、使用者はこれを拒否できますし、反対に、使用者は時季変更権を当該計画年休日に行使し得ないとされています。

　なお、当該労使協定に基づいて計画年休を取得しなければならない民事上の義務の有無に関しては、当該労使協定に加えて労働協約、就業規則あるいは労働契約において定めておくという法的根拠が必要であるとする見解がある一方で、労使協定自体から、労働者には計画日に年次有給休暇を取得する権利が、使用者には付与義務が生ずるとする説もあります。

　また、事業場に少数組合があって計画年休に反対している場合には、当該労使協定に加えて就業規則においても労使協定に基づく計画年休を付与する旨の規定を置けば、少数組合の組合員にも、計画日に年次有給休暇を取得させることができることとなります。

第1章　労働条件を規律するもの

第2章

労働契約の成立と労働条件の決定

募集条件と労働契約の内容の相違

Q8 ハローワークの求人募集に書かれていた給与の条件と実際に採用される際の労働契約の内容と異なるのですが、募集時に明示されていた条件は法的には効果はないのでしょうか？

Point
(1) 労働者を募集する際には、従事すべき業務の内容、賃金、労働時間など労働条件を明示する必要がある。
(2) 求人広告等で労働者を募集する場合は、募集条件を表示する際、応募する求職者に誤解を与えないよう平易で的確な表示をするよう努めなければならない。
(3) 求人票記載の労働条件については、労使当事者間でこれと異なる合意がなければ、労働契約の内容となる場合もある。また、契約締結の際、募集時に示された賃金見込額を著しく下回る額で賃金額を確定することは信義則上認められない場合がある。

1 募集時の明示

(1) 明示事項

　労働者を募集する段階では、まだ労働契約が成立する前ですから、使用者には労基法第15条第1項で契約締結時に義務づけられる労働条件の明示は必要ありません。

　しかし、募集の際には、少なくとも採用後の主な労働条件の内容がある程度明らかにされていなければ、求職者が自らの希望に照らして応募を選択する判断材料がなく、求人・求職のミスマッチが生じてしまいます。

　このため、職業安定法（以下「職安法」といいます。）ではまず、公共職業安定所（ハローワーク）等による職業紹介等によって労働者を募集する場合について、「公共職業安定所及び職業紹介事業者、労働者の募集を行う者及び募集受託者並びに労働者供給事業者は、それぞれ、職業紹介、労働者の募集又は労働者供給に当たり、求職者、募

集に応じて労働者になろうとする者又は供給される労働者に対し、その者が従事すべき業務の内容及び賃金、労働時間その他の労働条件を明示しなければならない。」（第5条の3第1項）とし、「求人者は求人の申込みに当たり公共職業安定所又は職業紹介事業者に対し、労働者供給を受けようとする者はあらかじめ労働者供給事業者に対し、それぞれ、求職者又は供給される労働者が従事すべき業務の内容及び賃金、労働時間その他の労働条件を明示しなければならない。」（同条第2項）と定めています。

そして、図表Q8−1に掲げられる事項が、募集時に明示すべき労働条件とされています（職安法施行規則第4条の2）。

図表Q8−1	募集時に明示しなければならない労働条件
①	労働者が従事すべき業務の内容に関する事項
②	労働契約の期間に関する事項
③	就業の場所に関する事項
④	始業及び終業の時刻、所定労働時間を超える労働の有無、休憩時間及び休日に関する事項
⑤	賃金（臨時に支払われる賃金、賞与その他これらに準ずるものを除く）の額に関する事項
⑥	健康保険、厚生年金、労働者災害補償保険及び雇用保険の適用に関する事項

(2) 募集条件の表示方法・表示する際の配慮事項

求人広告等によって募集する場合については、「新聞、雑誌その他の刊行物に掲載する広告、文書の掲出又は頒布その他厚生労働省令で定める方法により労働者の募集を行う者は、労働者の適切な職業選択に資するため、第5条の3第1項の規定により当該募集に係る従事すべき業務の内容等を明示するに当たっては、当該募集に応じようとする労働者に誤解を生じさせることのないように平易な表現を用いる等その的確な表示に努めなければならない。」（職安法第42条）と定め、募集条件の表示方法についても言及しています。

これを受け、「職業紹介事業者、労働者の募集を行う者、募集受託

者、労働者供給事業者等が均等待遇、労働条件等の明示、求職者等の個人情報の取扱い、職業紹介事業者の責務、募集内容の的確な表示等に関して適切に対処するための指針」（平11.11.17労働省告示第141号）では、募集条件を表示する際に配慮すべき事項が具体的に示されています（**図表Ｑ８－２**参照）。

図表Ｑ８－２	募集条件を表示する際の配慮事項
①	明示する労働条件等は、虚偽または誇大な内容としないこと
②	求職者等に具体的に理解されるものとなるよう、労働条件等の水準、範囲等を可能な限り限定すること
③	求職者等が従事すべき業務の内容に関しては、職場環境を含め、可能な限り具体的かつ詳細に明示すること
④	労働時間に関しては、始業及び終業時刻、所定労働時間を超える労働、休憩時間、休日等について明示すること
⑤	賃金に関しては、賃金形態（月給、日給、時給等の区分）、基本給、定額的に支払われる手当、通勤手当、昇給に関する事項等について明示すること
⑥	明示する労働条件等の内容が労働契約締結時の労働条件等と異なることとなる可能性がある場合には、その旨を併せて明示するとともに、労働条件等がすでに明示した内容と異なることとなった場合には、当該明示を受けた求職者等に速やかに知らせること
⑦	労働者の募集を行う者は、労働条件等の明示を行うにあたって労働条件等の一部を別途明示することとするときは、その旨を併せて明示すること

2 求人票・求人広告に記載された条件は労働条件となるか

(1) 労働契約の内容となる労働条件

労働契約は、労働者が労務を提供すること、使用者がこれに対して賃金を支払うことをそれぞれ意思表示して、その意思の合致により成立します（労契法第6条）。

求人票や求人広告などに使用者が労働条件を示して募集する段階では、一般に労働者の申込み（応募）を誘引する行為とみられ、使用者

から労働契約の申込みの意思表示があったとはいえません。使用者からの募集に対して労働者が応募し、採用面接や説明会などを経て労働契約を締結する段階で説明された労働条件が労働契約の内容となるのが通常です。

(2) 募集条件と採用後の労働条件が異なる場合

労働者を募集した後、採用する段階となって労働契約を締結する際に、労働条件を明示します（労基法第15条第1項）。募集時にハローワークの求人票や求人広告などに記載した労働条件と、採用後労働契約を締結する際に明示した労働条件とで、その内容に相違がある場合も少なからずみられます。この場合、募集時に明示された労働条件が労働契約の内容となり得るのかが問題となります。

原則的には、募集条件がそのまま労働契約の内容になるものではないが、募集時の求人票には契約期間が「常用」と記載され、採用時には契約書に「期間の定めのある労働契約」と記載されていた事案で、求人票記載の労働条件であっても、当事者間でこれと異なる合意をするなど特段の事情がない限り、労働契約の内容となるとした裁判例があります（平2.3.8大阪高裁判決、千代田工業事件、ID 05253）。

同判決は、「（職業安定法の）趣旨とするところは、積極的には、求人者に対し真実の労働条件の提示を義務付けることにより、公共職業安定所を介して求職者に対し真実の労働条件を認識させたうえ、ほかの求人との比較考量をしていずれの求人に応募するかの選択の機会を与えることにあり、消極的には、求人者が現実の労働条件と異なる好条件を餌にして雇用契約を締結し、それを信じた労働者を予期に反する悪条件で労働を強いたりするなどの弊害を防止し、もって職業の安定などを図らんとするものである。かくの如き求人票の真実性、重要性、公共性等からして、求職者は当然求人票記載の労働条件が雇用契約の内容になるものと考えるし、通常求人者も求人票に記載した労働条件が雇用契約の内容になることを前提としていることに鑑みるならば、求人票記載の労働条件は、当事者間においてこれと異なる別段の合意をするなど特段の事情がない限り、雇用契約の内容になるものと解するのが相当である。」と判示しています。

また、求人票記載の賃金見込額と入社時に確定された賃金額が異なり、労働者が使用者にその差額分を請求した事案について、「求人票記載の見込額の趣旨が前記のようなものだとすれば、その確定額は求人者が入職時までに決定、提示しうることになるが、新規学卒者が少くとも求人票記載の賃金見込額の支給が受けられるものと信じて求人に応募することはいうまでもなく、賃金以外に自己の適性や求人者の将来性なども志望の動機であるにせよ、賃金は最も重大な労働条件であり、求人者から低額の確定額を提示されても、新入社員としてはこれを受け入れざるをえないのであるから、求人者はみだりに求人票記載の見込額を著しく下回る額で賃金を確定すべきでないことは、信義則からみて明らかであるといわなければならない。」とした裁判例があります（昭58.12.19東京高裁判決、八州（旧八州測量）事件、ID00154）。ただし、この事案では、確定額が見込額を下回ったことが労働契約に影響を及ぼすほど使用者が信義誠実の原則に反しているとはいえないとして、労働者の差額請求を退けています。

　さらに、中途採用者の採用に際し求人広告に「きっと納得していただけるような待遇を用意してお待ちしております」、「もちろんハンディはなし」などと記載していた事案では、給与の具体的な額または格付を確定するに足りる明確な意思表示があったものとは認められず、本件雇用契約上、新卒同年次定期採用者の平均的格付による給与を支給する旨の合意が成立したものということはできないとしつつ、内部的にすでに決定している運用基準の内容を明示せず、かつ、中途採用者をして新卒同年次定期採用者と同等の給与待遇を受けることができるものと信じさせかねないものであった点において不適切であり、そして、その中途採用者は、入社時においてそのように信じたものと認めるべきであると判示し、労働者に誤解を与えるような説明をしたとして慰謝料の支払いを命じた裁判例があります（平12.4.19東京高裁判決、日新火災海上保険事件、ID07542）。

採用内定の意義と内定者の研修参加義務

Q9 採用が内定した新規学卒者を対象に、入社前1カ月間、研修を実施したいのですが、採用内定者に対して会社が研修への参加を強制することはできますか？

Point
(1) 裁判実務上は、採用内定通知が出された段階で、始期付解約権留保付労働契約が成立していると解釈されている。
(2) 参加が強制される研修の時間は、使用者の指揮命令下に置かれる労働時間となり、この時間について賃金の支払いが必要となる。
(3) 採用内定者に入社前研修を行う場合は、任意参加とし、採用内定者の同意を得て参加してもらうようにする。また、不参加者に対して内定取消しなど不利益な取扱いをすることは許されない。

1 採用内定の法的性格

多くの場合、労働者を雇い入れる場合は、企業が採用内定を決定して内定者にその旨を通知し、誓約書や身元保証書等の書類の提出、健康診断の実施などを経て入社日に正式に入社の辞令を交付するといったプロセスで入社に至ります。

採用内定から実際に入社して就業を開始するまでの間に一定の期間がありますので、労働契約はどの時点で成立するのか、採用内定は法的にどのような性格をもつのかが問題となります。

しかし、採用内定の実態はさまざまで、一律にどの時点で労働契約が成立するとはいえないことから、個別事案の事実関係に即して判断すべきものとなります。

これを前提としたうえで、採用内定について、**大日本印刷事件（昭54.7.20最高裁第二小法廷判決、ID 00173）** では、「本件採用内定通知のほかには労働契約締結のための特段の意思表示をすることが予定されていなかったことを考慮するとき、上告人〔編注：以下「Y」と記載〕からの募集（申込みの誘引）に対し、被上告人〔編注：以下「X」と記載〕が応募したのは、労働契約の申込みであり、これに対するYからの採用

内定通知は、右申込みに対する承諾であって、Xの本件誓約書の提出とあいまって、これにより、XとYとの間に、Xの就労の始期を昭和44年大学卒業直後とし、それまでの間、本件誓約書記載の5項目の採用内定取消事由に基づく解約権を留保した労働契約が成立したと解する」と判断しています。その後の裁判例の多くが、採用内定通知をもって始期付解約権留保付労働契約が成立すると解釈しています。

2 入社前研修の趣旨・性格

　新入社員の入社に先駆けて、入社前に内定者を対象とした研修は、実際多くの企業で実施されています。新入社員を対象とした研修には、会社が参加を命じる場合と、参加を強制せず新入社員の任意で参加できる場合が考えられます。

(1) 強制参加による研修

　研修への参加が会社によって強制されるということは、その研修の時間は、使用者の指揮命令下に置かれる時間、つまり「労働時間」ということになります。

　労働時間の解釈について、判例では、「労働基準法32条の労働時間とは、労働者が使用者の指揮命令下に置かれている時間をいい、右の労働時間に該当するか否かは（中略）客観的に定まるものであって、労働契約、就業規則、労働協約等の定めのいかんにより決定されるべきものではないと解するのが相当である。」とされています（**平12.3.9最高裁第一小法廷判決、三菱重工業長崎造船所事件、ID 07520**）。

　同判決で述べられているように、労働時間となるか否かは、労使当事者の合意や企業内の就業規則でその取扱いが決まるのではなく、客観的に「使用者の指揮命令下」にある時間と評価されれば労働時間となります。

　したがって、参加が強制される研修の時間は労働時間となり、この時間について対価（賃金）の支払いも必要となります。

(2) 任意参加による研修

逆に、参加が会社から強制されておらず、労働者の自由な意思で参加・不参加を選択できるような研修の場合は、その時間は労働時間とはなりませんし、また、この時間について賃金を支払う必要はありません。

3 採用内定中の権利義務関係と入社前研修の参加強制の可否

(1) 採用内定中の権利義務関係

前掲**大日本印刷事件判決**のように就労開始時期を入社日とすると、採用内定によって始期付解約権留保付労働契約が成立しているとしても、使用者が労働者に現実に労務の提供を求めることができるのは入社日以降となります。

入社前研修が参加を強制するものであるとすると、前記のとおりその時間は労働時間となりますが、入社前に就労させることができないことと同様、研修に参加することを命じることはできません。

このような入社前研修に関する事案について、「効力始期付の内定では、使用者が、内定者に対して、本来は入社後に業務として行われるべき入社日前の研修等を業務命令として命ずる根拠はないというべきであり、効力始期付の内定における入社日前の研修等は、飽くまで使用者からの要請に対する内定者の任意の同意に基づいて実施されるものといわざるを得ない。」と判断した裁判例があります（**平17.1.28東京地裁判決、宣伝会議事件**）。

したがって、研修参加を強制する場合には、入社日以降に研修を実施すべきことになります。また、入社後の就業の必要などから入社前に研修を行う必要がある場合には、任意参加とし、内定者の同意を得たうえで参加してもらう必要があります。

(2) 不参加による不利益取扱い

このように、入社前に研修を実施する場合は、あくまでも本人の同意のうえで実施しなければなりませんが、研修に参加しなかったからといって不参加者に対して不利益に取り扱うことはできません。参加

を強制こそされないが不参加により不利益な取扱いがなされる場合は、実質的に参加が強制されたものと考えられるからです。

　この点について、前掲**宣伝会議事件判決**でも、「本来入社以後に行われるべき研修等によって学業等を阻害してはならないというべきであり、入社日前の研修等について同意しなかった内定者に対して、内定取消しはもちろん、不利益な取扱いをすることは許されず、また、一旦参加に同意した内定者が、学業への支障などといった合理的な理由に基づき、入社日前の研修等への参加を取りやめる旨申し出たときは、これを免除すべき信義則上の義務を負っていると解するのが相当である。」と判示しています。

労働契約締結時の労働条件の明示

Q10 労働契約を締結する際、労働者に明示しなければならない労働条件とはどのようなものですか？　また、明示はどのような方法によるべきですか？

Point
(1) 労基法では、労働契約締結時に、従事する業務の内容、労働時間、賃金など一定の重要な労働条件を書面で明示することが使用者に義務づけられている。
(2) 労基法で義務づけられる事項のほか、パートタイマーについては昇給・退職手当・賞与の有無を、有期契約労働者については更新の有無・更新する場合の判断の基準を明示しなければならない。
(3) 労使当事者間でのトラブル防止のため、契約締結時はもとより、それ以外にも適宜、使用者は労働者に労働条件について十分に説明し、できる限り書面で確認するようにする。

1 労働条件の明示の必要性

　労働者を採用する際、労働契約の締結にあたって、労働契約書（書面）の有無は労働契約の成立自体に影響がありません（労契法第6条）。
　また、実際にも、使用者側からは早急に人を雇いたい、労働者側からは就職先を早く確保したいといったニーズがあるため、契約書を交わさずに雇い入れ、その際、労使当事者間で労働条件の内容を具体的に確認しないことも多いのが実態です。
　しかし、これが入社後、あるいは退職時など後日になって、労使当事者間の労働条件をめぐる認識のズレによって「話が違う」ということになり、往々にしてトラブルとなることがあります。
　そこで、労基法は、情報量や交渉力の点で使用者よりも不利な立場にある労働者を保護するため、労働契約の締結時に使用者が労働者に対して、労働時間や賃金など一定の重要な労働条件を明示することを義務づけています（同法第15条第1項）。

2 労基法が定める労働条件の明示義務

(1) 明示が義務づけられている労働条件

労基法で使用者に明示が義務づけられている労働条件は、図表Q10－1のとおりです（労基法第15条第1項、労基則第5条）。

図表Q10－1　労働契約締結時に明示が義務づけられている労働条件

必ず明示しなければならない事項		定めをした場合に明示しなければならない事項	
書面によらなければならない事項	① 労働契約の期間に関する事項	⑦	退職手当の定めが適用される労働者の範囲、退職手当の決定・計算・支払いの方法、支払時期に関する事項
	② 就業の場所・従事する業務の内容に関する事項	⑧	臨時に支払われる賃金、賞与などに関する事項
	③ 始業・終業時刻、所定外労働の有無、休憩時間・休日・休暇、交替勤務をさせる場合は就業時転換に関する事項	⑨	労働者に負担させる食費、作業用品などに関する事項
	④ 賃金の決定・計算・支払いの方法、賃金の締切り・支払いの時期に関する事項	⑩	安全衛生に関する事項
	⑤ 退職に関する事項（解雇の事由を含む）	⑪	職業訓練に関する事項
	⑥ 昇給に関する事項	⑫	災害補償、業務外の傷病扶助に関する事項
		⑬	表彰、制裁に関する事項
		⑭	休職に関する事項

(2) 明示方法

図表Q10－1に記載している労働条件のうち、左の5項目の労働条件については、書面の交付による明示が必要です。これらの項目については、ファクシミリやメールによることは認められず、必ず書面に記載して労働者に交付しなければなりません。

また、明示の方法として、その労働者に適用する部分を明確にしたうえで、就業規則を交付する方法によることも認められています（平11.1.29基発第45号）。

なお、労働条件の明示に関して特に決まった記載様式はありませんが、厚生労働省では、「労働条件通知書」のモデル様式を示していますので、これを活用するとよいでしょう。

(3) 明示義務に違反した場合

労働契約の締結時に、労基法で義務づけられる労働条件を明示していない場合は、同法第15条第1項の違反となり、30万円以下の罰金の対象となります（同法第120条第1号）。

なお、労働条件の明示義務に違反した場合に、労使当事者間での労働契約の効力（民事上の効果）に影響はありません。

3 非正規労働者の労働条件の明示

前記のとおり、労働条件の明示は、労使当事者間の後日のトラブルを防止する意義をもっています。このことは、パートタイマーや有期契約労働者など非正規労働者についても同様です。このような就業形態が多様な非正規労働者については、労働条件や待遇の点で、いわゆる正社員とは異なる場合も多いため、労基法上の明示事項のほか、就業形態に応じて別途明示が必要な事項があります。

(1) パートタイマー

パートタイマーを雇い入れる場合には、前記図表Q10－1の①～⑤の労働条件を書面の交付によって明示する（労基法第15条第1項）ほか、①昇給の有無、②退職手当の有無、③賞与の有無を文書の交付等によって明示することが義務づけられています（パート労働法第6条）。これらパート労働法で明示が義務づけられている3つの事項については、パートタイマー本人が希望している場合にのみ、ファクシミリやメールの送信によって明示することも認められています（労基法上の明示事項については書面の交付により明示しなければなりません。）。

また、これら3つの事項の明示義務に違反すると、10万円以下の過料（行政罰）の対象となります（パート労働法第47条）。

(2) 有期契約労働者

期間の定めのある労働契約（有期労働契約）の場合は、特に更新や雇止めをめぐってトラブルとなる場合が多くみられます。

そこで、労働契約の締結時や更新時に、①更新の有無、②更新することがある場合にはその判断の基準を併せて明示する必要があります（「有期労働契約の締結、更新及び雇止めに関する基準」平15.10.22厚生労働省告示第357号）。

4 労働者の理解の促進と書面確認

(1) 労働者の理解の促進

労契法は、労使当事者の実質的な対等性を担保するため、労働契約の内容について、情報量や交渉力において不利な立場にある労働者の理解を深めるようにすることを、使用者の基本的な責務として定めています（同法第4条第1項）。

この「理解を深める」とは、具体的には、使用者が労働者に対して労働契約の内容を具体的に分かりやすく説明すること、労働者からの求めに応じて誠実に回答することなどと解釈されています。

また、この責務は、労働契約の締結時に限られず、契約の途中で労働条件を変更しようとするときや、随時労働者から説明を求められたときなど広く労働契約関係にある期間がその対象となります。

(2) 書面確認

労働者と使用者は、労働契約の内容について、できる限り書面で確認するものとされています（労契法第4条第2項）。

この書面確認は、「できる限り」とあるように、必ずしも法律上義務づけられているものではありませんが、労使当事者間のトラブル防止のうえでは、大変重要です。

契約内容を書面で確認する場面は、労働契約の締結時だけではなく、

契約の途中で労働条件を変更しようとする場合など広く対象となりますし、また、書面で確認すべき労働条件は、労基法等で明示が義務づけられている事項に限らず、有期労働契約の場合の更新に関する事項のほか、例えば、賞与など労働条件全般が含まれます。

5 明示された労働条件が実際と異なる場合

　労働契約の締結の際に明示された労働条件と事実が違う場合には、労働契約の内容である労働条件のとおりの履行（債務の本旨に従った履行）がされていないわけですから、労働者は使用者に明示された労働条件どおりの履行を要求することができます。また、これに使用者が応じなければ損害賠償を請求することもできます（民法第415条）。

　一方、労基法は、明示された労働条件が実際と異なる場合に、労働者に労働契約を即時解約する権利を認めています（第15条第2項）。さらに、この場合に、労働者が就職のために住居を変更しており、労働契約の解除により契約解除の日から14日以内に帰郷する場合には、使用者はその帰郷旅費を負担しなければなりません（同条第3項）。

試用期間中の労働条件

Q11 試用期間中は「見習い」として、本採用後の賃金額よりも低い賃金額を設定したいと考えていますが、問題はないでしょうか？

Point
(1) 判例上、試用期間中は、この期間が終了するまでの間に労働者に一定の不適格な事由があった場合には解約できるという使用者の権利を留保した「解約権留保付労働契約」が成立しているものとされている。
(2) 試用期間中の賃金額を本採用後の賃金額よりも低く設定することもできるが、原則として最低賃金額を下回ることはできない。また、就業規則でその取扱いについてあらかじめ定めておくことが重要である。

1 試用期間の意義・法的性質

　新規に雇い入れた後、1カ月～6カ月など一定期間を「見習い」期間として、その間に労働者の能力・適性を評価し、本採用とするか否かを決定するということは、通常各企業では広く行われています。このような「試用期間」を設定している企業では、就業規則などに「試用期間終了時において、従業員として不適格と認めた場合は本採用はしない」といった規定が設けられています。
　試用期間を法的にどのように評価するかについては、学説上考え方が分かれますが、判例では、試用期間中は、この期間の終了までの間に労働者に一定の不適格な事由があった場合には解約できるという使用者の権利を留保した、「解約権留保付労働契約」が成立していると考えられています。
　この点について、**三菱樹脂事件（昭48.12.12最高裁大法廷判決、ID00044）**は、「本件雇傭契約においては、右のように、上告人において試用期間中に被上告人が管理職要員として不適格であると認めたときは解約できる旨の特約上の解約権が留保されているのであるが、このような解約権の留保は、大学卒業者の新規採用にあたり、採否決定の当初においては、その者の資質、性格、能力その他上告人のいわゆる管理職

要員としての適格性の有無に関連する事項について必要な調査を行ない、適切な判定資料を十分に蒐集することができないため、後日における調査や観察に基づく最終的決定を留保する趣旨でされるものと解されるのであって、今日における雇傭の実情にかんがみるときは、一定の合理的期間の限定の下にこのような留保約款を設けることも、合理性をもつものとしてその効力を肯定することができるというべきである。」と判示しています。

2 試用期間中の労働条件

(1) 試用期間中の賃金設定

　労働条件は、労働契約の内容として労使当事者間の合意によって決定すべきものです（労契法第3条、第6条）から、労働条件の1つでもある賃金についても、その労働者に適用する賃金体系や、具体的な賃金額の設定は、原則として労使当事者間で自由に定めることができます。

　したがって、試用期間中の賃金額は、本採用後の賃金とは別に設定することも可能です。試用期間は前記のとおり、実地に就業させることを通じて労働者の能力や適性をみて適格・不適格の判断をするものですが、同時に職務遂行のための教育訓練、研修の期間としての意義をもっているのが通常です。このような試用期間の設定の目的・趣旨から考えれば、試用期間中は本採用後の賃金額よりも低い賃金額を設定することには原則として合理性があると考えられます。

　ただし、試用期間中であっても、解約権が留保されていることを除けば、通常の場合と同様労働契約が成立していますので、試用期間中の賃金額は、最低賃金額を下回らないように定めなければならないことが原則です（最賃法第4条）。なお、最賃法では、一定の者について減額の特例が認められ、その中には「試の使用期間中の者」も含まれていますが（同法第7条第2号）、これは、都道府県労働局長の許可を経たうえで通常の最低賃金額から一定割合で減額した額をもってその者に適用される最低賃金額とするものです。

(2) 就業規則に定める賃金額を下回る場合

　試用期間中と本採用後とで賃金額に差異を設ける場合には、個別の労働契約の締結時にその内容を労使当事者間で明確に定めておく必要があります。

　その際留意すべき点は、労働契約を締結する際に賃金を含め個々に労働条件を定める場合に、就業規則（賃金規程）に定める労働条件の水準を下回らないようにしなければならない点です。すなわち、個別の労働契約において、労使当事者間で就業規則に定める労働条件によらず、個別に定めることができますが（労契法第7条ただし書き）、就業規則で定める労働条件を下回る定めをしてもその部分は無効となり、就業規則で定める水準に引き上げられます（同法第12条）。

　このため、就業規則（賃金規程）上、賃金額や賃金の算定方法等を本採用者の場合と区別して定めていない場合には、個別の労働契約で試用期間中の賃金額を本採用後よりも低い額で定めると、就業規則（賃金規程）の規定に抵触することになります。

　したがって、試用期間中の賃金等の取扱いについて、本採用後よりも低く設定する場合には、あらかじめ就業規則にもその内容を定めておく必要があります。

3　試用期間の長さ・延長の可否

　試用期間は通常、本採用するか否かの評価・判断のための期間ですから、労働者が不適格と判断されれば解約できることとされ、その期間中は労働者が不安定な立場に置かれることになります。

　試用期間の長さについて、直接規制する法令はありません。また、試用期間を設ける趣旨・目的は、業務内容や募集・採用の趣旨などによってもさまざまなものが考えられますので、試用期間の長さとしてどのくらいが妥当なのかは、必ずしも一律にはいえませんが、裁判例には、「試用期間中の労働者は不安定な地位に置かれるものであるから、労働者の労働能力や勤務態度等についての価値判断を行なうのに必要な合理的範囲を超えた長期の試用期間の定めは公序良俗に反し、その限りにおいて無効であると解するのが相当である。」と示したものがあります**（昭**

59.3.23名古屋地裁判決、ブラザー工業事件、ID00204)。

　また、当初設定されていた試用期間を更新あるいは延長することについては、本採用を拒否できる事由がある場合にそれを猶予するためであったなど、試用期間の更新・延長することに合理的な理由がある場合にこれを認めた裁判例（昭60.11.20東京地裁判決、雅叙園観光事件）があります。

第2部 労働条件の変更システム

第1章

就業規則による労働条件の変更

就業規則の作成・変更手続き

Q12 就業規則により労働条件を決定・変更する場合には、どのような手続きによるのですか？

Point
(1) 就業規則を作成・変更する場合は、過半数組合（これがない場合は過半数代表者）からの意見を聴き、所轄労基署長へ届け出る必要がある。
(2) 就業規則を作成・変更する際の過半数組合等からの意見聴取は、労基法上、過半数組合等の同意を取りつけることまでは求められず、意見書を添付して届け出れば足りる。
(3) 作成・変更した就業規則は、掲示、備付け、書面の交付、パソコンでの閲覧などにより事業場の労働者に周知させなければならない。

1 就業規則の作成・変更手続きの流れ

　就業規則は、その事業場の労働者に適用される労働条件や服務規律などを定めるものです。

　就業規則の作成・変更手続きについては、労基法で「常時10人以上の労働者を使用する使用者は、次に掲げる事項について就業規則を作成し、行政官庁に届け出なければならない。次に掲げる事項を変更した場合においても、同様とする。」（第89条）と規定し、就業規則に記載すべき事項（後記**図表Q12-2**参照）を示すとともに、就業規則の作成・変更のプロセスの中で、「当該事業場に、労働者の過半数で組織する労働組合がある場合はその労働組合、労働者の過半数で組織する労働組合がない場合においては労働者の過半数を代表する者の意見を聴かなければならない。」とし、さらに届出の際、「前項の（過半数組合等の）意見を記した書面を添付しなければならない。」と定めています（第90条）。そして使用者は、就業規則を、常時各作業場の見やすい場所へ掲示し、または備え付けること、書面を交付すること等により、労働者に周知させなければならないとされています（第106条）。

　労基法が就業規則の作成・変更手続きについてこのような規定を設けているのは、使用者に一定の手続きを義務づけ、行政の監督・取締りを

介入させることにより、法定の最低基準の労働条件を確保するためです。これらの規定に違反すれば、罰則（30万円以下の罰金。第120条）が適用されます。

また、就業規則の作成・届出が義務づけられるのは、「常時10人以上の労働者を使用する使用者」ですが、ここで「常時10人以上」とは、事業場単位で、パートタイマーや契約社員等も含めすべての労働者をカウントして10人以上となる場合をいい、一時的に10人未満となっても、常態として10人以上であれば、就業規則を作成し、届け出なければなりません。

就業規則を作成・変更する場合の手続き・手順を具体的に追いますと、図表Ｑ12－1のようになります。

図表Ｑ12－1　就業規則の作成・変更の具体的な手続きの流れ

1. 使用者が就業規則（案）を作成する
2. 過半数組合（過半数組合のない場合は過半数代表者）に提示する
3. その意見を聴取する（書面で意見をもらう）
4. 就業規則に**3**の過半数組合または過半数代表者の意見書を添付する
5. 所轄労基署長に届け出る
6. 所轄労基署長に受理されたら所定の方法により労働者に周知する

2　就業規則の記載事項

労基法は、就業規則の記載事項として、図表Ｑ12－2に掲げられる事項について使用者に記載を義務づけています（第89条）。就業規則の

図表Q12-2	就業規則の記載事項
絶対的必要記載事項	① 始業・終業の時刻、休憩時間、休日、休暇、交替制の場合の就業時転換*に関する事項
	② 賃金の決定、計算、支払いの方法、賃金の締切り、支払いの時期、昇給に関する事項
	③ 退職に関する事項（解雇の事由を含む）
相対的必要記載事項	④ 退職手当が適用される労働者の範囲、金額の決定、計算、支払いの方法、支払時期に関する事項
	⑤ 臨時の賃金等（賞与等）、最低賃金額に関する事項
	⑥ 労働者の食費、作業用品その他の負担に関する事項
	⑦ 安全及び衛生に関する事項
	⑧ 職業訓練に関する事項
	⑨ 災害補償及び業務外の傷病扶助に関する事項
	⑩ 表彰及び制裁に関する事項（その種類及び程度）
	⑪ ①〜⑩のほか、当該事業場の労働者のすべてに適用される定めをする場合においては、これに関する事項

↓ 具体例

ア	業務命令及び使用者、上司等の指示命令に関する事項
イ	服務規律・誠実勤務・守秘義務等に関する事項
ウ	人事異動（配転・転勤・出向・業務派遣等）に関する事項
エ	社員体系、職務区分、職制に関する事項
オ	施設管理、企業秩序維持に関する事項
カ	秘密保持・競業禁止・退職後の競業制限等に関する事項
キ	職務上の発明及び相当な対価の算定に関する事項
ク	セクシュアルハラスメントに関する事項
ケ	能率の維持向上その他の協力関係に関する事項
コ	採用に関する事項
サ	従業員の個人情報の保護、利用目的、出向先等への提供、退職後の社友会利用等個人情報の取扱いに関する事項

＊就業時転換に関する事項は、交替制をとる場合にのみ定めればよい。

記載事項には、(1)必ず記載しなければならない事項（絶対的必要記載事項）、(2)定めるか否かは自由だが、定めた場合には必ず記載しなければならない事項（相対的必要記載事項）、(3)法律で定められてはいないが、任意に記載することができる事項（任意的記載事項）があります。実際の労務管理上は、任意的記載事項も記載しておくことが望まれます。

3 労働者の代表からの意見聴取の意義

　就業規則によって労働条件が決定・変更される場合には、就業規則の内容が労働者1人ひとりの労働条件を決定する重要な意義をもっているといえます。

　そこでまず、就業規則を制定し、これを変更する権限と責任は誰にあるのかについてみますと、労基法第89条は、「常時10人以上の労働者を使用する使用者は……就業規則を作成し、行政官庁に届け出なければならない。（これを）変更した場合においても、同様とする。」と規定しており、その権限と責任は使用者にあります。この点については、裁判例でも、「凡そ就業規則は使用者が作成する当該事業場の就業に関する規則であり使用者の事業組織を統制する地位から派生する権限に基づき、使用者が一方的に作成し変更し得るものである。その作成変更された規則は現に効力のある労働協約並びに労働基準法その他の法令に牴触しない限り有効性を否定されない」（**昭24.10.20京都地裁判決、京都市事件、ID01528**）としており、最高裁判決においても「就業規則は本来使用者の経営権の作用としてその一方的に定めうるところであって、このことはその変更についても異るところがない（労働基準法90条参照）」（**昭27.7.4最高裁第二小法廷決定、三井造船事件、ID01564**）と判示しています。

　一方、労基法は、就業規則の作成・変更の手続きには、前記のとおり、使用者に過半数代表者等の意見を聴くことが必要であるとしています（第90条）。作成・変更した就業規則の内容は、労働契約の内容（労働条件）となるわけですから、事業場内における作成・変更手続きに労働者の意見を反映させようとしたものです。

　ただし、この意見聴取義務は、使用者が過半数代表者等の意見に拘束

されるわけではなく、過半数代表者等の「同意」を取りつけたり、「協議」することまでは求められていません。行政解釈上は、たとえ過半数代表者等からの反対意見があったとしても、「意見」として届け出れば足りるものとされています（昭24.3.28基発第373号、昭25.3.15基発第525号）。

なお、このように使用者に制定・変更権限のある就業規則について、その内容の合理性及び労働者への周知という要件の下で、個々の労働者の労働条件を決定・変更することが認められています（労契法第7条本文、第10条本文。Q3・Q13参照）。

4 労働者への周知

作成・変更した就業規則は、労働者に周知させなければなりません（労基法第106条）。その周知の方法として、次の3つのうちいずれかによることとされています（労基則第52条の2）。

> ア　常時各作業場の見やすい場所に掲示し、または備え付ける方法
> イ　労働者に書面を交付する方法
> ウ　磁気テープ、磁気ディスクその他これらに準ずる物に記録し、かつ、各作業場に労働者がその内容を常時確認できる機器を設置する方法

なお、労契法において、就業規則による個々の労働条件の決定または変更が有効となるための要件となっている「労働者への周知」（第7条本文、第10条本文）は、必ずしも前記3つのいずれかの方法によらなければならないものではなく、労働者が実質的に就業規則の内容を知ろうと思えば知り得る状態にあれば足りるものとされています。

また、労契法第11条は、「就業規則の変更の手続に関しては、労働基準法第89条及び第90条の定めるところによる。」と定めています。これは、就業規則の変更による労働条件の変更という場面において、労基法上の就業規則の変更手続きがなされなかったからといって当該変更が無効となるわけではありませんが、労基法上の手続きを踏んでいるか否かは、就業規則の変更の合理性を判断する際の考慮要素の1つとなり得ることを意味しています。

就業規則の不利益変更

Q13 就業規則の制定・変更権限は使用者にあるとされていますが、労働者に不利益に就業規則が変更された場合でも、変更後の就業規則によって個々の労働条件を変更することができる場合があるのでしょうか？

Point
(1) 判例法理を明文化した労契法は、就業規則の変更によって個別の労働条件を変更する場合には、労使当事者の合意によることを原則としたうえで、就業規則の変更内容等が①合理的で、②労働者に周知されていることを要件として、就業規則の変更による労働条件の不利益変更を認めている。
(2) 就業規則の合理性は、①労働者の受ける不利益の程度、②労働条件の変更の必要性、③変更後の就業規則の内容の相当性、④労働組合等との交渉の状況、⑤その他の就業規則の変更に係る事情を総合考慮して判断される。
(3) 労使当事者間で労働条件の変更は就業規則によらない個別の合意がある場合は、その合意が優先される。ただし、この場合は、就業規則で定めた基準を下回らないようにしなければならない。

1 就業規則で定める労働条件が労働契約の内容となる根拠

Q3で解説したとおり、就業規則の法的性質について、**秋北バス事件判決**（昭43.12.25最高裁大法廷判決、ID 01480）は、就業規則が企業実務上定着し、集団的・画一的に労務管理を行う機能を果たしてきたことなどを踏まえ、就業規則が合理的な労働条件を定めているものであるかぎり、法的規範性を有し、それゆえに個々の労働者の同意にかかわらず就業規則の適用を受けることを示しています。

そして同判決は、就業規則が労働者の不利益に変更された場合について、「新たな就業規則の作成又は変更によって、既得の権利を奪い、労働者に不利益な労働条件を一方的に課することは、原則として、許されないと解すべきであるが、労働条件の集合的処理、特にその統一的かつ画一的な決定を建前とする就業規則の性質からいって、当該規則条項が

合理的なものである限り、個々の労働者において、これに同意しないことを理由として、その適用を拒否することは許されないと解すべきであ(る)」と判示しています。

つまり、労働者の同意もなく、使用者が一方的に、就業規則の変更によって労働条件を労働者の不利益に変更することは許されないことを原則としたうえで、就業規則の変更内容等に「合理性」があることを要件として、就業規則の変更による労働条件の変更を認めています。

この就業規則の不利益変更法理は、以降の最高裁判決で踏襲されるとともに、下級審もこの判断枠組みに従っており、判例法理として定着していきました（**昭63.2.16最高裁第三小法廷判決、大曲市農協事件、ID03924／平9.2.28最高裁第二小法廷判決、第四銀行事件、ID06918／平12.9.7最高裁第一小法廷判決、みちのく銀行事件、ID07602**ほか下級審多数）。裁判実務上は、就業規則が労務管理に果たしてきた役割・機能を評価しつつ、その不利益変更については、「合理性」という縛りをかけ、個別事案ごとに裁判所の合理性判断によって労働契約の内容の実質的な公平さを担保してきたものと考えることができます。

2 労契法上の就業規則の変更に関する規定

(1) 就業規則の変更による労働条件の変更ルール

①労契法における判例法理の明文化

平成20年3月から施行された労契法は、以上の判例法理を法文化したものです。

同法第8条ではまず、「労働者及び使用者は、その合意により、労働契約の内容である労働条件を変更することができる。」と定め、労働条件を変更する場合には、労使当事者間の合意によるという大原則を明記しています。

そして、第9条本文では「使用者は、労働者と合意することなく、就業規則を変更することにより、労働者の不利益に労働契約の内容である労働条件を変更することはできない。」と定め、前掲**秋北バス事件判決**の「新たな就業規則の作成又は変更によって、既得の権利を奪い、労働者に不利益な労働条件を一方的に課することは、原

則として、許されない」に対応しています。

　そのうえで、これらの原則に対する例外として、第9条ただし書きの「ただし、次条の場合は、この限りでない。」を受けて、第10条本文では「使用者が就業規則の変更により労働条件を変更する場合において、変更後の就業規則を労働者に周知させ、かつ、就業規則変更が……合理的なものであるときは、労働契約の内容である労働条件は、当該変更後の就業規則に定めるところによるものとする。」と定めています。同条は、前掲**秋北バス事件判決**が「変更の合理性」を、労働者の不利益に変更された就業規則を個々の労働者に適用されるための要件としていること、また、懲戒に関する事案で「就業規則が法的規範としての性質を有するものとして、拘束力を生ずるためには、その内容を適用を受ける事業場の労働者に周知させる手続が採られていることを要する」とした**フジ興産事件判決（平15.10.10最高裁第二小法廷判決、ID 08227）**を踏まえ、①就業規則の変更の「合理性」、②変更後の就業規則を「周知」させたことという要件の下で、就業規則の変更による労働条件の不利益変更を認めたものです。

②「不利益」変更の場合が対象

　変更後の就業規則によって個々の労働契約の内容である労働条件を変更する効果が認められる第10条の規定は、就業規則が労働者に「不利益」に変更された場合を前提に適用されます（平24.8.10基発0810第2号。労契法施行通達「労働契約法の施行について」）。就業規則が従前よりも労働者に有利に変更された場合には、就業規則で定める労働条件によらず、個別の労働契約で決定・変更する際にも、合理性等を要件とするまでもなく、第12条により有利に変更された就業規則が個々の労働条件の最低基準となります。逆に、変更後の就業規則の基準を下回る労働条件は、変更後の就業規則の基準に引き上げられることとなります。

　ここで、何をもって「不利益変更」となるかについて、最高裁は、実質的に不利益かどうかは変更の合理性（相当性）の場面で考慮し、就業規則の不利益変更法理を適用するかどうかの段階では、外形的

な不利益があればよいとしているものと考えられます（荒木尚志『雇用システムと労働条件変更法理』（有斐閣発行）260～262頁）。

(2) 就業規則の変更の合理性判断

就業規則の変更の合理性については、就業規則の変更によって従前の労働条件よりも労働者に不利益な労働条件に変更されるわけですから、ここで求められる合理性は、新たに労働契約を締結する場合よりも厳格な判断が必要とされます。

この点について、**第四銀行事件判決（平9.2.28最高裁第二小法廷判決、ID06918）**は、合理性の有無を判断する要素に関して「右の合理性の有無は、具体的には、就業規則の変更によって労働者が被る不利益の程度、使用者側の変更の必要性の内容・程度、変更後の就業規則の内容自体の相当性、代償措置その他関連する他の労働条件の改善状況、労働組合等との交渉の経緯、他の労働組合又は他の従業員の対応、同種事項に関する我が国社会における一般的状況等を総合考慮して判断すべきである。」としています（**みちのく銀行事件判決（平12.9.7最高裁第一小法廷判決、ID07602）**も同旨）。

労契法第10条本文は、この判決をもとに、就業規則の変更の合理性を判断する要素として、①労働者の受ける不利益の程度、②労働条件の変更の必要性、③変更後の就業規則の内容の相当性、④労働組合等との交渉の状況、⑤その他の就業規則の変更に係る事情――の5項目を定めています。これらの要素に照らして合理性が認められる場合には、変更後の就業規則に定める労働条件が、労働契約の内容である労働条件となります。

なお、同法第10条本文は、5つの合理性判断要素を定めていますが、これは、前記**第四銀行事件判決やみちのく銀行事件判決**が示した7つの合理性判断要素を**図表Q13－1**のように整理し対応させたもので、判例法理に変更を加えるものではありません。

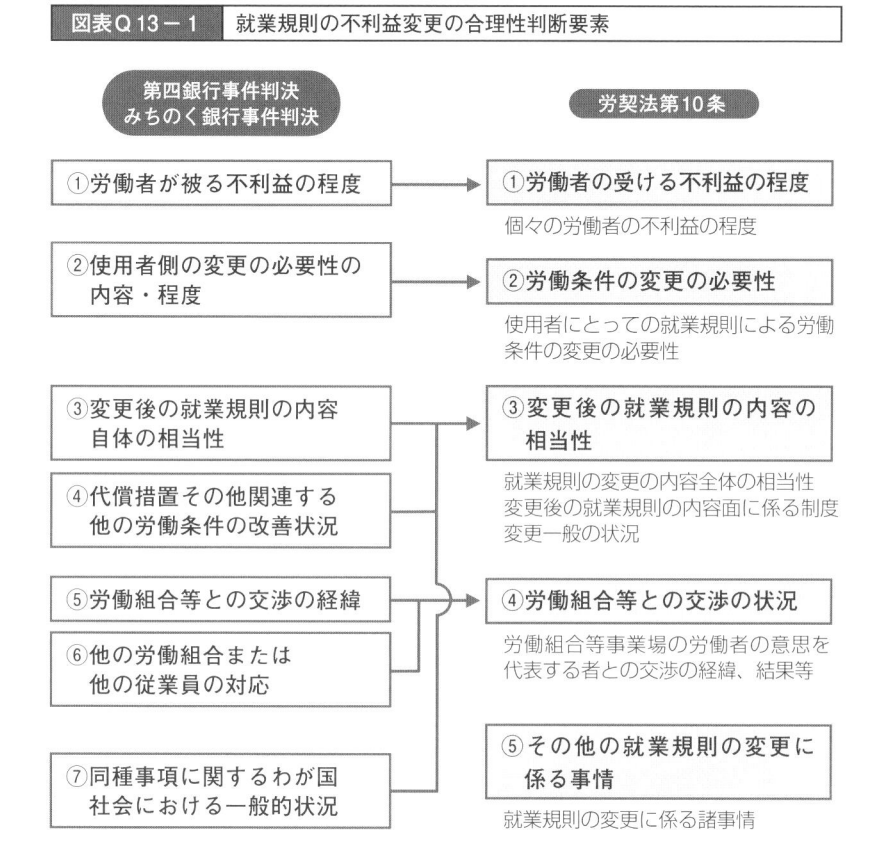

図表Q13－1　就業規則の不利益変更の合理性判断要素

第四銀行事件判決／みちのく銀行事件判決

① 労働者が被る不利益の程度
② 使用者側の変更の必要性の内容・程度
③ 変更後の就業規則の内容自体の相当性
④ 代償措置その他関連する他の労働条件の改善状況
⑤ 労働組合等との交渉の経緯
⑥ 他の労働組合または他の従業員の対応
⑦ 同種事項に関するわが国社会における一般的状況

労契法第10条

① 労働者の受ける不利益の程度
　個々の労働者の不利益の程度

② 労働条件の変更の必要性
　使用者にとっての就業規則による労働条件の変更の必要性

③ 変更後の就業規則の内容の相当性
　就業規則の変更の内容全体の相当性
　変更後の就業規則の内容面に係る制度変更一般の状況

④ 労働組合等との交渉の状況
　労働組合等事業場の労働者の意思を代表する者との交渉の経緯、結果等

⑤ その他の就業規則の変更に係る事情
　就業規則の変更に係る諸事情

3　就業規則の変更によらない旨の個別の合意がある場合

　労使当事者間で別途、就業規則の変更によって労働条件を変更しない旨の個別の合意（特約）がある場合には、労働契約の内容は、判例法理においても変更後の就業規則に拘束される趣旨ではないと解釈されるのが一般的です。

　労契法第10条ただし書きもこの点について規定しており、労働契約において、労働者及び使用者が就業規則の変更によっては変更されない労働条件として合意していた部分については、変更後の就業規則によらず、

労使当事者間の個別合意が優先する旨定めています。ただし、この場合でも、就業規則で定める基準を下回るとその部分が無効となり、その部分は就業規則による基準に引き上げられることとなります（第12条）ので、就業規則とは別に合意する場合には、就業規則による基準以上の内容で定める必要があります。

合理性の総合判断要素ごとの判断内容

Q14 就業規則を不利益に変更する場合の合理性の有無は、労働者の受ける不利益の程度、変更の必要性、変更後の就業規則の内容の相当性等々といった多数の要素が「総合的に判断される」とされています。それぞれの判断要素ではどのような点が判断の対象とされるのですか？

Point
(1) 就業規則の不利益変更の合理性は、各判断要素を総合的に考慮して判断される。
(2) 「変更の必要性」は、賃金等の重要な労働条件の場合には、「高度の必要性」が求められる。
(3) 「変更内容の相当性」には、代償措置等の有無も含まれ、実務上はこの点も重視されている。
(4) 「労働組合等との交渉の経緯」は、使用者が組合等と真摯に交渉し、合意に向けて努力したか否かなどが考慮される。

1 合理性の判断要素

Q13で解説したとおり、就業規則の不利益変更の合理性を判断する要素として、労契法第10条本文は、①労働者の受ける不利益の程度、②労働条件の変更の必要性、③変更後の就業規則の内容の相当性、④労働組合等との交渉の状況、⑤その他の就業規則の変更に係る事情——の5つの要素を定めています。この規定は、確立した判例法理をもとに法文化したものです。

裁判実務では、最高裁大法廷判決の**秋北バス事件**（昭43.12.25最高裁大法廷判決、ID01480）において就業規則の不利益変更の有効性について判示されて以降、労働契約内容を拘束するに至る不利益変更の合理性の判断要素に関し、「当該規則条項が合理的なもの」とは何かについて、多数の最高裁の判例が積み重ねられてきました。

秋北バス事件判決の後の**タケダシステム事件判決**（昭58.11.25最高裁第二小法廷判決、ID01519）においては、「本件就業規則の変更が被

上告人らにとって不利益なものであるにしても、右変更が合理的なものであれば、被上告人らにおいて、これに同意しないことを理由として、その適用を拒むことは許されないというべきである。そして、右変更が合理的なものであるか否かを判断するに当たっては、変更の内容及び必要性の両面からの考察が要求され、右変更により従業員の被る不利益の程度、右変更との関連の下に行われた賃金の改善状況のほか、(中略)旧規定の下において有給生理休暇の取得について濫用があり、社内規律の保持及び従業員の公平な処遇のため変更が必要であったか否かを検討し、更には労働組合との交渉の経過、他の従業員の対応、関連会社の取扱い、我が国社会における生理休暇制度の一般的状況等の諸事情を総合勘案する必要がある。」と合理性判断の内容を具体的に示しました。

その後、**大曲市農協事件**(昭63.2.16最高裁第三小法廷判決、ID 03924)では、「特に、賃金、退職金など労働者にとって重要な権利、労働条件に関し実質的な不利益を及ぼす就業規則の作成又は変更については、当該条項が、そのような不利益を労働者に法的に受忍させることを許容できるだけの高度の必要性に基づいた合理的な内容のものである場合において、その効力を生ずるものというべきである。」として賃金等の不利益変更の場合は「高度の必要性」に基づく合理性が認められることが必要であるとしました。

さらに、**第四銀行事件**(平9.2.28最高裁第二小法廷判決、ID 06918)、**みちのく銀行事件**(平12.9.7最高裁第一小法廷判決、ID 07602)では、次のように判示し、合理性の判断要素7つを具体的に明示してこれらを総合的に考慮するという考え方を集大成したものといえます。

「合理性の有無は、具体的には、就業規則の変更によって労働者が被る不利益の程度、使用者側の変更の必要性の内容・程度、変更後の就業規則の内容自体の相当性、代償措置その他関連する他の労働条件の改善状況、労働組合等との交渉の経緯、他の労働組合又は他の従業員の対応、同種事項に関する我が国社会における一般的状況等を総合考慮して判断すべきである。」

2 判断要素ごとにみる判例の合理性判断

(1) 変更の必要性

合理性の判断としては、まず、従来の就業規則を変更する経営上、業務上の必要性の内容、程度からみて就業規則変更による労働条件の不利益変更の必要性について合理的なものと認められるかということが判断されます。さらに、賃金等の労働の対価である労働条件については、労働者やその家族の生活を支える「重要な」ものですから、その不利益変更の内容・程度に「高度の必要性」を要求しています。

【判例の合理性判断】

大曲市農協事件 (昭63.2.16 最三小判、 ID 03924)	「一般に、従業員の労働条件が異なる複数の農協、会社等が合併した場合に、労働条件の統一的画一的処理の要請から、旧組織から引き継いだ従業員相互間の格差を是正し、単一の就業規則を作成、適用しなければならない必要性が高いことはいうまでもない」 「本件合併に際しても、右のような労働条件の格差是正措置をとることが不可欠の急務となり、その調整について折衝を重ねてきたにもかかわらず、合併期日までにそれを実現することができなかったことは前示したとおりであり、特に本件の場合においては、退職金の支給倍率についての旧花館農協と他の旧六農協との間の格差は、従前旧花館農協のみが秋田県農業協同組合中央会の指導・勧告に従わなかったことによって生じたといういきさつがあるから、本件合併に際してその格差を是正しないまま放置するならば、合併後の上告組合の人事管理等の面で著しい支障が生ずることは見やすい道理である」
みちのく銀行事件 (平12.9.7 最一小判、 ID 07602)	「被上告人としては、55歳以上の行員について、役職への配置等に関する組織改革とこれによる賃金の抑制を図る必要があったということができる。そして、右事情に加え、被上告人の経営効率を示す諸指標が全国の地銀の中で下位を低迷し、弱点のある経営体質を有していたことや、金融機関間の競争が進展しつつあったこと等を考え合わせると、本件就業規則等変更は、被上告人にとって、高度の経営上の必要性があったということができる」

第四銀行事件 (平9.2.28 最二小判、 ID06918)	「定年延長問題は、被上告人においても、不可避的な課題として早急に解決することが求められていたということができ、定年延長の高度の必要性があったことは、十分にこれを肯定することができる。一方、定年延長は、年功賃金による人件費の負担増加を伴うのみならず、中高年齢労働者の役職不足を深刻化し、企業活力を低下させる要因ともなることは明らかである。そうすると、定年延長に伴う人件費の増大、人事の停滞等を抑えることは経営上必要なことといわざるを得ず、特に被上告人においては、中高年齢層行員の比率が地方銀行の平均よりも高く、今後更に高齢化が進み、役職不足も拡大する見通しである反面、経営効率及び収益力が十分とはいえない状況にあったというのであるから、従前の定年である55歳以降の賃金水準等を見直し、これを変更する必要性も高度なものであったということができる」
北都銀行 (旧羽後銀行) 事件 (平12.9.12 最三小判、 ID07604)	「羽後銀行にとって、完全週休2日制の実施は、早晩避けて通ることができないものであったというべきである。そして、週休2日制は、労働時間を大幅に短縮するものであるから、平日の労働時間を変更せずに土曜日をすべて休日にすれば、一般論として、提供される労働量の総量の減少が考えられ、また、営業活動の縮小やサービスの低下に伴う収益減、平日における時間外勤務の増加等が生ずることは当然である。そこで、経営上は、賃金コストを変更しない限り、右短縮分の一部を他の日の労働時間の延長によって埋め合わせ、土曜日を休日とすることによる影響を軽減するとの措置を執ることは通常考えられるところであり、特に既に労働時間が相対的に短い羽後銀行のような企業にとっては、その必要性が大きいものと考えられる。加えて、完全週休2日制の実施の際、ごく一部の銀行を除き、平日の所定労働時間の延長措置が執られているというのであるから、他の金融機関と同じ程度の競争力を維持するためにも、就業規則変更の必要性があるということができる」

(2) 労働者の受ける不利益の程度

　就業規則の変更によって個々の労働者が受ける不利益の内容やその程度は重要な要素です。これは、就業規則の変更による労働条件上の不利益だけでなく、その変更にともなって生じた労働条件上の利益状況の変化を考慮に入れて判断されるという相対的なものですが、まずは、当該労働条件はどのような種類のものか、従前と比べてどの程度不利益になったか、不利益の範囲・性質はどのようなものかといった

点が問題となります。

【判例の合理性判断】

みちのく銀行事件（前掲）	「他の行員の基本給等が増額されても、55歳以上の者の賃金は増額されず、専任職に発令後は、基本給の約半額程度を占める業績給が50％削減され、3万ないし12万円程度とかなりの額である役職手当及び管理職手当が支給されなくなり、かつ、賞与の額も大きく減額されるものである。以上の変更による賃金の減額幅は、55歳に到達した年度、従来の役職、賃金の内容等によって異なるが、経過措置が適用されなくなる平成4年度以降は、得べかりし標準賃金額に比べておおむね40数パーセント程度から50数パーセント程度に達することとなる」「得べかりし標準賃金額と比べた場合の賃金の削減額は、3年4箇月間ないし5年間の合計で約1,250万円ないし約2,020万円となっており、その削減率は、右期間の平均値で約33ないし46パーセントに達している。（中略）以上の減額幅は考課等による格差に比べ格段に大きなものであって、その相当部分が本件就業規則等変更によるものと考えられる」
第四銀行事件（前掲）	「本件定年制の実施に伴う就業規則の変更は、既得の権利を消滅、減少させるというものではないものの、その結果として、右のような合理的な期待に反して、55歳以降の年間賃金が54歳時のそれの63ないし67パーセントとなり、定年後在職制度の下で58歳まで勤務して得られると期待することができた賃金等の額を60歳定年近くまで勤務しなければ得ることができなくなるというのであるから、勤務に耐える健康状態にある男子行員にとっては、実質的にみて労働条件を不利益に変更するに等しいものというべきである。そして、その実質的な不利益は、賃金という労働者にとって重要な労働条件に関するものであるから、本件就業規則の変更は、これを受忍させることを許容することができるだけの高度の必要性に基づいた合理的な内容のものである場合に、その効力を生ずるものと解するのが相当である」「本件就業規則の変更により、退職時までの賃金総額の名目額が減少することはなく、退職金については特段の不利益はないものの、従前の定年後在職制度の下で得られると期待することができた金額を2年近くも長く働いてようやく得ることができるというのであるから、この不利益はかなり大きなものである。特に、従来の定年である55歳を間近に控え、58歳まで定年後在職制度の適用を受けて54歳時の賃金を下

	回ることのない賃金を得られることを前提として将来の生活設計をしていた行員にとっては、58歳から60歳まで退職時期が延びること及びそれに伴う利益はほとんど意味を持たないから、相当の不利益とみざるを得ない」
北都銀行 (旧羽後銀行) 事件（前掲）	「特定日における60分間の労働時間の延長は、それだけをみればかなり大きな不利益と評し得るが、特定日以外の営業日における延長時間は10分間にすぎない」
函館信用金庫事件 (平12.9.22 最二小判、 ID 07608)	「25分間の労働時間の延長は、それだけをみれば、不利益は小さなものとはいえない。しかしながら、本件就業規則変更前の被上告人らの所定労働時間は、第3土曜日を休日扱いとしていた実際の運用を前提に計算しても、第1、第4及び第5週が40時間、第2及び第3週が35時間50分であって、これが、変更後は、一律に週37時間55分になるのである。そうすると、年間を通してみれば、変更の前後で、所定労働時間には大きな差がない」

(3) 変更後の就業規則の内容の相当性

労契法第10条に定める判断要素である「変更後の就業規則の内容の相当性」とは、就業規則の変更の内容全体の相当性をいい、変更後の就業規則の内容面に関する制度変更一般の状況を広く含みます（労契法施行通達。平24.8.10基発0810第2号）。**第四銀行事件判決**等の判例が挙げている「内容自体の相当性」のほか、「代償措置その他関連する他の労働条件の改善状況」、「同種事項に関する我が国社会における一般的状況」もこの要素に整理されています。

判例の傾向として、不利益を受ける労働者に対して、その不利益に対する配慮や手当がなされているか否か、代償措置あるいは激変緩和措置（経過措置）等の有無も合理性判断において重視されています。

①変更後の就業規則の内容自体の相当性
【判例の合理性判断】

みちのく 銀行事件 （前掲）	「本件就業規則等変更後の上告人らの賃金は、平成4年度以降は、年間約420万円程度から約530万円程度までとなっている。このような賃金額は、減額されたとはいっても、青森県における当時の給与所得者の平均的な賃金水準や定年を延長して延長後の賃金を低く抑えた一部の企業の賃金水準に比べてなお優位にあるものである。しかし、上告人らは、高

	年層の事務職員であり、年齢、企業規模、賃金体系等を考慮すると、変更後の右賃金水準が格別高いものであるということはできない。また、上告人らは、段階的に賃金が増加するものとされていた賃金体系の下で長く就労を継続して50歳代に至ったところ、60歳の定年5年前で、賃金が頭打ちにされるどころか逆に半額に近い程度に切り下げられることになったものであり、これは、55歳定年の企業が定年を延長の上、延長後の賃金水準を低く抑える場合と同列に論ずることはできない」「本件就業規則等変更は、変更の対象層、前記の賃金減額幅及び変更後の賃金水準に照らすと、高年層の行員につき雇用の継続や安定化等を図るものではなく、逆に高年層の行員の労働条件をいわゆる定年後在職制度ないし嘱託制度に近いものに一方的に切り下げるものと評価せざるを得ない。また、本件では、前示のとおり、中堅層の賃金について格段の改善がされており、被上告人の人件費全体も逆に上昇しているというのである。企業経営上、賃金水準切下げの差し迫った必要性があるのであれば、各層の行員に応分の負担を負わせるのが通常であるところ、本件は、そのようなものではな」く、「本件就業規則等変更の内容の相当性を肯定することはできない」
第四銀行 事件（前掲）	「定年後在職制度の前記のような運用実態にかんがみれば、勤務に耐える健康状態にある男子行員において、58歳までの定年後在職をすることができることは確実であり、その間54歳時の賃金水準を下回ることのない労働条件で勤務することができると期待することも合理的ということができる」

②代償措置その他関連する他の労働条件の改善状況
【判例の合理性判断】

御国ハイヤー 事件 （昭58.7.15 最二小判、 ID01517）	「右（退職金支給規定）の変更は従業員に対し同（昭和53）年8月1日以降の就労期間が退職金算定の基礎となる勤続年数に算入されなくなるという不利益を一方的に課するものであるにもかかわらず、上告人はその代償となる労働条件を何ら提供しておらず、また、右不利益を是認させるような特別の事情も認められない」
大曲市農協 事件（前掲）	「新規程への変更によって被上告人らの退職金の支給倍率自体は低減されているものの、反面、被上告人らの給与額は、本件合併に伴う給与調整等により、合併の際延長された定年退職時までに通常の昇給分を超えて相当程度増額されているのであるから、実際の基本月俸額に所定の支給倍率を乗じて

算定される退職金額としては、支給倍率の低減による見かけほど低下しておらず、金銭的に評価しうる不利益は、本訴における被上告人らの前記各請求額よりもはるかに低額のものであることは明らかであり、新規程への変更によって被上告人らが被った実質的な不利益は、仮にあるとしても、決して原判決がいうほど大きなものではないのである」「加えて、(中略) 給与調整の退職時までの累積額は、賞与及び退職金に反映した分を含めると、おおむね本訴における被上告人らの前記各請求額程度に達していることを窺うことができ、また、本件合併後、被上告人らは、旧花館農協在職中に比べて、休日・休暇、諸手当、旅費の面において有利な取扱いを受けるようになり、定年は男子が1年間、女子が3年間延長されているのであって、これら措置は、退職金の支給倍率の低減に対する直接の見返りないし代償としてとられたものではないとしても、同じく本件合併に伴う格差是正措置の一環として、新規程への変更と共通の基盤を有するものであるから、新規程への変更に合理性があるか否かの判断に当たって考慮することのできる事情である」

③ **同種事項に関するわが国社会における一般的状況**
【判例の合理性判断】

北都銀行 (旧羽後銀行) 事件（前掲）	「羽後銀行以外の他の地方銀行も、完全週休2日制の実施に際して、ごく一部の銀行を除き、平日の所定労働時間を延長する措置を執っており、都市銀行においても、月初め、月末の大幅な所定労働時間延長などの措置が執られている。また、完全週休2日制の実施後の所定労働時間を比較すると、羽後銀行は、全国の地方銀行63行中で最も短いものから数えて7番目に位置する。」「第3次改正就業規則の内容と他行における従業員の労働時間の一般的状況等をみると、本件就業規則変更後の週36時間40分または週40時間という所定労働時間は、当時の我が国の水準としては必ずしも長時間ではなく、他行と比較しても格別見劣りするものではない。そうすると、終業時刻の延長をせずに完全週休2日制だけを実施した場合には、所定労働時間が週35時間にまで大幅に短縮されることも勘案すると、本件就業規則変更については、その内容に社会的な相当性があるということができる」
函館信用 金庫事件 （前掲）	「新就業規則の内容をみると、変更後の1日7時間35分、週37時間55分という所定労働時間は、当時の我が国の水準としては必ずしも長時間ではなく、他と比較して格別見劣り

> するものではない。そうすると、平日の労働時間の延長をせずに完全週休2日制だけを実施した場合には所定労働時間が週35時間50分になることや上告人の経営状況等も勘案すると、本件就業規則変更については、その内容に社会的な相当性があるということができる」

(4) 労働組合等との交渉の状況

　判例では、就業規則の不利益変更のプロセス・手続き面から合理性を判断する要素として、労働組合等の労働者の意思を代表する者との交渉の経緯、結果等も重視されています（合理性判断における多数組合との合意の位置づけについては**Q15参照**）。労契法第10条が判断要素とする「労働組合等との交渉の状況」にいう「労働組合等」には、労働者の過半数で組織する労働組合などの多数労働組合や事業場の過半数を代表する労働者のほか、少数労働組合や、労働者で構成されその意思を代表する親睦団体等も広く含まれます。この判断要素には、**第四銀行事件判決**等で示された「労働組合等との交渉の経緯」、「他の労働組合又は他の従業員の対応」が該当します。

　「労働組合等との交渉の状況」に関する合理性判断について、菅野和夫東京大学名誉教授によれば、次のように述べられていますので、挙げておきます。「労働条件変更が従業員の大多数を代表する組合との交渉による合意を経て行われ、当該組合に加入していない労働者がこれに反対しているという場合には、裁判所が合理性判断において判断すべきは、主として、当該組合による従業員集団の利益代表行為が、労使それぞれの検討や折衝のプロセスに照らして、真剣かつ公正に行われたかどうかである（反対者が少数組合に属している場合には少数組合との交渉の誠実性もこの判断の一部となる）。労使による真剣で公正な交渉が行われたといえる場合には、変更による不利益の程度、変更内容の相当性、変更の必要性、等の法定要素の全体にわたった判断はもちろん必要であるが、代表的組合との交渉による集団的利益調整を十分考慮に入れて合理性の総合判断を行うべきものと思われる。」（菅野和夫『労働法（第九版）』129頁）

【判例の合理性判断】

第一小型ハイヤー事件 (平4.7.13最二小判、ID05934)	「新計算方法が従業員の利益をも適正に反映しているものかどうか等との関係で、上告会社が歩合給の計算方法として新計算方法を採用した理由は何か、上告会社と新労〔新労働組合〕との間の団体交渉の経緯等はどうか、さらに、新計算方法は、上告会社と新労との間の団体交渉により決められたものであることから、通常は使用者と労働者の利益が調整された内容のものであるという推測が可能である」（といった点を確定する必要がある）
第四銀行事件（前掲）	「本就業規則の変更は、行員の約90パーセントで組織されている組合（記録によれば、（中略）50歳以上の行員についても、その約6割が組合員であったことがうかがわれる。）との交渉、合意を経て労働協約を締結した上で行われたものであるから、変更後の就業規則の内容は労使間の利益調整がされた結果として合理的なものであると一応推測することができ、また、その内容が統一的かつ画一的に処理すべき労働条件に係るものであることを考え合わせると、被上告人において就業規則による一体的な変更を図ることの必要性及び相当性を肯定することができる」

合理性の総合判断要素の軽重

Q15
就業規則の変更が合理的なものか否かは、各判断要素の「総合判断」といわれていますが、すべて並列なのですか、それとも特に重視すべき要素があるのですか？

Point
(1) 就業規則の不利益変更の合理性判断にあたっては、変更の必要性・内容と労働者が被る不利益の程度の比較衡量がなされるほか、労働組合等との交渉経緯なども重視される。
(2) 多数組合が就業規則の不利益変更に合意していることは、その組合内の意見集約にあたって討議・調整がなされた合理的なものと判断する要素として重視される傾向にある。

1 変更の内容と必要性の相関関係の重視

就業規則の不利益変更をめぐり、これまで10余の最高裁判決が出されていますが、その集大成として、**みちのく銀行事件判決（平12.9.7最高裁第一小法廷判決、ID 07602）**において、最高裁自らが過去の判決内容を整理していますが、要旨、次のようにまとめることができます。

> (1) 就業規則の変更による一方的な労働条件の不利益変更は「原則として許されない」
> (2) 「しかし」、「合理的なものである限り」不利益変更は可能であり、これに反対する労働者にも効力が及ぶ
>   ① 「合理的なもの」とは、就業規則変更の「必要性及び内容の両面からみて」、労働者側の「不利益の程度を考慮しても」是認できるだけの合理性を必要とする
>   ② 「賃金、退職金など労働者にとって重要な権利、労働条件に関し」て不利益を及ぼす場合には、「高度の必要性に基づいた合理的な内容のものである場合において、その効力を生ずる」
>   ③ 上記の合理性の有無は、具体的には、(ⅰ)就業規則の変更によって労働者が被る不利益の程度、(ⅱ)使用者側の変更の必要性の内容・程度、(ⅲ)変更後の就業規則の内容自体の相当性、(ⅳ)代

償措置その他関連する他の労働条件の改善状況、(ⅴ)労働組合等との交渉の経緯、(ⅵ)他の労働組合または他の従業員の対応、(ⅶ)同種事項に関するわが国社会における一般的状況等を総合考慮して判断すべきである

　まず、就業規則の不利益変更がこれに反対する労働者にもその効力が及ぶための要件である「合理性」について、最高裁によれば、「当該就業規則の作成又は変更が、その必要性及び内容の両面からみて、それによって労働者が被ることになる不利益の程度を考慮しても、なお当該労使関係における当該条項の法的規範性を是認することができるだけの合理性を有するものであることをい」うとされています（**第四銀行事件判決（平9.2.28最高裁第二小法廷判決、ID06918）、前掲みちのく銀行事件判決**）。すなわち、「変更の必要性の内容・程度」と「労働者が被る不利益の程度」とを比較衡量して変更内容の合理性を審査することが基本であるといえます。

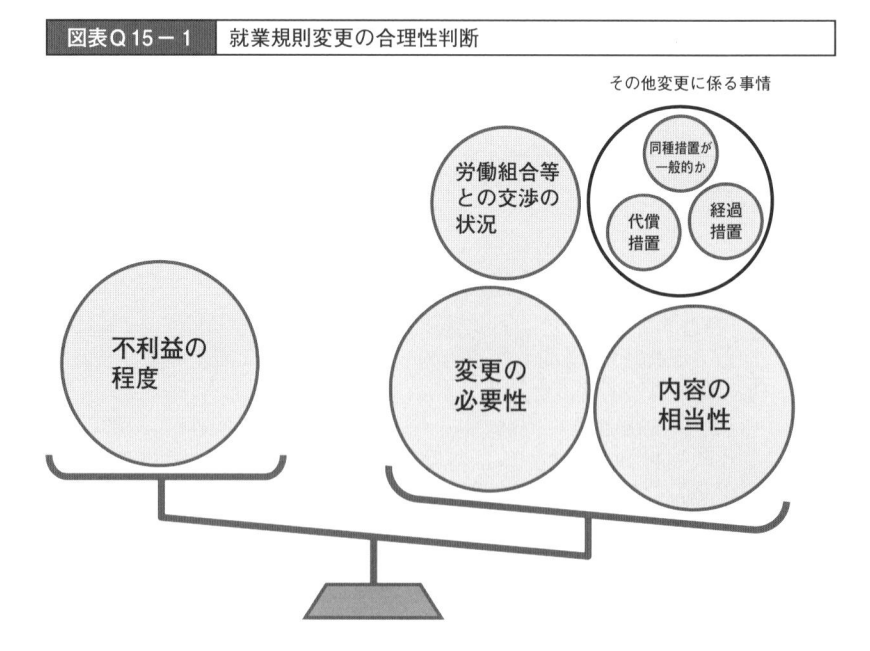

図表Q15－1　就業規則変更の合理性判断

その他変更に係る事情

- 労働組合等との交渉の状況
- 同種措置が一般的か
- 代償措置
- 経過措置
- 不利益の程度
- 変更の必要性
- 内容の相当性

そして、判例法理を法制化した労契法が施行されている現在も、同法第10条に掲げられる5つの合理性の判断要素は、基本的には、上記最高裁の考え方に沿って規定されたものであり（**Q13参照**）、就業規則の不利益変更における合理性判断要素についてまとめると、**図表Q15－1**のように整理することができます。
　なお、最高裁の合理性判断の具体的な展開については、次のような荒木尚志東京大学大学院教授の分析が参考となります（荒木尚志『雇用システムと労働条件変更法理』（有斐閣発行）263～264頁）。
　「秋北バス事件〔編注：**Q13参照**〕以降の最高裁判例を分析すると、合理性判断枠組みが次のように精緻化されてきたことがわかる。
　まず、第1が変更の必要性と変更内容の相当性（合理性）の相補的判断枠組みの確立である。秋北バス事件判決では単に、「当該規則条項が合理的なものであるかぎり」とするのみで、合理性判断の内容が不明確である点が問題とされた。その後、タケダシステム事件判決〔編注：**Q14参照**〕は、〈変更の内容〉と〈変更の必要性〉を合理性判断の二大判断軸とすることを明示した。同判決は当該事案に即した具体的考慮事項を列挙しているが、有給生理休暇取得の濫用、社内規律の保持、従業員の公平な処遇の必要は〈変更の必要性〉のファクターであり、変更により従業員が被る不利益の程度、関連して行われた賃金改善状況、関連会社の取扱い、我が国社会における生理休暇制度の一般的状況等は、〈変更内容の相当性〉において考慮される事項と位置づけることができる。」
　「変更の必要性と内容の相当性は当然ながらその程度の相関関係で決まってくることになる。」

2 合理性判断における「多数組合との合意」の位置づけ

　上記判例及び労契法第10条は、就業規則の不利益変更の合理性判断要素として「労働組合等との交渉の状況」を挙げています。そこで、事業場の労働者の多数で占める労働組合が当該就業規則の不利益変更に合意したことを、合理性判断においてどのように評価するかが問題となります。
　近年の裁判例をみると、変更の合理性を判断する際に、この「労働組

合等との交渉の状況」を相当重視し、実体に踏み込んで判断している傾向がみられます。

　前掲**第四銀行事件判決**は、従業員の約90％で組織されている労働組合との合意を経て労働協約を締結している事実を認定したうえで、「労使間の利益調整がなされた結果としての合理的なものであると一応推測できる」としています。

　一方、前掲みちのく銀行事件判決は、従業員の73％で占められる労働組合との合意があったとしても、賃金の減額が特定の従業員（管理職等）に与える不利益の程度が大きく、「労組の同意を大きな考慮要素と評価することは相当ではない」と判示しています。しかし、この事案は、賃金減額による特定従業員の不利益の度合いが大きく、十分な経過措置や代替措置を設けるなどの救済を図ることなく特定の層にのみ過大な負担を強いることに相当性がないとしているのであって、一般的に労働組合等との交渉の状況を合理性判断の重要な要素とみること自体を否定しているものではないと思われます。

　なお、多数組合との協議をどのように評価すべきかという点について、荒木教授は、以下のとおり分析していますので、紹介しておきましょう。

　「第一小型ハイヤー事件判決〔編注：**Q14**参照〕では、『従業員利益の適正反映』という新たな判断ファクターが提示された。そして、多数（過半数）組合との団交結果に従ったものであることから通常は利益調整された内容のものと推定する、という枠組みが示唆されている点で極めて注目される。」「（第四銀行事件最高裁判決〔編注：**Q13**、**Q14**参照〕は、）多数組合（行員の約90％、50歳以上の行員の約6割を組織）との交渉、合意を経て協約を締結した上で行われた就業規則変更であるから、『変更後の就業規則の内容は労使間の利益調整がされた結果としての合理的なものであると一応推測することができ、また、その内容が統一的かつ画一的に処理すべき労働条件に係るものであることを考え合わせると……就業規則による一体的な変更を図ることの必要性及び相当性を肯定することができる。』としている。」

　「なお、少数の者が不利益を被り、多数の者が利益を得るという集団内での利益調整のあり方について、利害の対立する多数と少数間で多数決原理自体の内包する問題を含んだ事案であったことも、裁判所が積極

的な内容審査を行った大きな要因である。みちのく銀行事件判決〔編注：Q13、Q14参照〕の位置づけに当たっては、このような事案の特殊性にも留意する必要があろう。

（中略）多数組合との合意が存しない場合、就業規則変更の合理性推定が働かないこととなり、裁判所は全面的な合理性審査によって、（中略）就業規則変更の合理性を審査すべきことになる。

逆に、多数組合が存在するにもかかわらず、合意を目指した真摯な協議がなされなかった場合、単に、合理性推定がなされないだけでなく、合理性判断に不利に作用すると解すべきかも問題となる。」

〈多数組合があるにもかかわらず、これを無視して真摯な協議をしなかった場合という点に関して、〉「函館信用金庫事件最高裁判決〔編注：Q14参照〕は、多数組合たる従組が強く反対していることや使用者と従組との協議が十分なものであったとは言い難いことなどを勘案してもなお、本件就業規則変更は、不利益を労働者らに法的に受忍させることもやむを得ない程度の必要性のある合理的内容のものであるとして、就業規則変更の合理性を肯定した。最高裁は、私見と同様、不誠実な交渉と評価される場合であっても、直ちに合理性が否定されることにはならず、なお、必要性と変更内容の相当性が高度に認められれば、合理性が肯定されうることを認めたと解される。」（荒木、前掲書265〜269頁）

激変緩和のための調整給の支給期間

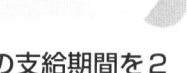

Q16 賃金制度の変更に際して設けた調整給の支給期間を2年間としてもよいでしょうか？

Point
(1) 賃金制度の変更にともなう激変緩和措置としての調整給は、償却方法や償却期間の設定いかんによっては、労働条件の不利益変更の合理性判断に影響を及ぼす場合が考えられる。
(2) 償却期間は、従業員の生活への影響を考慮して決定し、従業員の理解と納得を得ることが重要である。

1 賃金減額による労働条件の不利益変更

(1) 労働条件の不利益変更

賃金制度の変更によって従前よりも減額となる場合は、従業員にとって労働条件の不利益変更となります。

特に、賃金は労働条件の中でも重要な労働条件の1つですから、就業規則（賃金規程）を労働者に不利益に変更する場合は、裁判実務でも、「高度の必要性」に基づいた合理的な内容でなければ認められません（昭63.2.16最高裁第三小法廷判決、大曲市農協事件、ID03924等。Q14参照）。

また、Q15で述べたように、最高裁判決では、「（就業規則の変更が、）その必要性及び内容の両面からみて、それによって労働者が被ることになる不利益の程度を考慮しても、なお（中略）当該条項の法的規範性を是認することができるだけの合理性を有するもの」（平9.2.28最高裁第二小法廷判決、第四銀行事件、ID06918／平12.9.7最高裁第一小法廷判決、みちのく事件、ID07602）でなければならないとされ、これらの判例を法制化した労契法10条は、労働者の受ける不利益の程度、労働条件の変更の必要性、変更後の就業規則の内容の相当性、労働組合等との交渉の状況、その他の就業規則の変更に係る諸事情を合理性の判断要素として規定し、これらを総合的に勘案して

判断するものとしています。

とりわけ賃金規程あるいは退職金規程の不利益変更の事案では、合理性の判断要素の1つである「労働者の受ける不利益の程度」を緩和する要素として、以下で説明する「調整給」のような代償措置、経過措置、激変緩和措置が設けられているか否かという点も、変更の合理性の補強要素として重視される傾向があります。

(2) 賃金減額の合理性の判断要素と調整給

調整給は、一般に、中途採用者の初任給を決定するときに、在籍者との賃金額の調整が必要となる場合に設けられたり、設問のように、賃金制度を変更するときに、新しい賃金制度（賃金表）による賃金と現行の賃金額に乖離がある場合に、賃金の急激な減額によって生ずる生活上の支障を軽減することを目的として設けられたりしています。

後者の趣旨で設けられる調整給の場合は、賃金制度移行のプロセスにおいて、一定期間の経過措置として設けられるのが一般的ですが、従業員の生活に影響を与えるものですから、制度変更による賃金の減額が合理的なものか否かは、変更後の賃金額のほか、調整給の償却方法や償却期間なども考慮して判断されます。

2 制度変更にともない設ける調整給の取扱い

(1) 調整給の考え方

調整給の償却は、一般的に次のような方法で行われています。

> ① 減額される賃金の一部を調整給として支給する（翌年に残り全部を減額する、あるいは翌年以降残りを分割して減額するなど）
> ② 一定期間減額される賃金全額を調整給として支給し、期間経過後に廃止する
> ③ 一定期間減額される賃金全額を調整給として支給し、期間経過後一部を廃止し、残余の支給を継続する
> ④ 昇給時に、昇給相当額を調整給から取り崩し、基本給に組み込む
> ⑤ 減額となる賃金の全部または一部を調整給として支給するが、賞与の算定基礎には含めない

これらは単独でなく、いくつかを組み合わせて支給することも多く、どの方法がよいかは一概に決められませんので、実情に合わせて選択します。

(2) 調整給の支給継続期間

　調整給の償却期間について触れている裁判例では、例えば「現実に採られた経過措置が2年間に限って賃金減額分の一部を補てんするにとどまるものであっていささか性急で柔軟性に欠ける嫌いがないとはいえない」（平18.6.22東京高裁判決、ノイズ研究所事件、ID 08494）としたもの等を踏まえますと、制度変更によって設ける償却期間（猶予期間）については、大きな支障なく生活を変えることができるのに相当な期間、または、昇給により減額が実質的になくなるとみられる期間等を考慮して決定する必要があるといえます。

　しかしながら、償却期間をあまりに長く設定すると制度改定の実効性が薄れることになりますので、実際には、賃金制度改定の経緯や調整給の額にもよりますが、一般的には、2年から5年程度の期間で償却するケースが多いようです。

(3) 賃金制度を変更する場合の実務的な対応

　以上のような制度移行にともなう調整給の取扱いは、各企業の実情に応じて決定すべきものですが、実務的には、新賃金制度に基づく状態を早期に実現する使用者側のニーズがある一方、従業員にとって不利益となる部分のソフトランディングを考慮した合理的な制度設計（分割あるいは一度に減額できる上限額を設けて減額する、支給継続期間を長くするなど）をすることが望ましいでしょう。

　いずれにしても、新賃金制度への変更の意義や調整給の趣旨を従業員に十分に説明することは不可欠です。さらに、例えば、制度の運用上昇給幅を大きくしたり、昇給の機会を多く設けたりするようにするとともに、猶予期間に昇格要件を満たせば調整給を基本給に吸収することも可能であること、それが達成できなかった場合には、猶予期間終了時に減額するといったことも考えられますので、このような点も含め、あらかじめよく説明しておくことが重要です。

就業規則の作成・変更手続き違反と有効性

Q17 労基法上規定されている労働者の意見聴取、届出や周知の手続きを欠いた就業規則の効力はどうなりますか？

Point
(1) 就業規則の作成・届出義務に違反すると、労基法の罰則の対象となる。
(2) 労基法上の手続きを欠く就業規則であっても、労働契約の労使当事者間では、一定の場合、民事上有効である。ただし、就業規則の合理性判断の際、法定手続きを履行していることは、重要な判断要素の1つとなり得る。
(3) 労基法所定の周知手続きがとられていない場合には、労基法違反となる。しかし、所定の手続きでなくても、従業員に実質的に周知されていれば、その就業規則は民事的には労使当事者間で有効である。

1 就業規則の作成・変更手続き

　労基法では、常時10人以上の労働者を使用する使用者に対して、就業規則の作成・所轄労基署長への届出を義務づけ、その際、過半数組合（なければ過半数代表者）から意見聴取し、その意見書を添付して届け出なければならないこととされています（同法第89条、第90条）。また、就業規則を変更する場合にも、過半数組合等からの意見聴取及び届出が必要です。

2 労基法の手続き要件と就業規則の民事的効力の関係

(1) 意見聴取・届出を欠く就業規則の効力

　労基法上の就業規則の作成・届出義務は、適正な労働条件を確保する観点から、その違反に対する罰則（30万円以下の罰金。同法第120条第1号）をもって義務の履行を義務づける行政取締的な性格をもつものです。
　したがって、労基法上の義務を履行していないことと、そのような手続きを欠く就業規則が、民事上労使当事者間で効力を有するか否か

という問題は、別個に考える必要があります。

就業規則によって個々の労働契約の内容である労働条件を決定・変更する場合には、①その就業規則（の変更）が合理的であること、②その就業規則の適用を受ける労働者に周知させていることが要件とされています（労契法第7条本文、第10条本文）。また、労契法第11条は、「就業規則の変更の手続に関しては、労働基準法第89条及び第90条の定めるところによる。」と定めています。しかし同法は、労基法上の就業規則の作成・変更手続きを、就業規則による労働条件の決定・変更の効果を認めるための効力発生要件とはしていません。つまり、過半数組合等からの意見聴取や届出を欠く就業規則であっても、その就業規則が合理的で労働者に周知させていれば、その就業規則で定めた内容によって個々の労働条件を決定・変更する効果そのものに影響はないということになります。

この点は、労契法が制定される以前の裁判例でも、例えば「臨時雇員就業規則に関しては、債権者らは、その内容を債務者から知らされており、ただ適用労働者側の意見聴取手続がなされていないというが、この手続の欠如についても、その効力要件でないことは、その法的性格からも明らかで、この点債権者の主張は理由がない」（**昭51.9.6神戸地裁決定、関西弘済整備事件、ID 01198**）、「右届出手続の履践は作成または変更にかかる就業規則の効力発生要件をなすものではなく、（中略）就業規則として表示し従業員一般をしてその存在および内容を周知せしめ得るに足る相当な方法を講じた時は、その時において就業規則として妥当し関係当事者を一般的に拘束する効力を生ずるに至るものと解せられる」（**昭41.1.20大阪高裁判決、コクヨ事件、ID 00665**ほか）などと判示されています。

(2) 就業規則の作成・変更手続きを履行することの意義

以上のように、労基法上の就業規則の手続きを欠く就業規則の効力そのものが有効であるとしても、手続きを履行していることは、当該就業規則の合理性を判断する際に重要な意味をもちます。

前記のとおり、労契法は、労基法上の手続きの履行を就業規則によって労働条件を決定・変更するための効力発生要件としていませんが、

これは、効力発生要件とすると、手続きに不備があったことにより就業規則の変更そのものが無効となってしまい、たとえ就業規則の変更に合理性が認められても、個々の労働契約を規律するという就業規則の機能を果たせなくなってしまうためです。
　しかし、労働条件の決定・変更は、労使当事者間の合意が原則であるところ、就業規則の合理性と労働者への周知という要件の下で、個々の労働者との個別の合意によらずに就業規則によって労働条件を決定・変更する効果が認められるわけですから、就業規則がそれ相応の手続きを踏んだものであることは重要なことであり、就業規則の合理性を判断する際の考慮要素となり得ます。その意味では、労基法上の手続きに従うべきことを定める労契法第11条は、就業規則の変更の合理性を手続き面から補完する意義をもっているといえます。

3 労働者への周知手続きを欠く就業規則の効力

　労基法は、作成・変更した就業規則を、①常時各作業場の見やすい場所への掲示・備付け、②書面の交付、③磁気テープ等の記録を常時確認できる機器の設置のいずれかの方法で事業場の労働者に周知させることを義務づけています（同法第106条第1項、労基則第52条の2）。
　また、労契法は、就業規則によって労働条件を決定・変更できる効果を認めるための要件として労働者への「周知」を定めています（同法第7条本文、第10条本文）。これらの規定は、最高裁が「使用者が労働者を懲戒するには、あらかじめ就業規則において懲戒の種別及び事由を定めておくことを要する（最高裁昭和54年10月30日第三小法廷判決〔編注：国労札幌運転区事件、ID01855〕）。そして、就業規則が法的規範としての性質を有する（最高裁昭和43年12月25日大法廷判決〔編注：秋北バス事件、ID01480〕）ものとして、拘束力を生ずるためには、その内容を適用を受ける事業場の労働者に周知させる手続が採られていることを要するものというべきである。」（**平15.10.10最高裁第二小法廷判決、フジ興産事件、ID08227**）と判示したものをもとに就業規則の周知を要件として明記したものです。
　したがって、労働者への周知手続きを欠く就業規則は、個々の労働契

約の内容である労働条件を決定・変更する効力は認められず、このような就業規則に労働者は拘束されないということになります。

ただし、労契法上の「周知」とは、労働者が知ろうと思えばいつでも知ることができる状態であればよく、必ずしも厳格に労基則第52条の2に定める方法（掲示・備付け、書面の交付、磁気テープ等の記録を常時確認できる機器の設置）によらなくとも、実質的に周知される状態であれば足りると解釈されています（平24.8.10基発0810第2号）。

第2章

労働協約による労働条件の変更

労働協約の規範的効力

Q18 労働協約に定められている労働条件を上回る労働条件を定めた労働契約は有効と解してもよいですか？

Point
(1) 労働協約は、協約で定めた「労働条件その他の労働者の待遇に関する基準」に反する労働契約を無効とし、無効となった部分を労働協約の基準にする規範的効力をもち、個々の組合員の労働契約を拘束する。
(2) 労働協約の基準よりも労働者に有利な労働条件を定めた労働契約の効力については見解に争いがあるが、これを特に排除する規定もないわが国では、個々の労働協約の規定の意思解釈によるべきとする考え方が有力である。

1 労働協約の規範的効力と直律強行性

　労働協約は、労働組合と使用者との団体交渉の結果結ばれるもので、集団的な労使間の合意ですから、そこで合意された労働条件についての定めは、原則として、個々の組合員の労働契約を拘束する効力をもつこととなります。

　すなわち、労組法第16条は、「労働協約に定める労働条件その他の労働者の待遇に関する基準に違反する労働契約の部分は、無効とする。この場合において無効となった部分は、基準の定めるところによる。労働契約に定がない部分についても、同様とする。」と定めており、この点について、「本条は、労働協約のいわゆる直律強行性について規定したものである。すなわち、労働協約に定める労働条件その他の労働者の待遇に関する基準に違反する労働契約の部分は、無効となる（いわゆる強制的効力）。また、この無効となった労働契約の部分及び労働契約に定めがない部分は、労働協約に規定する基準の定めるところによる（いわゆる直接的効力）。そして、この2つの効力をあわせて、労働協約のいわゆる規範的効力といい、労働協約のこのような性質を直律強行性という。」（厚生労働省労政担当参事官室編『五訂新版・労働組合法　労働関係調整法』（労務行政発行）625頁）とされています。

労働協約は、もともとは協約当事者間の契約といえるわけですが、重要な機能（労働条件保障機能、労使間の労働関係調整的機能、団結的機能）をもっていることから、労組法によって「労働条件その他の労働者の待遇に関する基準」について上記のような規範的効力が与えられているのです。

　したがって、「労働協約は、使用者又はその団体と労働組合との間の合意によって成立するものであり、集団的労働関係を背景として、労働者の団体意思をその個人意思に優越させ、もって労働条件等について制度的に一律の基準を設定しようとするものであるから、労働協約が、個々の労働契約に優先して、労働組合の組合員の労働条件等を規律するものでなければ、労働協約としての意味がなく、本条に規定する労働協約の規範的効力は、労働協約の中心的効力ともいうべきものである」（前掲書625頁）とされています（**図表Q18－1参照**）。

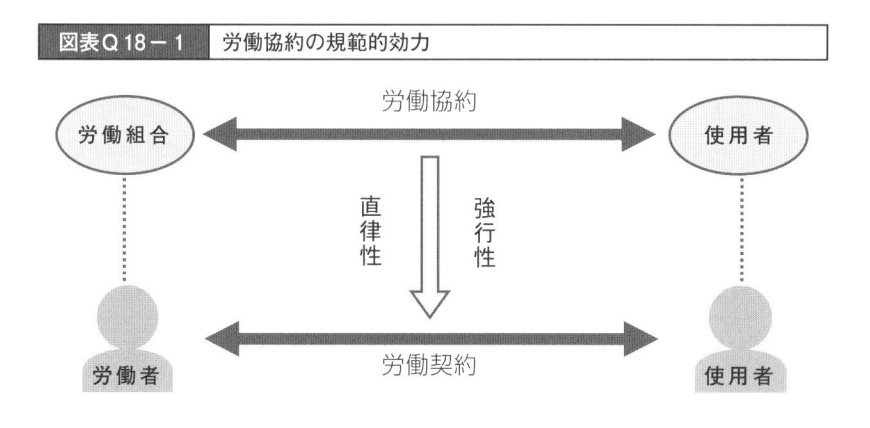

図表Q18－1　労働協約の規範的効力

```
              労働協約
労働組合 ←――――――――――→ 使用者
   :          ↓               :
   :    直律性  強行性          :
   :          ↓               :
 労働者 ←――――――――――→ 使用者
              労働契約
```

2　交渉方式によって異なる有利性原則の採否

　労働協約で定められた労働条件が単なる最低基準か、それともそれより有利な労働契約上の定めをも無効とするものか、つまり労働協約よりも個々の労働契約で有利な定めをすることを有効と認める「有利性原則」の問題について、菅野和夫教授によれば、諸外国の状況を、以下のよう

第2章　労働協約による労働条件の変更

に説明されています。

「ドイツでは1918年労働協約法以来の労働協約立法において、協約上の労働条件が最低基準にすぎず、労働契約でそれより有利な定めをすることは有効である旨が明記されてきた（これを有利性原則Günstigkeitsprinzipという）。」「ドイツにおいて有利性の原則がとられている基盤としては、団体交渉が産業別統一交渉として行われているという事情がある。つまり産業別統一交渉（協約）においては、各企業に特有の事情を考慮しえないから、交渉（協約）は産業における共通の労働条件の定立にとどまらざるをえない。各企業のためには、この協約を基盤として各企業の事情に即した労働条件を労働契約によって形成する余地が残される。

これに対して有利性原則を否定するのが米国である。そこでは排他的交渉代表制※がとられ、その一帰結として、使用者が労働協約よりも有利な労働条件を個々の労働者に与えることは、排他的交渉代表との誠実交渉義務に違反する不公正労働行為とされる。この法的ルールの実際上の基盤は、団体交渉が産業別組合の各支部（ローカル・ユニオン）によって工場別・企業別に行われ、各工場における現実の労働条件を詳細に規定した労働協約が締結されることである。」（菅野和夫『労働法（第九版）』597〜598頁）

3 わが国における「有利性原則」の適用

わが国の労組法における団体交渉法制は、米国のように排他的交渉代表制をとっているわけではなく、また、労組法における規範的効力の規定（第16条）は、ドイツのように有利性原則を明確に定めていません。このため、労働協約の定める基準より有利な労働契約（労働契約を規律する就業規則も含まれます。）もが、労働協約の両面的な（有利にも不

※**排他的交渉代表制**
　…適正な交渉単位において過半数の被用者の支持を得た労働組合のみが交渉権を取得し、しかもその組合がその交渉単位の全被用者のために排他的な交渉権を取得する。

利にも働く）規範的効力によって無効となるのか、それとも規範的効力は片面的に不利な労働契約に対してしか働かず、労働協約より有利な労働契約は有効とされるのか、という点が問題となります。

　学説上は、わが国における「有利性原則」の適用の有無について争いがありますが、前記のように、「有利性原則」による規定もなく、また、明確にこれを排除していないわが国の状況を考えますと、「有利性原則」を認めるか否かは、結局のところ、原則として労使自治に委ねられ、個々の労働協約規定の意思解釈によるのが適当であると考えられます。したがって、実務上は、個別労使間において労働協約で定める基準よりも有利な労働契約を締結した場合の取扱いについては、疑義が生じないよう、あらかじめ労働協約で明確にしておくほうがよいでしょう。

労働協約の不利益変更と規範的効力

Q19
団体交渉の結果、締結された労働協約の内容が不利益な変更である場合、これに反対していた組合員にも効力を及ぼしますか？

Point

労働協約で労働条件を不利益に変更しても、特定の組合員を不利益に取り扱うことを目的として締結されるなど労働組合の目的を逸脱したものでない限り、変更に反対する組合員にもその労働協約の効力が及ぶ。

1 労働協約による労働条件の不利益変更

わが国では、労働協約の当事者は、強行法規や公序良俗に反しない限り、原則として、いかなる事柄でも協定することができます（協約自治の原則）。

また、労働協約のうち、「労働条件その他の労働者の待遇に関する基準」を定めた規定は、原則として、すべての個々の組合員の労働契約を拘束します（規範的効力。労組法第16条）。

ここで、労働条件等に関する基準を定めた労働協約の条項が、従前の労働条件を労働者に不利益に引き下げるものであった場合に、個々の組合員の労働条件も引き下げられるかという問題があります。

この問題については、以前、裁判例の中には、労働組合が労働条件の維持改善を目的とするものである（労組法第2条）ことから、個々の組合員の授権がない限り労働協約によって従前の労働条件を引き下げることはできないと説くものがありました（昭53.3.1大阪地裁決定、大阪白急タクシー事件／昭55.12.19大阪地裁判決、北港タクシー事件、ID00236）が、現在の裁判実務ではむしろ、「改訂労働協約が極めて不合理であるとか、特定の労働者を不利益に取り扱うことを意図して締結されたなど、明らかに労組法、労基法の精神に反する特段の事情がないかぎり」、不利益変更は認められるとの立場をとってきているといえます（昭60.1.18名古屋地裁判決、日本トラック事件、ID01577／昭

60.11.27名古屋高裁判決(同事件控訴審)も同旨／平5.2.23神戸地裁判決、朝日火災海上保険(石堂)事件、ID06075／平7.2.14大阪高裁判決(同事件控訴審)／平6.8.10大阪地裁決定、東海旅客鉄道(出向命令)事件、ID06297／平7.5.17東京地裁判決、安田生命保険事件、ID06524)。

2 不利益変更した労働協約の効力を認めた最高裁

　就業規則の不利益変更の場合には、裁判所は、それに労働者が同意したような場合か「合理的なもの」でない限り、その効力を認めないとしてきました(昭43.12.25最高裁大法廷判決、秋北バス事件、ID01480／昭63.2.16最高裁第三小法廷判決、大曲市農協事件、ID03924／平9.2.28最高裁第二小法廷判決、第四銀行事件、ID06918／平12.9.7最高裁第一小法廷判決、みちのく銀行事件、ID07602等。Q13参照)。これは、就業規則は使用者が一方的に作成または変更し得るものであるためです。

　しかし、労働協約の不利益変更の場合には、実際には、団体交渉はその時点での1つの事項のみ行われるわけではなく、例えば、困難な経営状況の下で、雇用を守る代わりに賃金や労働時間の面で一定の引下げを譲歩する、などのように、労働者に不利な条件、有利な条件を含んだ形で労使間が相互に譲歩し、あるいは取引することが行われるのが通常です。このように、労働協約は、労働組合が団結権に基づいて団体交渉した結果「集団的合意」として締結されるものですから、たとえ従前の労働条件より不利益に変更されるものであっても、諸般の状況判断に立って交渉上の労働条件取引として成立したものであるからこそ、組合員に対して規範的効力(労組法第16条)があるとされています。

　最高裁も、**1**で挙げた近年の下級審の見解を基本的に支持し、「本件労働協約は、上告人の定年及び退職金算定方法を不利益に変更するものであり、(中略)これにより上告人が受ける不利益は決して小さいものではないが、同協約が締結されるに至った以上の経緯、当時の被上告会社の経営状態、同協約に定められた基準の全体としての合理性に照らせば、同協約が特定の又は一部の組合員を殊更不利益に取り扱うことを目

的として締結されたなど労働組合の目的を逸脱して締結されたものとはいえず、その規範的効力を否定すべき理由はない。(中略) 本件労働協約に定める基準が上告人の労働条件を不利益に変更するものであることの一事をもってその規範的効力を否定することはできないし (最高裁平成8年3月26日第三小法廷判決〔編注:朝日火災海上保険 (高田) 事件、ID06785〕)、また、上告人の個別の同意又は組合に対する授権がない限り、その規範的効力を認めることができないものと解することもできない。」と述べています (**平9.3.27最高裁第一小法廷判決、朝日火災海上保険 (石堂) 事件**)。

3 協約自治の限界

　以上のように、労働協約による労働条件の不利益変更が認められるとしても、労働組合の協約締結権限の範囲には限界があります。

　まず、強行法規や公序良俗 (民法90条) に反するような労働協約によって労働条件を不利益に変更することはできません。

　また、個々の組合員の処分に委ねられるべき事項については、労働協約によって処分 (変更) することは認められないとされるのが通常です。例えば、組合員の労働契約の終了に係る権利を労働協約によって処分 (退職させる) したり、すでに具体的に発生した組合員の賃金請求権をその後で締結された労働協約によって変更したりすることは認められません。

　次に、前掲朝日火災海上保険 (石堂) 事件の最高裁判決も、労働協約の条項の不利益変更であってもそれが「特定の又は一部の組合員を殊更不利益に取り扱うことを目的として締結されたなど労働組合の目的を逸脱して締結された」場合でない限り、その規範的効力は否定されないとしています。逆にいえば、特定の組合員を殊更不利益に取り扱うことを目的とするような労働協約を締結しても、その効力は個々の組合員に及ばないということになります (最近の裁判例では、**中央建設国民健康保険組合事件** (平20.4.23東京高裁判決、ID08641) が、同判決を引用してこの判断枠組みを判示しています。)。

　さらに、近時の裁判例をみますと、特に不利益の度合いが大きい不利

益変更のケースでは、組合内部の民主的討議のプロセスが適正か否かという手続き面を重視する傾向がみられます。

例えば、**中根製作所事件**（平12.7.26東京高裁判決、ID 07584）では、「対象とされた労働者に対する不利益が極めて大きい（ちなみに、53歳以上の労働者数は全体の35パーセントに及ぶ。）のであって、前記の経緯があるからといって、労働条件の不利益変更を内容とする本件労働協約締結につき、組合大会の付議事項としない扱いを肯定することはできないというべきである。」として、労働協約の効力を否定し、その上告審（平12.11.28最高裁第三小法廷決定、ID 07621）もこれを維持しています。また、**鞆鉄道事件**（平16.4.15広島高裁判決）は、希望退職に応じない56歳以上のバス運転手の基本給を30％減額する労働協約について、組合大会の決議を欠き、意見集約の努力もされていないなど手続きが遵守されていないことから、当該協約の効力を否定しています。

一方、前掲**中央建設国民健康保険組合事件**では、退職金指数を引き下げる労働協約の締結プロセスの中で、組合員の意見表明の機会が保障されており、職員組合における意思決定過程の公正さを疑わせるに足りないなどとして、当該協約の効力が認められています。

労働協約の不利益変更と一般的拘束力

Q20 事業場の同種の労働者の４分の３以上に適用される労働協約には一般的拘束力が認められています。不利益に変更された労働協約であっても、この一般的拘束力により、非組合員の労働条件を当然に不利益に変更するのですか？

Point
(1) 労働協約の規範的部分は、原則として一般的拘束力によって、非組合員に対しても、有利にも不利にも両面的に規範的効力を及ぼす。ただし、規範的効力を及ぼすことが著しく不合理であると認められる「特段の事情」があるときは、適用されない場合がある。
(2) 「特段の事情」の有無は、労働組合が労働協約締結交渉において組合員のみならず、関係従業員全体の意見を公正に集約して真摯な交渉を行ったか否か、関係従業員の利益を公正に調整したか否かなどによって判断される。

1 一般的拘束力の由来

　労組法は、「一の工場事業場に常時使用される同種の労働者の４分の３以上の数の労働者が一の労働協約の適用を受けるに至ったときは、当該工場事業場に使用される他の同種の労働者に関しても、当該労働協約が適用されるものとする。」と規定（第17条）し、労働協約を締結した労働組合の非組合員にもその労働協約の適用を拡張する「一般的拘束力」を認めています。

　事業場単位の一般的拘束力の規定の趣旨については、①協約の当事者組合に加入していない少数労働者の労働力の安売り及びそれによる労働条件水準の引下げを阻止するとともに、このことによって、多数組合が労働条件を規制する権限を強化するための規定とする見解、②少数労働者の労働条件を多数組合の協約の線まで引き上げることによって少数労働者を保護するための規定とする見解、③４分の３以上の多数組合の獲得した労働条件を事業場の公正な労働条件とみなして事業場の労働条件

を統一するためのものとする見解などがあります。

　この点について最高裁は、**朝日火災海上保険（高田）事件（平8.3.26最高裁第三小法廷判決、ID06785）**において、「当該事業場の労働条件を統一し、労働組合の団結権の維持強化と当該事業場における公正妥当な労働条件の実現を図ること」と上記の③説を中心として、①説も採り入れた判断を示しています。

　なお、労働協約が拡張適用されるのは、規範的部分（「労働条件その他の労働者の待遇に関する基準」を定めた部分）に限られます。

2 不利益変更の場合の一般的拘束力

(1) 最高裁の判断

　前掲**最高裁判決**は、労働協約の一般的拘束力によって、不利益変更された労働協約が非組合員にも及ぶか否かについては、「右労働協約上の基準が一部の点において未組織の同種労働者の労働条件よりも不利益とみられる場合であっても、そのことだけで右の不利益部分についてはその効力を未組織の同種労働者に対して及ぼし得ないものと解するのは相当でない。」として、一般的拘束力が及ぶと判示しています。

　この事案は、定年が63歳の非組合員であるA職種と55歳のB職種がいる事業場で、労働協約により定年年齢を統一して満57歳とするが、満60歳までは特別社員として1年ごとに更新される再雇用制度を設けたことから、A職種については63歳の定年が57歳になるという不利益変更をともなう労働協約の効力が争われたものです。最高裁は、「未組織労働者は、労働組合の意思決定に関与する立場になく、また逆に、労働組合は、未組織労働者の労働条件を改善し、その他の利益を擁護するために活動する立場にないことからすると、労働協約によって特定の未組織労働者にもたらされる不利益の程度・内容、労働協約が締結されるに至った経緯、当該労働者が労働組合の組合員資格を認められているかどうか等に照らし、当該労働協約を特定の未組織労働者に適用することが著しく不合理であると認められる特段の事情があるときは、労働協約の規範的効力を当該労働者に及ぼすことはできないと解するのが相当である。」としたうえで、「組合が、組合員全員

の雇用の安定を図り、全体として均衡のとれた労働条件を獲得するために、一部の労働者にとっては不利益な部分がある労働条件を受け入れる結果となる本件労働協約を締結したことにはそれなりの合理的な理由があったものということができる。そうであれば、本件労働協約上の基準の一部の有利、不利をとらえて、被上告人〔編注：非組合員である労働者〕への不利益部分の適用を全面的に否定することは相当でない。」(平8.3.26最高裁第三小法廷判決、朝日火災海上保険（高田）事件、ID06785)として、非組合員への一般的拘束力を認めました。

なお、最高裁は、労働協約締結日以前にまで遡及適用し、すでに生じている退職金請求権部分まで減額したことについては、退職金がそれまでの労働対償である賃金の後払い的な性格を有することを考慮し、不利益減額の部分については「本件労働協約の効力は被上告人に及ぶものではないと解するのが相当」と判示しています。

(2) 一般的拘束力が及ばない「特段の事情」

以上のとおり最高裁は、一部不利益に変更される労働協約であっても拡張適用されるとしつつ、非組合員は多数組合の意思決定に参加する立場にないから、さらに、「著しく不合理であると認められる特段の事情があるときは」拡張適用されないとし、その「特段の事情」の有無は「労働協約によって特定の未組織労働者にもたらされる不利益の程度・内容、労働協約が締結されるに至った経緯、当該労働者が労働組合の組合員資格を認められているかどうか等に照らし」判断するとしています。

そして、一般的には、労働組合が労働協約締結交渉において組合員のみならず関係従業員全体の意見を公正に集約して真摯に交渉したこと、特に、不利益を受ける従業員グループがある場合には、組合員の有無を問わずその意見を十分に汲み上げて不利益を緩和しようとするなど、関係従業員の利益を公正に調整したことが必要であり、このような条件を満せば、労働協約の規範的部分は、原則として、有利にも不利にも両面的に規範的効力を有し、一般的拘束力によって、当該事業場の非組合員である少数労働者に対しても適用されることとなると解されています。

不利益変更の一般的拘束力と少数組合の組合員への適用

Q21 不利益に変更された労働協約の一般的拘束力は、企業内の少数組合や合同労組等の別組合加入者にも及びますか？

Point
(1) 少数組合の組合員等にも労働協約の一般的拘束力が及ぶか否かについては、学説・裁判例とも見解が分かれているが、最近の裁判例は、否定する傾向にある。
(2) 労働者全体について統一的処理を必要とする事項について、少数組合との間においても、同一内容の労働協約の締結をめざすが、それが成就しないときは、同一事項につき、少数組合との間にすでに労働協約が締結されている場合には、労組法に従い、それを破棄したうえで、そのような労働協約が結ばれていない場合には直ちに、就業規則の合理的な改訂を行って統一的な処理を図ることが考えられる。

1 学説・裁判例ともに肯定・否定両説あり

　労組法第17条の一般的拘束力（Q20参照）が、当該事業場の4分の3以上の労働者が一の労働組合を結成していても、別に4分の1以下の少数者が自ら別の労働組合を結成している場合や別の合同労組等に加入している場合に、それら別の組合員にも及ぶかという点については、学説も裁判例も、肯定説・否定説・折衷説に分かれています。

(1) 少数組合の組合員にも及ぶとするもの（肯定説）
　少数組合の組合員にも適用が及ぶという肯定説は、労組法第17条の規定には少数労働者が労働組合を結成している場合には適用を除外する旨の明文がないこと、また、拡張適用を認めても少数組合がより有利な労働協約を求めて団体交渉・争議行為をすることは自由であるから、少数組合の自主性を奪うことにもならず、むしろ弱い少数組合の保護に資することなどを理由にしています（昭46.3.26福井地裁判決、福井放送事件、ID03675／昭49.3.6大阪地裁判決、吉田鉄工所事件、

ID03506)。

　この点について、行政解釈も適用肯定説をとり、本条の規定により労働協約が拡張適用されるに至ったときは、「当該工場事業場に使用される他の同種の労働者は、別に労働組合を組織していると否とに拘らず、また他の労働協約の適用を受けている否とを問わず、当然に当該労働協約の適用を受けることとなるのであって、少数者が他の労働協約の適用を受けている場合には、その労働協約は、拡張適用される協約にてい触又は重複する限りにおいてその効力を停止することとなる。」（昭29.7.20労発第209号）としています。

　学説の中にも、このような場合の拡張適用を肯定するものとしては、「この条の規定は、拡張適用を受ける側が労働組合を結成しているかどうか、または別に労働協約を締結しているかどうかを区別して明示していないので、その工場事業場において支配的な立場にある労働組合の締結した労働協約は、このような場合にも、拡張適用されるものと解する。労働条件の均一化ないし維持改善ということは、より高次の団結をとおして実現されるのが労働運動の実態であるから、上のように解することは、自主的な団結権および団体交渉権の保障の建前を不当に制限するということにはならない。なぜなら、拡張適用される第一組合の労働協約は、第二組合そのものに適用されるのでなく、その個々の労働者に適用されると考えられるからである。」（菊池勇夫・林迪広『労働組合法』（日本評論新社発行）187～188頁）とするものなどがあります。

(2) 少数組合の組合員には及ばないとするもの（否定説）

　一方、適用否定説は、これを否定的に解することが少数組合の団体交渉権を多数組合のそれと同等に保障している現行法制上論理必然的なものであるとし、少数組合の団結権、団体交渉権等を尊重する必要がある（**昭54.5.17大阪地裁判決、佐野安船渠事件、ID01509／昭55.12.19大阪地裁判決、北港タクシー事件、ID00236**）とするものです。その場合には、少数組合が当該事項につきすでに労働協約を締結していると否とを問わないと考えています。その現実的な機能からする理由として、もし肯定説をとり、少数組合の組合員にも多数組合

の労働協約が拡張適用されるとすれば、少数組合は多数組合の協約の成果を自動的に利用でき、それに不満であればさらに有利な労働協約を求めて団体交渉と争議行為ができることになり、組織人員が4分の1以下の少数組合のほうが4分の3以上の多数組合より団体交渉上有利な法的地位を保障されるという不合理な少数組合の優遇をもたらすことになるということも理由の1つとしています。

(3) 少数組合が協約を締結しているときまたは有利な協約のときは及ばないとするもの（折衷説）

多数組合による拡張適用を原則的に認めながら、少数組合が労働協約を締結しているとき、または少数組合の労働協約のほうが有利である場合には拡張適用を認めないとする折衷説があります。この立場は、労組法第17条による労働協約の拡張適用は、1つの工場事業場に2つの労働組合が存する場合に、多数派の労働組合の結んだ労働協約が、少数派の労働組合の組合員の労働条件よりも有利な部分に限ってされるのであって、少数派の組合員の労働条件の有利な部分については、その拡張適用がないものと解すべきであるとし、その理由として、そのように解さなければ、同一工場事業場に2つの労働組合が併存している場合に、少数派の労働組合が、団結、争議行為、団体交渉を通じて、有利な労働条件を獲得しても、規定に基づき多数派の労働組合の

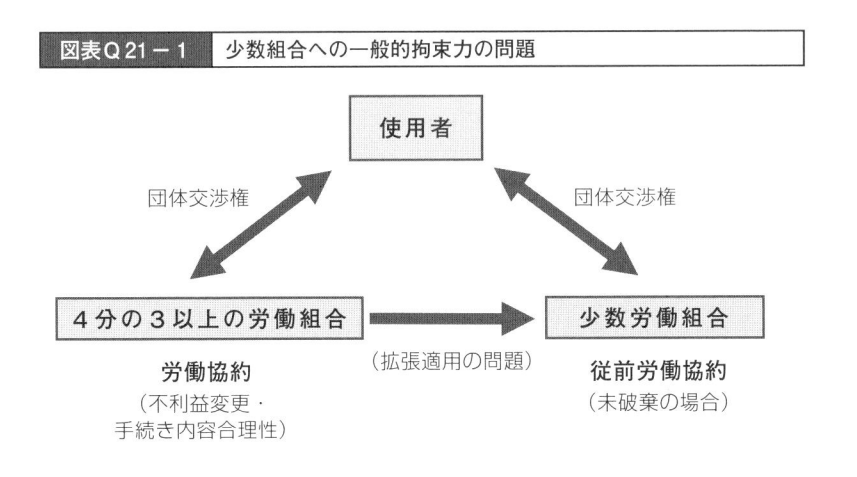

図表Q21-1　少数組合への一般的拘束力の問題

使用者

団体交渉権　　団体交渉権

4分の3以上の労働組合　→　少数労働組合

労働協約　　（拡張適用の問題）　　従前労働協約
（不利益変更・　　　　　　　　　　　　（未破棄の場合）
手続き内容合理性）

締結した労働協約によって有利な労働条件が引き下げられることとなって、少数派の労働組合固有の団結権、争議権、団体交渉権をほとんど意味のないものにすることになるからである（**昭57.1.29大阪地裁判決、黒川乳業事件／同控訴審昭59.5.30大阪高裁判決**）とするものです。

さらに、「他の同種の労働者が、すでに別の労働協約を締結しているような場合はもとより、すでに労働組合を形成しているときには適用がないと解すべきである。この場合には、その組合は自主的に団体交渉をなして労働協約を締結する自由を保障されており、他の組合の締結した労働協約の拡張適用により、それに影響をうけることを認めることは、妥当でなく、また、その必要もないからである」（石井照久『新版　労働法』（弘文堂発行）441頁、**昭44.7.19東京地裁判決、桂川精螺製作所事件**）とする限定的拡張適用否定説があります。

以上の点について図示しますと、**図表Q21－1**のとおりです。

2　現実的な対応

少数組合の団体交渉権を多数組合のそれと同等に保障している現行法制下においては、少数組合が当該事項につきすでに協約を締結していると否とを問わず、少数組合の組合員には、一般的拘束力は及ばないと考えるべきでしょう（菅野和夫『労働法（第九版）』612頁）。

そこで実務上は、当該事項につき、少数組合との間に労働協約が締結されていない場合には、「それが統一的処理を要する事項であれば、使用者はまず少数組合との同一協約の締結をめざし、それが成就しない場合には就業規則の合理的な改訂を行」（同書612頁）い、そうした労働協約が締結されている場合には、その協約を破棄したうえで、就業規則の合理的な改訂を行って対応するというのが考えられる方法です。ただし、労働協約を解約するには、解約に向けた団体交渉を重ねたうえで、90日前に文書で通告するという手続きが必要であることに注意しなければなりません（労組法第15条第3項前段、第4項）。

●●労働協約の解約制度●●

　成文の労働協約（労組法第14条）について、長期にわたる有効期間の定めをもつほど、労使関係を安定させ産業平和の維持に役立つものです。しかしその反面、あまり長期にわたる有効期間の定めをもつ労働協約は、経済情勢あるいは企業の経営状況等の変動により、労働協約の締結当初とは事情が変化しても一方的な解約が許されない結果、その履行が強制されることは労使間にかえって紛争を生ずることとなり問題があります。そこで、労組法第15条では、最長3年の有効期間の定めの制度を設けるとともに、期間の定めのない協約については90日前の文書をもってする予告による解約の制度を定めています。

第3章

労働慣行と労働条件の変更

労働慣行の改廃・変更の方法

Q22 労働慣行を改廃・変更するためにはどのような方法がありますか？

Point

労働慣行を改廃・変更する方法には、①就業規則を改正して改廃・変更する方法、②改廃・変更の明示の意思表示による方法、③異なる慣行が成立して従来の労働慣行を廃棄する方法、④使用者が従来の労働慣行を改廃・変更する意思表示をして労働者が異議をとなえず従う黙示の意思表示による方法、⑤労使合意で改廃・変更する方法がある。

「慣行」として法的効力が認められるに至っている労働条件がある場合、使用者側においてこれを是正し、変更し、あるいは廃止する必要が経営上や労務管理上等において生じた場合に、使用者としてとるべき是正・変更の方法としては、次の5つの方法があります。

(1) 就業規則の改正による改廃・変更
(2) 明示の意思表示による改廃・変更
(3) 異なる慣行の成立による改廃・変更
(4) 労働者の黙示の意思表示による改廃・変更
(5) 労使合意による改廃・変更

以下、それぞれの改廃・変更の方法について述べていきましょう。

1 就業規則の改正による場合

就業規則の改正による改廃・変更は、労働慣行が民法第92条の「事実たる慣習」であり、それが成立していると認められる労使間における機能としては、実質的な就業規則であるとも解し得るところから、約13年間の長きにわたり存続してきた勤務時間中の午後4時以降入浴、午後4時30分退区の慣行は、実質的な就業規則として有効であり、これを当局が就業規則の変更に関する手続きをとらないで、当局の一方的通告に基づき入浴時間の規制を急速に実施しようとする職員を区長その他の管理

者が実力を持って阻止しようとしたのは、違法であるとされている例もあります（**昭43.1.26東京高裁判決、国鉄田町電車区事件**）。そこで、実質的に就業規則としての効力を有する労働慣行を是正、廃止する場合には、上記裁判例で述べられているとおり、就業規則の改正による当該労働慣行の改廃・変更という形によって行う方法があります。

　この方法は、労働慣行の成立を認めそれを成文化し、あるいは、改廃するような就業規則の変更を行うものです。その具体的な改正にあたっては、労基法に定める手続きに従い、当該事業場過半数組合、それがない場合には過半数代表者の意見を聴く（労基法第90条）こと及び所轄労基署長に届け出て（同第89条）、その内容を周知（同第106条）するという方法を踏むことが必要です。

　また、従前の労使慣行を就業規則によって不利益に変更する場合には、就業規則による労働条件の不利益変更の法理に従い、①変更後の就業規則を労働者に周知させること、②変更後の就業規則が合理的なものであることが要件となります（労契法第10条）。

2 明示の意思表示による場合

　明示の意思表示による改廃・変更には、①労働慣行の存在自体を否認するもの、②労働慣行の成立は認めるがそれによる取扱いの廃止を明確に意思表示するもの、③労働慣行の成立を認めながらも、それ以降その取扱いを修正し、新たな取扱いや成文の就業規則どおり行う旨の意思表示をするもの、など種々のものが考えられます。

　裁判例において、「被告は本件洗身入浴の慣行を破棄するに当って（中略）それが悪慣行で職場規律の紊乱の現われである旨を原告ら検査、検修係員に表明し、（中略）その自粛を求め、（中略）本件洗身入浴が賃金カットの対象になる旨を明白に通告した上、この通告を無視して勤務時間内入浴をした原告らに対し（中略）賃金カットを行ったことが認められるので、右慣行破棄の手続は穏当であり、信義則上も容認できるものといわなければならない。」（**昭63.6.7横浜地裁小田原支部判決、国鉄国府津運転所事件、ID03973**）、「中郵〔中央郵便局〕当局は（中略）慣行休息を廃止する旨を通告し、休息は（中略）廃止されたという経緯にあ

ることが認められるのであって、手続的にみても穏当なものということができ、非難するには当らないというべきである。」(平7.6.28東京高裁判決、東京中央郵便局事件) とされているのも、「通告」という明示の意思表示による方法です。

3 異なる慣行が成立した場合

　労働慣行は事実上の規範ですから、それと異なるより新しい労働慣行の成立によって既存の労働慣行が改廃されることがあります。「労働慣行の労働慣行による改廃」は、職場生活が常に流動しとどまるところがないため、常に新しい労働慣行が生起し、古い労働慣行が廃棄されていくというのが実態です。このため、あるときに一定の労働慣行が成立していたとしても、それと異なった新しい労働慣行が成立するに至ると、古い慣行は新しい慣行にとって代わられることになります。

　この場合、新しい労働慣行は、「事実たる慣習」として労働慣行の成立要件を充足する必要があります（Q23参照）。

4 黙示の意思表示による場合

　労働者の黙示の意思表示による改廃・変更は、使用者が事実上既存の労働慣行を改廃する取扱いをし、労働者側においてその改廃の事実を知りながら同意する意思でそれに異議を述べず、その改廃に従って事実上の行為を行う場合です。この場合には、使用者側の既存の慣行の改廃の意思表示に対し、労働者側もそれに異議を述べないで事実上それを承認するという方法により黙示的に同意を表明していると認められます。黙示の意思表示も一種の意思表示の方法ですから、そのような意思表示があったと認められる場合には、合意によって改廃が行われたことになります。

5 労使合意による場合

　「労使合意による改廃」は、使用者が改廃を提案し、労働組合や労働

者側がそれに同意を表明する等労使間の明示の合意による方法です。

　最も典型的なケースは、労働協約という使用者と労働組合の代表者との書面での合意による方法が考えられます。

　このほかにも、団体交渉や労使協議で、使用者が改廃・変更を提案し、労働組合側が承認したり、異議を言わないという口頭による労使合意の場合も多く、この方法によればその改廃は当然有効です。労働組合のない場合の労働者代表との合意や、従業員協議会における協議のうえの承諾の合意等も、これらの代表者に労働者からの代表権が付与されているという厳格な法律行為の要件が整えられていなくても、労働者側の団体意思の表明の一種として合意が推定される場合には、有効となると解されます（**Q 23 の 2**(4)、**Q 24** 参照）。

　さらに、この場合には当該労働慣行の廃止に対応して、何らかの代償措置が設けられることもありますが、それも有効な改廃の理由づけになりますから、使用者としては「代替措置」も検討すべき事項でしょう。

労働慣行と一方的な不利益変更

Q23 労働慣行を一方的に不利益に変更したり廃止することは問題ありませんか？

Point
（1）労働慣行を一方的に不利益に変更する場合は、労働慣行の性質・内容により法的な効力が異なることに注意する。
（2）労働慣行の不利益変更は、就業規則に準ずるような労働慣行については就業規則の不利益変更に準じて合理性が認められなければならない。
（3）労働組合との集団的関係における労使慣行の改廃は、労働組合等との協議や一定の予告期間を設けることが必要である。

1 労働慣行の法的効力と一方的な改廃・変更の有効性

（1）「事実たる慣習」としての労働慣行の成立要件

Q6で説明したとおり、労働慣行と呼ばれるものの類型には、労働契約の内容となって、当事者に法的規範として拘束力を及ぼすものと、慣例、先例のように法的規範性をもつまでには至らず、法的拘束力のないものがあります。

労働慣行を一方的に改廃することが認められるか否かは、その慣行の性格によって異なりますので、まず、その慣行が「事実たる慣習」としての「労働慣行」の成立をみるに至っているか否かを検討する必要があります。

この点について、判例の考え方によれば、「事実たる慣習」としての労働慣行の成立要件として、おおむね①同種の行為・事実を長年にわたり反復継続してきた事実があること（慣行的事実）、②その行為・事実が多数の当事者間で行われまたは存在してきたこと（普遍性）、③労使双方の規範意識に支えられていることが挙げられています（平元.2.10長崎地裁判決、三菱重工業長崎造船所事件、ID03998。同旨／昭63.2.24東京地裁判決、国鉄蒲田電車区事件、ID03928等）。

(2) 一方的な改廃・変更の有効性

　実質的な就業規則となっている労働慣行の場合や民法第92条の事実たる慣習と認められるに至っている労働慣行は、労働契約の内容としての法的効力をもちますから、これを使用者が一方的に改廃・変更する場合は、法律上は「就業規則の不利益変更」ないしこれに準じた問題として論ぜられることとなります。

　就業規則の不利益変更が有効と認められるためには、①変更後の就業規則を労働者に周知させること、②変更後の就業規則が合理的なものであることが要件となり、その合理性は、労働者の受ける不利益の程度、労働条件の変更の必要性、変更後の就業規則の内容の相当性、労働組合等との交渉の状況などを総合的に勘案して判断されます（労契法第10条本文）。

　従前の労働慣行を就業規則により不利益に変更した事案に関する裁判例としては、例えばソニー・ソニーマグネプロダクツ事件（昭58.2.24東京地裁判決、ID01515）が挙げられます。

　この事案は、従業員に一定期間勤怠事故がなかったときは一定日数の褒賞が生じ、これを休暇として使用しまたは褒賞金として精算できる旨の就業規則規定があり、労働慣行上、報償の日数を上限なく保有し得る取扱いがなされていましたが、これを就業規則の変更によって褒賞の保有日数に制限を設けることとしたものです。

　裁判所は、このような労働慣行が就業規則に定めのない部分を補足・規律するものと認めたうえで、従業員が就業規則の変更前に享受していた利益は、使用者が一定の取扱いを事実上継続してきたことにより慣行上認められた地位から生じたものに過ぎないこと、右利益は基本的な労働条件に関するものではなく、従業員が被る不利益は必ずしも重大なものとはいえないこと、変更前の労働慣行の取扱いは、あまり合理的ではないこと、見返り措置により不利益性を相当程度補うことができることなどから、就業規則の変更の合理性を認め、この変更により労働慣行上の取扱いを受ける地位は失われたものとしています。

　一方、長年反復・継続されてきた慣行的事実があっても、労使双方の規範意識が存在するには至っておらず、「事実たる慣習」としての労働慣行として成立しているとは認められないものについては、労働

契約の内容となって当事者間に法的効力を及ぼすものではありませんので、その改廃・変更につき「不利益変更」の問題は生じません。

2 労働慣行の類型と改廃・変更の効力

　一般に「労働慣行」といわれるもので、職場や企業内で慣行的事実が認められ、職場で反復して行われていたとしても、それぞれの労働慣行的事項の性質や内容によっては効力が異なり、その改廃・変更に関して法的な効力の違いが生じますので、その区分は重要です。以下では、具体的な慣行の類型ごとに見ていきましょう。

(1) 就業規則を形骸化し変更を生じさせている慣行

　本来、就業規則に違反する労働慣行は、就業規則の規範的効力（労契法第12条）によって原則として認められないのですが、労使双方の就業規則との関係についての意識、その問題についての対応など、諸般の事情を総合的に考慮して就業規則を改廃する権限を有するものにおいて、就業規則を上回る労働条件の基準を設定するものとの規範意識をもって実施している慣行的事実については、これによって労使関係を処理するという明確な規範意識を有していると認められる（平5.6.25大阪高裁判決、商大八戸ノ里ドライビングスクール事件判決／平7.3.9最高裁第一小法廷判決（同上告審）、ID06508も支持）ことになります。

　その労働慣行は、実質的に就業規則を形成していると解され、そのような労働慣行については労基法第89条により就業規則の変更手続きに従う必要があると解されます。そして、その廃止・変更による不利益変更は、前記のとおり就業規則の不利益変更論（労契法第10条）によって判断されます。

(2) 労働契約の内容となった慣行

　労働慣行の法的効力・内容が、就業規則や労働協約のない事項やその範囲内において「その反復・継続によって労働契約の内容になっていると認められる場合には、その取扱いには労働契約としての効力が

認められる」とされています（菅野和夫『労働法（第九版）』86頁）。

そして、労働慣行が労働契約としての効力が認められる要件については、「そのように労働契約の内容になりうる慣行は、労働条件その他労働者の待遇に関するものであって、一般的な取扱いとして行われてきたものであることを要する。そのような慣行は、契約当事者間に行為の準則として意識されてきたことによって、黙示の合意が成立していたものとされたり（黙示の意思表示）、当事者がこの『慣習による意思を有しているもの』（民法92条）と認められたり（事実たる慣習）して、労働契約の内容となる。裁判例は、とくに、慣行がこのような契約的効力を認められるためには、当該事項について決定権限を有する管理者が当該慣行を規範として意識し、それに従ってきたことを要するとしている」（同書）と解されています。

このように、労働契約の内容となった労働慣行の改廃・変更については、当該労働者の明示・黙示の同意を得ることが必要です。そのような同意が得られない場合には、就業規則の不利益変更の問題に準じて、労働契約の内容となっている事項について、①改廃・変更の合理性、②周知の要件を満たしていることが必要となります（労契法第10条）。

(3) 就業規則の解釈適用や取扱い基準的な慣行

民法第92条の「事実たる慣行」としての「労働慣行」のように企業と労働者との当事者間の労働契約の内容となるような慣行でありませんが、就業規則の解釈を補完するものがあります。例えば、始業時刻を午前8時とする旨の就業規則の定めに関する明文化された労使間の了解事項として始業時刻と同時に作業を開始すべきことを定めた規定がある一方、午前8時までにタイムカードに打刻した者には右時刻を過ぎて職場に到着しても賃金カットはしないとの運用がされていた場合につき、本件工場においては、午前8時に朝礼やミーティングが開始されることとなっていることなどから、午前8時には職場に到着し、労務の提供をするとの職場慣行が成立していたものと認められるとして、労働契約上は午前8時までに職場に到着すべき解釈が成立しているといったケース（昭55.6.16東京地裁八王子支部判決、日野自動車事件／昭56.7.16東京高裁判決（控訴審）、ID01188／昭59.10.18最

高裁第一小法廷判決（上告審）、ID01194）です。
　これは労働慣行の中でも「就業規則の不明確な規定に具体的な意味を与える内容のもの」であり、「このような慣行は、就業規則ないし労働協約の規定の解釈基準の地位を与えられ、結局、それら規則・協約と一体の効力を与えられうる」（菅野、前掲書86～87頁）ものです。
　このような解釈基準としての労働慣行を改廃・変更するには、それが就業規則と同様の性格を有するならば、就業規則の変更に準じて、対象となる労働者の同意を得るか、一方的変更の場合には合理的理由と一定の猶予期間が必要です。ただし、解釈、適用されている取扱いの統一化、画一化を図るといった場合には合理性が推定されますし、もともと解釈、適用範囲としての一定の枠内、限度内の取扱いですから、その変更・廃止といっても、もとの就業規則の変更のない限り、不利益変更であっても、合理性の認められる範囲は広いのではないかと考えられます。

(4) 労働組合と使用者間の集団的労働関係上の慣行

　労働組合と使用者間のいわゆる集団的労働関係上の慣行（労使慣行）には、例えば、労働時間中の組合活動の承認、会社施設の貸与、その他の便宜供与などがあります。こうした労働組合と会社との間の取扱いについての慣行も、必ずしもその効力については確立した定説はありません。
　このような労使慣行の廃棄や変更については、成文の要式化された労組法上の効力を有する労働協約の場合でも、90日前の文書の通告で解約できますので（労組法第15条第3項前段、第4項）、まして労働協約の要件を充足しない事実上の労使慣行は、労組と交渉、協議を尽くしたうえで一定の猶予期間を置けば破棄し得ると解されています。
　そして、一般にこれらの労使慣行は権利・義務を設定したものとは解されておらず、労使間の流動的な取扱いの中で生じている便宜供与的な対応のものであり、従来の労使慣行上の取扱いを使用者が拒否したりしたとき、それが不当労働行為の意図によるものか他の業務上の合理的な理由によるものかによって不当労働行為の成否として問題になると考えられます。

労働組合との労使慣行と通常の労働慣行の改廃の違い

Q24 集団的労働関係上の労使慣行（組合活動、施設管理、チェック・オフ、ビラ貼りなど）の改廃は、通常の個別的労働関係上の労働慣行の改廃と異なるところがあるのですか？

Point
（1）労働組合と使用者との集団的労働関係上の「労使慣行」は、個別的労働慣行とは異なり、流動的な労使の意識を基盤に成立する性格をもち、またその多くが便宜供与的なもの・経営権を制約するものであるため、法的効力が否定される傾向にある。
（2）労使慣行も労使間の自主的なルールである以上、これを改廃・変更する場合には、協議・交渉、改廃・変更の予告期間の設定などの手続きが必要である。このような手続きを踏まず、組合活動を妨害する目的で労使慣行を改廃・変更すると、不当労働行為になる場合がある。

1 集団的労働関係上の「労使慣行」の特徴

　労働組合のある企業では、いろいろな事情から書面化されない交渉協議、組合活動、便宜供与、施設利用、争議行為等といった多方面における慣行的なものが存在しています。本書では、このような集団的労使関係における慣行を、個別の労働契約や労働条件に関する「労働慣行」と区別して「労使慣行」と呼ぶこととします。
　労使慣行の特徴について述べられているものを紹介しておきましょう。
　「労使慣行は、一般的に流動的性格をもっているということができる。労使関係そのものがそのような性格をもっていることに加えて、慣行が労使の意識という変化しやすい基盤の上に成り立っているからである。しかも、（中略）組合活動および争議行為に関する慣行は、とりわけそのような性格の強いものということができよう。それらは、相手方の出方によってたえず変化していく性格をもっているからである。その意味では、法律そのものが労使の自治に介入してこまかく規定することが不適当な分野に属するために、一方では、労使慣行が生まれるのに十分な

広い基盤が存在しているのにもかかわらず、他方では、その流動的性格からして、それが定着しにくいという性格をもっているということができよう。」(竹下英男「争議・組合活動をめぐる労使慣行」/『季刊労働法』(総合労働研究所発行) 104号49頁)

就業時間中の組合活動の慣行、チェック・オフの慣行、企業施設利用の慣行、在籍専従の慣行、ビラ貼りなどの慣行等数多くの慣行については、それが使用者に便宜供与を求め、あるいは経営権や人事権、施設管理権といったものを制限するものですから、使用者がそれを認めないという取扱いをした場合には、もともと権利を主張できる性質のものではありません。したがって、民法第92条の事実たる慣習としての効力を認められるような事項とは性質が異なります。そのため、このような労使慣行は、すべてといってもよいくらい労働慣行としての法的効力が否定されるという性質のものであるという特徴があります。

2 労使慣行の改廃

労使慣行を使用者が一方的に改廃する場合には、以上のような労使慣行の流動性、不安定性のゆえに、例えば会社施設にビラを貼る権利、会社内において組合旗の掲揚を行う権利というものは本来ないものであり、中労委(中央労働委員会)命令でも、たとえ組合旗の掲揚やビラ貼りが正当なものでも、組合には本来掲揚や貼付の権限がない以上それを撤去することは相当な手続き・命令(十分な期間を置いた撤去の請求・予告)と方法による限り支配介入ではない(**昭50.6.18中労委命令、商大自動車教習所事件**)とされています。したがって、個別的労使関係における「事実たる慣習」としての労働慣行とは異なり、基本的には、使用者は労使慣行を改廃する自由を有するものと考えられています。

ただし、「不当労働行為意思」(反組合意思、組合の弱体化を図ったり組合活動の妨害を目的としたりする意思)をもって労使慣行の変更・是正を行うことは不当労働行為(労組法第7条)となります。このような労使慣行でも、「ごく一般的には、労使自治および労使関係安定の観点から労使間の一種の自主的ルールとして尊重されるべきものであり、当事者がこれを破棄するためには相手方に対しその理由を示してルール変

更のための交渉を行うことを要請されるものといえる。したがって、使用者がこのような手続を踏まずに慣行破棄を行う場合には、その態様により支配介入等の不当労働行為とされる可能性がある」（菅野和夫『労働法（第九版）』695～696頁）のです。

　使用者としては、労働組合に対し、変更・是正・破棄といった目的を示し、その理由を述べて協議・交渉によってその合意による変更を図る必要があります。この場合、労働組合側にとっては不利益な取扱いへの変更となりますから、その是正・変更に応じないことが多いのですが、その場合には、たとえ労働組合側がその破棄・変更に合意しない場合でも使用者は一方的に破棄・変更をなし得ます。この場合は、①協議・交渉を尽くすこと、②猶予（予告）期間を置くことが要件となります。

　どの程度の予告期間が必要かについてはケース・バイ・ケースですが、集団的労使関係における労使間の基本的な合意である「労働協約」においても、有効期間の定めのない場合には90日間の予告期間を置けば解約できるのです（労組法第15条）から、この比較からしても相当な予告期間（90日より短期間でよい。）を置くことにより慣行の破棄・変更を行うことができると解されています。しかし、何らかの予告期間の設定が有効要件として必要です。

3　「労使慣行」と個別的労働慣行との差異

　以上のように、労使慣行は流動性の高い集団的労使関係のうえに成り立っており、しかも、その多くが使用者にとって労働組合に対する便宜供与的なもの、経営権、施設管理権等に制限的なものであるため、本来使用者に権利として要求できるものではありません。「事実たる慣習」としての個別的労働慣行が、一定の法的効力をもつゆえにその改廃に一定の合理性、手続きが必要とされるのに対し、労使慣行の存在や改廃が問題となる場合には、不当労働行為とみられる場合を除き、その法的効力が否定される傾向にあります。

　労使慣行の性格とその改廃・変更について述べられているものを次に紹介しましょう。

　「労使関係は使用者と労働組合の間の関係であるから、通常は特別の

契約関係はなく、労使関係上の慣行（右の時間内組合活動の例等）は、労働関係上の慣行と同じ効力をもつことはない（ただし、労働協約等が存在し、労使間に契約関係がある場合、それに関する慣行は労働関係上のものと同じように扱ってよい）。したがって、このような慣行は労使関係の枠組の1つとして遵守義務を生ぜしめるだけで、具体的な請求権まで発生させるものではないが、慣行的事実があるかぎり、長期間反覆継続されてきた行為や事実にたいする信頼保護の必要性という点では同じであるから、免責事由としての機能や不当労働行為制度による保護が認められる（時間内組合活動の慣行があるからといって、将来にわたって労働時間中に組合活動をさせろということを要求する権利はないが、このような慣行がある以上、特定の日に労働時間中に組合活動をしたからといって、就業規則の服務規律に反するものとして懲戒処分にされることはない）。」（山口浩一郎『労働組合法（第2版）』（有斐閣発行）7～8頁）。

第4章

個別労働契約の変更

不利益変更と黙示の同意

Q25 従業員に業績悪化によって賃金の引下げ等不利益に変更せざるを得ないこと、変更の内容、不利益の程度、経過措置といったことを説明して、経営への協力を求め異議があれば遠慮なく申し出るようにと申し渡しました。特に異議がありませんでしたので、黙示の承諾があったものとして取り扱ってよいですか？

Point
(1) 黙示の意思表示も明示の意思表示と同一の効力をもつ。ただし、黙示の同意は、書面等による意思表示と異なり、慎重な判断が必要である。
(2) 多くの裁判例では、就業規則の不利益変更について黙示の承諾があったと認められるには、異議を述べない外形的事実があっただけでは足りず、それが自由意思に基づく承諾と認めるに足る合理的な理由が客観的に存在することが必要とされる。

1 労働者の黙示の同意

　労働契約は、労使当事者間の意思の合致によって成立し、労働契約の内容である労働条件は、労使当事者間の合意で決定・変更されるのが基本です（労契法第6条、第8条）。
　この「合意」については、労働契約をはじめ一般的に契約関係における当事者間の意思表示の形態として、明示の意思表示のみならず、黙示の意思表示も表示行為の1つとして有効に認められています。

> ●●黙示の意思表示●●
> 　『新版 新法律学辞典』（有斐閣発行）によれば、「意思表示における表示行為は、そこから一定の意味内容を持った効果意思を認識できるところの、人の外界へ向けての意識的行為である。表示は、言語によってされる場合が大半を占めるが、それ以外の手段、例えば、身体的動作によっても成立は可能であり、一定の状況下では、沈黙（これは不作為という形の身体的動作と説明することができよう。）も意思表示となることができる」とされています。

さらに、この「黙示の同意」については、労使間においては「双務契約としての労働契約の当事者である労使は、労働義務および賃金支払義務の内容について個別的、明示的に合意すると共に、法的には信義則上の多岐にわたる契約義務について一般的、黙示的に合意したものと解されよう。」（唐津博「労働契約と労働条件の決定・変更」／『講座　21世紀の労働法』（日本労働法学会編、有斐閣発行）第3巻53頁）といわれているように、黙示の意思表示による合意は労働契約関係において非常に多くみられるのが特徴といえます。これは、労働条件の不利益変更の場合も同様で、黙示の意思表示による同意も認められることになります。
　しかしながら、黙示の同意の場合には、明示の同意の場合と違って書面等による明白な意思表示手段ではないため注意が必要です。
　黙示の同意が認められた裁判例としては、例えば、自らの職種の呼称変更について黙示の同意を与えていたものと認められ、呼称変更は有効であり、第二種職員の定年年齢である60歳が適用され、当該定年年齢に達したことを理由とする退職が有効とされた例（平9.3.26大阪地裁判決、大阪市交通局協力会事件、ID 06934）などがあります。この事案では、「10年近くの長期にわたって自ら第二種職員としての処遇を受けながら、異議や抗議を行ったり、定年年齢についても、原告〔労働者〕に第一種職員の定年年齢を適用するよう求めたりしたこともなく、定年年齢については、原告自身が呼称変更に基づく第二種職員としての処遇を受け容れたと解する余地があること、被告〔団体〕も、原告のこのような対応から、原告が呼称変更を容認し、もはや第一種職員としての地位を主張することはないと信頼するに至っていると考えられ、原告もそのことを認識していたと思われること、そして、原告が第一種職員の地位にあるとして、満65歳定年制の適用を主張し始めたのは、本件訴え提起の直前であったこと（中略）などを考え併せれば、本件においては、原告が、呼称変更及び就業規則の変更につき、少なくとも、黙示の同意を与えたとの事実を優に認めることができる。」と判示し、黙示の同意が認められる事実を認定しています。
　一方、黙示の同意が否定された裁判例も多数あります（平12.1.31東京地裁判決、アーク証券（本訴）事件、ID 07503等。**3**参照）。

2 賃金・退職金の引下げ等と不利益変更の効力要件

　労働条件の変更については、裁判実務上、賃金等の重要な労働条件については、他の労働条件よりも厳格に合理性が判断される傾向があります。この点について最高裁は、「賃金、退職金など労働者にとって重要な権利、労働条件に関し実質的な不利益を及ぼす就業規則の作成又は変更については、当該条項が、そのような不利益を労働者に法的に受忍させることを許容できるだけの高度の必要性に基づいた合理的な内容のものである場合において、その効力を生ずる」（昭63.2.16最高裁第三小法廷判決、大曲市農協事件、ID03924）と述べ、賃金や退職金等の「労働者にとって重要な権利、労働条件」については「高度の必要性に基づいた合理的な内容」の変更でなければ効力を生じないとの考え方を明確に示しています。

　そして、賃金・退職金の引下げ等の不利益変更について黙示の同意を認めるか否かという問題については、裁判例でも、厳格に判断されたケースと比較的緩やかに認められたケースがあります。

3 黙示の同意には自由意思に基づくことが必要（同意が認められなかった例）

　労働条件の不利益変更について明示的な承諾がない場合に、黙示の同意を認めなかった例では、賃金債権と会社の労働者に対する一般債権との相殺が賃金の全額払いの原則（労基法第24条第1項）に反しないための要件を示した最高裁判例を引用し、「労働者がその自由な意思に基づき（使用者が労働者に対して有する債権と労働者の賃金債権との）右相殺に同意した場合においては、右同意が労働者の自由な意思に基づいてされたものであると認めるに足りる合理的な理由が客観的に存在するときは、右同意を得てした相殺は右規定に違反するものとはいえないと解されている（最高裁昭和48年1月19日第二小法廷判決［編注：シンガー・ソーイング・メシーン事件、ID01130］、最高裁平成2年11月26日第二小法廷判決［編注：日新製鋼事件判決、ID05490］）。このような趣旨に照らせば、賃金の引下げについても、労働者がその自由な意思に基づきこれに同意し、かつ、この同意が労働者の自由な意思に基づいてさ

れたものであると認めるに足りる合理的な理由が客観的に存在することを要するものと解するのが相当である。」(平12.1.31東京地裁判決、アーク証券(本訴)事件、ID 07503)として、賃金と一般債権を相殺する場合と同様に、賃金の引下げの場合の同意の認定に一定の条件が必要であるとしたものがあります。

そしてこの判決では、「被告〔会社〕は、殊に平成4年5月及び平成5年5月の賃金変更について、原告〔労働者〕らが特に異議等を申し立てず、各査定時期には自己申告書を被告に提出するなど現状を肯定して従前どおりの就業を続けていたことを理由に、黙示に承諾した旨主張し、また、課長以上管理職の給与を一律カットしたことについて、被告の営業成績が悪化し、危機的状況にあるところから、課長以上の管理職及び役員の奮起を促すために行われたものであり、事前に被告の代表取締役が放送し、役員が直接の部課長に協力を求め、全員異議なくこれに応じたことを理由に、原告らが同意した旨主張するが、これらの主張の趣旨は、要するに、被告が決定した内容について原告らが明示的に異議を述べなかったことが黙示の承諾又は同意に当たるというものである。しかしながら、被告の主張するような事実を理由に原告らがその自由な意思に基づきこれに同意したものということはできないし、この同意が原告らの自由な意思に基づいてされたものであると認めるに足りる合理的な理由が客観的に存在するということもできない。」として、単に明示的に異議を述べなかったことをもって黙示の承諾があったとは認められないとしました。

同様に、会社更生中に、管理職に20％の賃金減額を求めた事案においても、裁判所は「それが労働者の自由な意思に基づいてされたものであると認めるに足りる合理的な理由が客観的に存在するときに限り、有効であると解すべきである。」として本件では黙示の承諾を否定しています(平12.12.27東京高裁判決、更生会社三井埠頭事件、ID 07701)。

4 黙示の同意が認められた例

一方、黙示の同意があったと認められた例として、最高裁が「上告人は、原審の口頭弁論において、昭和54年度から昭和57年度までの賃金

引上額を退職金算定の基礎には算入しないとの条件の下で上告人は賃金引上げに応じることを組合と合意したこと、このことはその都度被上告人を含むすべての従業員に周知徹底していたこと、被上告人も右各年度の賃金引上げは右の条件の下でされるものであることを知りつつ賃上げ後の賃金を異議をとどめることなく受領していたのみならず、支店長等の立場において、退職する部下に対し、退職金は退職時ではなく昭和53年度の本俸の月額を基礎として算定されるものである旨を説明していたことなどの事実を主張するとともに、右の事実関係の下では、被上告人の退職金は、昭和53年度の本俸の月額を基礎として算定されるべきである旨を主張している。右の上告人の主張には、右事実関係の下では、当事者間の雇用契約において、昭和54年度から昭和57年度までの賃金引上額は退職金算定の基礎に算入しない旨の黙示の合意が成立するに至っていたという主張が含まれていると解すべきである。」として原判決を破棄差戻しとした事案（**平6.1.31最高裁第二小法廷判決、朝日火災海上保険事件、ID06237**）があります。

　また、月末締めの同月25日先払いとしている場合の同月25日に、同月分の賃金を20％減額した給与明細とともに支払ったのに異議を述べず、その後4カ月も異議なく受け取っていた事案について、「原審は、上告人が同年7月25日に同月1日以降の賃金減額に対する同意の意思表示をしたと認定したのであるが、この意思表示には、同月1日から24日までの既発生の賃金債権のうちその20％相当額を放棄する趣旨と、同月25日以降に発生する賃金債権を上記のとおり減額することに同意する趣旨が含まれることになる。しかしながら、上記のような同意の意思表示は、後者の同月25日以降の減額についてのみ効力を有し」（**平15.12.18最高裁第一小法廷判決、北海道国際航空事件**）ていると判示した事案があります。

　3のとおり、裁判例では、黙示の同意が成り立つには、単に自由意思による黙示の承諾という外形的事実があっただけではなく、自由意思に基づいた承諾であることを認めるに足る合理的な理由が客観的に存在することが必要とされています。例示すれば、**Q25－1図表の(A)**のケースのような黙示の承諾を理由づける何らかの積極的意思表示（社債購入の申込み）が必要ということになる一方、同**図表の(B)**のように、何らのプ

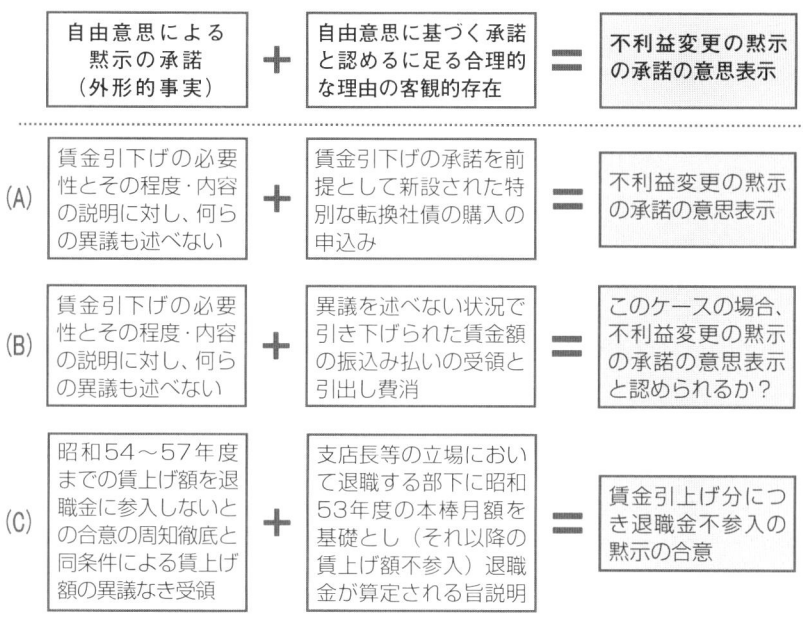

図表Q25-1 黙示の承諾の意思表示の判断

	自由意思による黙示の承諾（外形的事実）	+	自由意思に基づく承諾と認めるに足る合理的な理由の客観的存在	=	不利益変更の黙示の承諾の意思表示
(A)	賃金引下げの必要性とその程度・内容の説明に対し、何らの異議も述べない	+	賃金引下げの承諾を前提として新設された特別な転換社債の購入の申込み	=	不利益変更の黙示の承諾の意思表示
(B)	賃金引下げの必要性とその程度・内容の説明に対し、何らの異議も述べない	+	異議を述べない状況で引き下げられた賃金額の振込み払いの受領と引出し費消	=	このケースの場合、不利益変更の黙示の承諾の意思表示と認められるか？
(C)	昭和54～57年度までの賃上げ額を退職金に参入しないとの合意の周知徹底と同条件による賃上げ額の異議なき受領	+	支店長等の立場において退職する部下に昭和53年度の本棒月額を基礎とし（それ以降の賃上げ額不参入）退職金が算定される旨説明	=	賃金引上げ分につき退職金不参入の黙示の合意

注：(C) は朝日火災海上保険事件（平6.1.31最高裁第二小法廷判決、ID06237）の例

ラスアルファ的な積極的な意思表示のない場合に黙示の承諾といえるかは疑問です。

変更解約告知

Q26 変更解約告知とはどのようなものですか？　また、わが国では変更解約告知はどのように考えられ、評価されていますか？

Point
(1) 変更解約告知は、労働契約の解約と労働条件の変更を労働者に選択させる制度で、この制度が確立しているドイツでは、使用者からの労働条件変更の申入れに対し、労働者には、①労働条件変更の申入れを受諾して労働関係を継続する、②労働条件変更の申入れを拒否し、解雇となった場合には解雇の効力を争う、③労働条件変更の申入れの受諾を留保し、労働条件の変更の効力を争う──の選択肢がある。
(2) わが国では、雇用を維持したまま労働条件変更の効力を争う途が法的に保障されていないこと、労働条件の変更や解雇の効力については、就業規則の不利益変更法理や解雇権濫用法理によるべきであることなどから、実務上、変更解約告知の制度の導入には否定的な見解も多い。

1 ドイツの変更解約告知制度

(1) 変更解約告知の意義と要件

「変更解約告知」とは、もともとドイツの法律上の制度で、労働契約の解約と労働条件の変更を労働者に選択させる制度です。例えば、一定の者に対して他の工場への配転が合意に至らなかったため、労働関係を解消することを通知するとともに、他の工場での労働関係の再設定を申し入れ、労働者に申入れに対する受諾の可否を求めることをいいます。これは、配転が、労務指揮権の行使等の一方的な措置によっても、また、労働者との合意によっても実現できないために、変更解約告知という特別な手段に訴えるもので、前者の措置によって配転が可能である場合には、変更解約告知が機能する余地はありません。

ドイツにおいては、変更解約告知が適法に行使されるには、前提として以下の要件を満たさなければなりません。

第1に、労務指揮権の行使など労働契約によって当該労働条件の変

更が使用者の権利の行使にゆだねられている場合には変更解約告知制度によることはできません。

第2に、変更解約告知は、従前の労働契約の解約と新たな労働契約の申込みをともなうものであって、労働契約内容の一部のみについての解約（部分解約）は認められていません。

第3に、変更解約告知は、労働条件変更の申入れ（端的には労働契約の変更）と解約告知とがリンクされた意思表示なので、原則として、両者が同時になされることを要します。

なお、変更解約告知の方式には、申し入れられた労働条件の変更に同意が得られないことを条件として解約告知がなされる場合と、解約告知と新たな労働条件における労働関係の継続が申し入れられる場合の両方があり、いずれの場合も、従前の労働契約に代わる新たな労働契約によって労働関係が継続するものであることに変わりはありません。

(2) 変更解約告知の効果

変更解約告知の通告を受けた労働者には、とるべき選択肢が3つあります。

第1は、労働条件の変更申入れの受諾で、受諾によって合意に基づく労働条件の変更が確定し、新たな労働契約内容の下で労働関係が継続することになります。

第2に、労働条件の変更申入れを拒否することによって解約告知のみが効力を発し、解約告知期間の満了をもって従前の労働契約関係は終了します。この場合には解雇になりますので、労働者は改めて、訴訟を起こすなどして当該解雇が無効であることを法的に主張することができます。

第3に、労働条件変更申入れに対して留保を付したうえで受諾することで、この場合、法的には、変更申入れを「受諾」したことによって変更労働条件における新たな労働関係が（暫定的に）成立し、解約告知はその時点で効力を失うことになります。また、「留保」を付したことによって、「労働条件の変更が社会的に相当性を有しないことの確認」を求めて労働裁判所に訴えを提起することも可能になります。

2 わが国における変更解約告知に対する考え方と評価

(1) 変更解約告知をめぐる裁判所の評価

　日本では、解雇が法廷で争われる場合には、裁判所は「解雇権濫用法理」を用いて、「客観的に合理的な理由があり、社会的に相当性がある」場合でなければ解雇を有効とは認めないとする考え方をとってきました（この法理は労契法第16条で法文化されています。）。したがって、使用者が労働条件を変更したい場合でも、変更を承諾しない労働者を解雇する形で統一的に変更を実現するという方式を選択することは現実には困難でした。一方、日本の裁判所は就業規則の改訂による労働条件の変更については、たとえそれが労働者にとって不利益な方向への変更で、かつ、同意しない労働者がいても、変更の必要性と変更内容を審査して「合理性」が認められ、かつ、その変更内容が周知されていれば、同意しない労働者も変更後の就業規則の規定に拘束されるという考え方を示しています（この法理は労契法第10条で法文化されています。）。

　この2つの判例法理を組み合わせ、さらに労働協約に関する規範的効力の制度を考慮に入れますと、結局日本では、使用者が労働条件を統一的に変更したいと思う場合には、労働組合がある場合には労働協約を締結したうえで、就業規則の合理的な変更によって、多くの使用者は労働条件の変更を実施してきました。「労働条件の変更を承諾しないのなら解雇だ」という変更解約告知のような手段をとる必要もそれほど意識されていませんでした。

　ところが、外資系の企業が数多く日本に進出してきたり、職種や勤務地を限定されたうえで長期雇用システムを適用されないタイプの労働者が増加してきたり、労働契約をまさに「契約」として明確な合意にゆだねようという考え方が定着しつつあるなど、労働条件の変更をめぐる背景事情がかなり変わってきました。

　そうした中で、平成7年に、スカンジナビア航空が労働者全員を退職させ、賃金や退職金等の労働条件を大幅に切り下げたうえで再雇用するとの意思表示をし、これに同意しない労働者が仮処分を申し立てた事件で、東京地裁（**平7.4.13東京地裁決定、スカンジナビア航空**

事件、ID 06451）は初めて「変更解約告知」という概念を明確にし、「労働者の職務、勤務場所、賃金及び労働時間等の労働条件の変更が会社業務の運営にとって必要不可欠であり、その必要性が労働条件の変更によって労働者が受ける不利益を上回っていて、労働条件の変更をともなう新契約締結の申込みがそれに応じない場合の解雇を正当化するに足りるやむを得ないものと認められ、かつ、解雇を回避するための努力が十分に尽くされているときは、会社は新契約締結の申込みに応じない労働者を解雇することができる」との判断基準を示しました。この事件自体は和解で終結したため、判断基準も参考程度にとどまるものになりましたが、この決定がもたらした影響は甚大で、その後変更解約告知をめぐる議論が活発化しました。

　しかし、現在までのところ、裁判所は変更解約告知の導入には慎重で、**スカンジナビア航空事件**以後の裁判例では明確に変更解約告知という概念を用いた例はなく、むしろ、日本には就業規則法理も整理解雇法理もあるのだから変更解約告知という新しい法理をことさら必要とするにはあたらない、という考え方を示す裁判例もあります（平10.8.31大阪地裁判決、大阪労働衛生センター第一病院事件、ID 07170）。

(2) わが国における変更解約告知制度の是非

　わが国の学説においても、ドイツの変更解約告知法理をそのまま日本に導入すべきであるという主張はほとんどありません。その理由は、第1に、ドイツでは、変更解約告知を受けた労働者が、新しい労働条件の下で働きつつ労働条件の変更が無効であることを訴えて争う途が法律上保障されていますが、日本ではそのような実定法上の制度がないので、同じことが法的に可能であるか否かは明らかでなく、そのような労働者側の留保の制度がないと、労働者は解雇の脅威を前に意に反して労働条件の変更を受け入れざるを得ないことになり、非常に不安定な立場に置かれることになってしまうからです。

　第2に、就業規則による労働条件の変更や解雇等についての判例法理は、長期雇用システムを中心とする日本の雇用慣行を踏まえたものでしたが、人事制度の改革が進みつつある今日でも、企業社会全体の中でそのような慣行がまったく崩壊しているとはいえません。リスト

ラといっても、多くの企業は、役員の報酬カット、管理職の手当の削減、それから一般従業員の労働条件の切下げを考慮するというのが通常で、解雇を想定した方式を選択することにはためらいがありますし、日本の労働契約の実態は、労働条件の多くが継続雇用の中で変動するものという前提に立っている場合が通常であるとされていますので、就業規則等による労働条件の変更の手法は有効性を欠いていません。

　一方、変更解約告知は、使用者からの労働契約の解約告知（解雇）の面と、労働条件変更の手段という面を併せもつ特殊性があることから、労働契約で特定された個別的労働条件などの一定範囲で変更解約告知の概念を肯定し、その判断枠組みをつくるべきであるという考え方も有力です。この立場では、このような変更解約告知に一定の評価をしつつ、労働条件を変更する手段としては、解雇をもち出すまでもなく労働関係を継続したまま就業規則を合理的に変更するという、穏健な変更手段があるのだから、就業規則の変更によって対応できる場合には、変更解約告知を認めるべきではなく、例えば、変更しようとする労働条件が個別労働契約で定められている場合など就業規則によって変更できないようなケースについて認めるべきである、といった説明がされています（菅野和夫『労働法（第九版）』499頁）。

　また、例えば、職種を限定された労働契約の場合において、企業内の部門廃止などの事情により当該職種がなくなった場合に、職種限定の労働契約であるがゆえに配転が否定されてしまうと、結局解雇するよりほかに途がなくなってしまいます。しかし、このような場合に配転による労働関係の存続を申し入れ、これに同意できない場合に解雇するという「変更解約告知」を認めれば、労働者としても、いきなり使用者から一方的な配転命令を受けてこれを拒否した場合に懲戒処分を受けるようなリスクもなくなり、配転による労働関係の存続か、解雇を受け入れるかを選択する余地が残されることになります。そして、当事者意思を尊重しつつ、労働条件の柔軟な調整・変更が可能となるのであり、このことは、労働条件対等決定の原則（労基法第2条第1項）や労働契約の適正な運営を促進する規制（インセンティブ規制）という労契法の目的にも適合すると評価し得るという見解（土田道夫「労働契約法」（有斐閣発行）529～530頁）もあります。

図表Q26-1　変更解約告知のパターンと関連裁判例

(参考：菅野和夫『労働法（第九版）』(499頁))

	パターン	裁　判　例
①	労働条件の変更の申込みをしつつ、それが受け入れられない場合に労働契約を解約するパターン	■エールフランス事件（昭49.8.28東京高裁判決 ID00281） フライトアテンダントの配属先の変更の事案。裁判所は「変更解約告知」の概念・意義に言及せず通常の配転・解雇の枠組みにより当該解雇を不適法とした。
②	新労働条件での再雇用（契約締結）の申込みをしつつ、労働契約を解約するパターン	■スカンジナビア航空事件（平7.4.13東京地裁決定 ID06451） 人員削減後、残った労働者の雇用形態・労働条件の変更の事案。裁判所は正面から「変更解約告知」の概念を認め、その判断枠組みを設定して、本件の労働条件の変更を有効とした。
③	労働条件の変更の申込みをし、これが拒否された場合に、拒否されたことを理由として労働契約を解約するパターン	■日本ヒルトン事件（平14.11.26東京高裁判決 ID08080） ホテル配膳人の賃金等の引下げを目的とした雇止めにおいて労働条件変更に対する留保付き承諾の可否が問題となった事案。本件の「留保付き承諾」は、新たな労働条件に合意して労働契約を締結するが、今後も労働条件の改善を求めて争うという趣旨ではなく、新たな労働条件による労働契約の合意が成立していないことを後日争う趣旨であるとして、雇止めの合理性判断の枠組みにより当該雇止めを有効とした。 ■大阪労働衛生センター第一病院事件（平10.8.31大阪地裁判決 ID07170） 週3日勤務の医局員に対し、週4日勤務の常勤従業員になるかパートタイマーの労働条件に応じるかの選択を求めた事案。裁判所は、変更解約告知という独立した類型を設けることは適当ではなく、解雇を必要とする経営上の必要性が認められず解雇権の濫用にあたり無効とした。
④	新労働条件での募集と解雇とを同時に行ったうえ、応募者を絞って再雇用し、人員削減と労働条件変更との双方を達成するパターン	■関西金属工業事件（平19.5.17大阪高裁判決 ID08572） 人員削減による整理解雇と同時になされた一定枠の新規募集に応じなかった労働者が雇用契約上の地位確認を求めた事案。被解雇者全員が新規募集に応じても、一定の人員については再雇用が予定されていない、採用者の選定作業も実際には行われていないなどの実態に着目し、整理解雇の合理性判断の問題として本件解雇を無効とした。

> ●●留保付き承諾●●
>
> 　わが国において変更解約告知制度を導入することについては、前記のとおり、ドイツのように、労働者が承諾を留保して（不承諾ながらも）変更後の労働条件の下で就業しつつ、変更の無効を主張して訴えを提起することが法制度的に保障されていないため、変更解約告知を受けた労働者としては、通常、労働条件の変更を受け入れるか、拒否して解雇されるかの二者択一を迫られ、労働者の地位が不安定になるとの批判があります。
>
> 　そこで、労契法の制定過程での議論では、ドイツの変更解約告知に類似した「留保付き承諾」を認めて法制化しようという動きもありました。すなわち、労働契約を変更する必要が生じた場合に、労働者が雇用を維持したうえで労働契約の変更の合理性を争う余地を認める制度として、「雇用継続型契約変更制度」が提唱されました。しかし、労働者の提訴の負担が大きく、実効性の確保のうえで課題が多いことなどから、制度化は見送られました。

第3部 各種の労働条件の変更

第1章

労働時間、休日、休暇の変更

労働時間の繰上げ等の導入

Q27 労働時間を制度として繰り上げたり、繰り下げたりすることを一方的に実施することはできますか？

Point
(1) 労働時間の繰上げ、繰下げは、勤務時間帯の変更であり、法定労働時間の範囲内であれば割増賃金を支払う必要はない。あらかじめ就業規則等で繰上げ・繰下げがあり得ることを定めておけば、労基法上の問題は生じない。
(2) 労働時間の繰上げ・繰下げをする場合は、遅くとも前日の勤務時間終了前までに時刻を特定して予告する必要がある。
(3) 労働時間の繰上げ・繰下げは所定労働時間の長さそのものは変更がないので、一般に労働者にとっての不利益はさほど大きくないが、業務上の必要性がない場合、不当な動機・目的による場合は、合理性がないものとして無効となる場合も考えられる。

1 労基法上の労働時間に関する規制との関係

　労働時間の繰上げ、繰下げとは、所定労働時間の長さはそのままにして、業務上の都合等により就業規則の所定始業・終業時刻の「位置」を所定時刻より早く（繰上げ）したり、遅く（繰下げ）したりして移動することをいいます。例えば、始業時刻が9時、終業時刻が18時で休憩時間が12時から13時の実労働時間8時間の場合に、実労働時間8時間と休憩時間帯はそのままにして始業時刻を8時30分とし、終業時刻を17時30分にする場合です。

　労基法は、休憩時間の位置については「労働時間の途中に与えなければならない」（第34条第1項）と定めていますが、労働時間の繰上げ、繰下げ制度のような労働時間帯の位置に関しては、深夜業に関するものを除いて直接規制をしていません。したがって、使用者が1週40時間、1日8時間（労基法第32条）を超えない範囲において労働時間を繰上げたり、繰り下げたりしても、労基法に違反するものではありません。

　行政解釈は「労働者が遅刻をした場合その時間だけ通常の終業時刻を

繰り下げて労働させる場合には、1日の実労働時間を通算すれば（労基）法第32条又は第40条の労働時間を超えないときは、法第36条第1項に基く協定及び法第37条に基く割増賃金支払の必要はない。」（昭29.12.1基収第6143号、昭63.3.14基発第150号、平11.3.31基発第168号）とか、「交通機関の早朝ストライキ等1日のうち一部の時間帯のストライキによる交通事情等のため、始業終業時刻を繰下げたり、繰上げることは、実働8時間の範囲内である限り時間外労働の問題は生じない。」（昭26.10.11基発第696号、昭63.3.14基発第150号）とか、また、就業中の停電または屋外労働における降雨降雪等により作業を一時中止して自由に休憩せしめ、送電または天候の回復を待って作業を続開し、停電または降雨、降雪で休憩せしめた時間だけ終業時刻を繰り下げた場合にも「労働時間が通算して1日8時間又は週の法定労働時間以内の場合には割増賃金の支給を要しない。」（昭22.12.26基発第573号、昭33.2.13基発第90号）としています。

2 労働条件の明示・就業規則で定めた勤務時間帯の変更

　始業・終業時刻が変更するだけで所定労働時間の長さそのものは変更がない繰上げ・繰下げの場合であっても、始業・終業時刻は、雇い入れる時点での労働条件の明示事項（労基法第15条第1項、労基則第5条）や就業規則の絶対的必要記載事項（同法第89条）の1つとなっていますので、労働条件通知書や就業規則などに一旦「始業時刻○時から終業時刻○時まで」と定めた場合には、使用者が一方的に変更することはできません。

　このため、実務上よく用いられる方法として、あらかじめ次頁のように就業規則に定めて、使用者の自由裁量で始業・終業時刻を柔軟に変更できる規定を設けておく場合もみられます。このような規定の仕方も、一般的には有効とされており、労働契約の内容として、この繰上げ・繰下げに応ずることは労働者の義務になります。

　このような、使用者に始業・終業時刻の変更の裁量を与える規定（以下「裁量規定」といいます。）がなく、例えば「始業時刻8時から終業時刻17時まで」（休憩1時間）と定められていたものを、「始業時刻9時

> 第○条（勤務時間）
> 1 社員の所定労働時間は、1週40時間とし、始業・終業時刻等は次のとおりとする。
>
> | 部　門 | 始　業 | 終　業 |
> |---|---|---|
> | ○○部門 | 8時30分 | 17時30分 |
> | ★★部門 | 8時00分 | 17時00分 |
> | △△部門 | 8時40分 | 17時40分 |
> | ◆◆部門 | 9時00分 | 18時00分 |
>
> 2 前項の始業・終業時刻は、業務上の都合によってこれを繰り上げ、または繰り下げて変更することができる。

から終業時刻18時まで」（休憩1時間）働かせる場合には、17時から18時の1時間は時間外労働となりますので、就業規則等に時間外労働の命令に従うべき労働者の義務規定を設けておくことなど時間外労働をさせるための要件を満たさなければなりません。ただし、始業時刻が繰り下げられて8時から9時までの1時間は就業せず、結局労働時間は8時間で法定労働時間内となりますので、労基法上、時間外労働の割増賃金（労基法第37条）を支払う必要はありません。

　また、勤務時間帯を一時的・臨時的に変更するのではなく、恒常的に変更する場合には、就業規則等の規定を変更し、事業場の過半数組合等からの意見書を添付して所轄労基署に届け出るなど所定の手続きが必要となりますし（労基法第89条、第90条）、個別の労働者ごとに労働契約の内容を定めている場合には、勤務時間帯の変更について本人の同意も必要です。

3 不利益変更の合理性判断

　労働時間の繰上げ・繰下げの場合は、所定労働時間の長さに変更がなく、それに対応する賃金も変更がないのが通常ですので、変更による不利益性は比較的小さいと考えられます。しかし、例えば昼間の勤務時間

帯を夜間の勤務時間帯に変更するなど変更の幅が大きい場合には、不利益変更となる可能性があります。したがって、就業規則で定める勤務時間帯を変更する場合には、不利益変更の問題としてその合理性が判断されることになり、その際、変更によって受ける労働者の不利益の程度、使用者側の変更の必要性、変更内容の相当性、労働組合等との交渉の経緯などの要素を総合的に勘案して判断することになります（労契法第10条本文）。

　この点に関する裁判例では、自動車教習所において、日曜教習のニーズが多いことから所定休日を日曜から月曜に変更した事案で、「一般的には日曜日を休日とする職種が多く、公立学校の休日も日曜日及び土曜日であるから、休日が月曜日に変更されたことにより、原告組合員らの１週間の生活サイクルに一時的な変動をきたし、日曜日が休日である他の就労家族や学齢にある子供との交流に一定の支障が生じることは容易に推認し得るところである。しかし、日曜日が休日ではない職種や休日が不定期の職種に従事する者も少なからず存在し、これらの人々の社会生活や家族生活に何らかの深刻な悪影響が現に生じていることを認めるに足りる証拠はなく、また、第三次産業の比率が増大し、これに従事する者が多数となっていく傾向のもとでは、休日の多様性はますます拡大していくものと考えられ、したがって、日曜日が休日でなくなることによる労働者の不利益は、ないとはいえないものの、重大なものとはいえないというべきである。」、「北九州市内の他の自動車教習所で日曜教習を行うものが増加しつつあり、また、被告の普通車課程入校生は平成元年以降おおむね漸減傾向にあることが認められ、少子化傾向のもとで今後受講生の争奪競争が激化すると考えられることにも照らし、休日教習の実施は被告の経営にとって十分必要性があったものと認められる。」、さらに、「日曜日を休日とする職種が多いということは、日曜日に教習が行われることによって便宜を受ける受講者も多いということであり、現時、市役所の公証事務等の住民向け公的サービスを日曜日にも行うことのニーズが高まり、これに対応することが社会的な要請となりつつあることは周知のとおりであり、自動車運転免許の取得が一般化し、これに向けての民間教習所における教習が重要不可欠な社会教育の一環として定着している現状に鑑みると、受講希望者の便宜を図り、教習を受け

やすい態勢を整えることの社会的意義は大きいということができる。」として、労働者の不利益の程度、会社の経営上の必要性、社会的なニーズなどを勘案して、就業規則で所定休日を日曜日から月曜日に変更したことに合理性があるものとして有効としたものがあります（平13.8.9福岡地裁小倉支部判決、九州自動車学校事件、ID 07793）。

　一方、就業規則で具体的な勤務時間割を個別の業務命令によって設定できる旨を定め、高速道路の交通管理業務に従事する労働者について業務命令として勤務時間割を変更した事案では、業務の内容が交通情勢の流動性を反映して勤務時間割を個別的な業務命令にゆだねる就業規則の規定そのものは一応の合理性があると認めたうえで、「休憩時間は、労働時間の途中で労働者が権利として労働から離れることを保障されている時間であるから（労基法34条1項、3項）、その時間の長さのみならず、これを労働時間のどの時間帯に設定するかも、一般に労働条件に与える影響が少なくないというべきである。したがって、業務命令たる勤務時間割による休憩の開始及び終了時刻を変更することは、けっして無制約的に使用者の裁量に委ねられるものではなく、その変更につき業務上の必要性がないとき、あるいは業務上の必要性があっても、その変更が他の不当な動機、目的をもってなされたなど労使間の信義に著しく反するようなものであるときは、当該業務命令は、権利の濫用に当たるものとして、その効力を生じない場合があるというべきである。」と判示したものがあります（平3.6.17大阪地裁決定、阪神交通管理事件、ID 05542）。

4 労働者への予告の必要性

　就業規則等で裁量規定を設け、使用者に変更の裁量権が認められている場合でも、少なくとも、労働時間の繰上げ、繰下げを予告する必要があるものと考えられます。

　そこで、労働時間の繰上げ、繰下げの変更措置を実施する場合には、どのくらい前にその予告を労働者にする必要があるのか問題になります。この点、行政解釈が「1週間単位の非定型的変形労働時間制」による場合について、1週間の各日の労働時間を「少なくとも、当該1週間

の開始する前に」書面で労働者に通知しなければならず、「ただし、緊急でやむを得ない事由がある場合には、あらかじめ通知した労働時間を変更しようとする日の前日までに書面により労働者に通知」しなければならないとしていること（昭63.1.1基発第1号）や、「休日の振替」を行う場合について「休日を振り替える前にあらかじめ振り替えるべき日を特定して振り替えた場合は、当該休日は労働日となり、休日に労働させることにならない。」（昭23.4.19基収第1397号、昭63.3.14基発第150号）としていることなどを考えますと、少なくとも前日の勤務時間終了前には労働者に予告しておくことが必要でしょう。また、労働時間の繰上げ、繰下げの変更措置によって始業・終業時刻の位置がずれることになりますから、きちんと時刻を特定して予告することが必要です。

休日増加と1日の労働時間の延長

Q28 休日を増加させる一方、1日あたりの労働時間を一方的に延長することは可能ですか？

Point

完全週休2日制の導入にともない平日の労働時間を延長することの可否について、最高裁は、労働者の受ける不利益の程度や延長の必要性等を総合考慮し、1日の労働時間が延長されても年間の所定労働時間がさほど変わらない場合には、労働時間延長の必要性が認められれば合理的なものと判断している。

1 労働時間の延長をめぐる問題

　週休2日制による労働時間の短縮を図るということは、企業によっては時間あたりの単価の上昇や時間外労働の増加という解決すべき課題が発生することになり、労務管理上は「休日の増加を図る一方で、1日あたりの労働時間を延長する変更をして」経営にかかる負担をできるだけ少なくしようとすることになります。しかし、このような労務管理上の施策は、特に家庭をもつ労働者の一般的な生活形態からは、1日の労働時間が長くなることが労働者にとっては不利益であり、このような労働条件の一方的変更は労働者の既得の権利を奪う就業規則の不利益変更であるとの主張が労働組合や個別労働者からなされ、反対されることがあります。

　この点については、労働者にとって有利な面（休日の増加）と不利な面（1日の所定労働時間の延長）というプラスとマイナスの両面を有する労働条件の変更であるだけに、次に示す最高裁の判断が示されるまでは、下級審においてはその判断が大きく分かれてきた問題であり、また、労働時間は賃金と並んで重要な労働条件であるので、賃金、退職金の不利益変更の場合と同様に、その変更において「高度の必要性」が要件となるか関心をもたれていた問題でもありました。

2 関連裁判例

(1) 所定労働時間の延長が有効とされた例

完全週休2日制の導入など休日の増加にともない平日の労働時間を延長した事案については、**北都銀行（旧羽後銀行）事件（平12.9.12最高裁第三小法廷判決、ID 07604）** と**函館信用金庫事件（平12.9.22最高裁第二小法廷判決、ID 07608）** において初めて最高裁の判断が示されました。これらの判決では、1日の労働時間が延長されても年間の総所定労働時間数がさほど変わらないような場合には、労働時間延長の必要性が認められれば、労働者の不利益を考慮しても合理的なものとして有効と判断されています。

両判決とも、完全週休2日制の実施にともなう就業規則の変更による平日の所定労働時間の25分の延長、10分ないし1時間の延長の可否をめぐる事案です。いずれもまず、労働時間が賃金と並んで重要な労働条件であり、平日の所定労働時間の延長が労働条件の不利益変更であることを認めたうえで、**秋北バス事件判決（昭43.12.25最高裁大法廷判決、ID 01480）** を契機とする「合理的変更論」（69頁参照）を踏襲し、**第四銀行事件判決（平9.2.28最高裁第二小法廷判決、ID 06918）** で示された合理性の判断基準（72頁参照）に基づいてその合理性を判断しています。

そこで、以下**北都銀行（旧羽後銀行）事件判決**から、①労働者の受ける不利益の程度、②所定労働時間の延長の必要性についての判断部分を引用します。

①労働者の受ける不利益の程度

所定労働時間の変更（延長）の具体的な合理性判断においては、労働者が受ける不利益の程度について、「特定日における60分間の労働時間の延長は、それだけをみればかなり大きな不利益と評し得るが、特定日以外の営業日における延長時間は10分間にすぎないものである。週単位又は年単位で所定労働時間の変化をみると、（中略）（変更後は、）所定労働時間が減少している週の方が多く、年単位でみても、所定労働時間が相当に減少しており、むしろ、時間当

たりの基本賃金額は、本件就業規則変更によりそれだけ増加したということができる。」、「（時間外労働手当の減少については、）時間外勤務を命ずることについては使用者に裁量の余地があり、かつ、事務の機械化等が時間外勤務の必要性に影響を及ぼすことも想定することができ」、「もし本件就業規則変更がされなかった場合に、（中略）法定内あるいは法定外の時間外勤務が当然に行われることになるとはいえず、（中略）被上告人らの主張には、合理的な根拠があるとはいい難い。」、また、「他方、本件では、完全週休２日制の実施が本件就業規則変更に関連する労働条件の基本的な改善点であり、労働から完全に解放される休日の日数が連続した休日の増加という形態で増えることは、労働者にとって大きな利益であるということができる。」として、労働者にとって不利益となる面、利益となる面を詳細に検討を加えたうえで、「年間の所定労働時間が減少して時間当たりの基本賃金額が増加し、しかも、連続した休日の日数が増加することからすれば、平日の労働時間の延長による不利益及びこれに伴いある程度は生ずるであろうことが予想される時間外勤務手当の減収を考慮しても、被上告人らが本件就業規則変更により被る実質的不利益は、全体的にみれば必ずしも大きいものではないというのが相当である。」としています。

②所定労働時間の延長の必要性

所定労働時間延長の必要性については、「金融機関における先行的な週休２日制導入に関する政府の強い方針と施行令の前記改正経過からすると、羽後銀行にとって、完全週休２日制の実施は、早晩避けて通ることができないものであったというべきである。そして、（中略）平日の労働時間を変更せずに土曜日をすべて休日にすれば、一般論として、提供される労働量の総量の減少が考えられ、また、営業活動の縮小やサービスの低下に伴う収益減、平日における時間外勤務の増加等が生ずることは当然である。そこで、経営上は、賃金コストを変更しない限り、右短縮分の一部を他の日の労働時間の延長によって埋め合わせ、土曜日を休日とすることによる影響を軽減するとの措置を執ることは通常考えられるところであり、特に既

に労働時間が相対的に短い羽後銀行のような企業にとっては、その必要性が大きいものと考えられる。加えて、（中略）他の金融機関と同じ程度の競争力を維持するためにも、就業規則変更の必要性があるということができる。」などと判示したうえで、前記労働者の受ける不利益と変更の必要性とを総合的に考慮し、「本件就業規則変更により被上告人らに生ずる不利益は、これを全体的、実質的にみた場合に必ずしも大きいものということはできず、（中略）完全週休2日制の実施に伴い平日の労働時間を画一的に延長する必要性があり、変更後の内容も相当性があるということができるので、従組がこれに強く反対していることや羽後銀行における従組の立場等を勘案しても、本件就業規則変更は、右不利益を被上告人らに法的に受忍させることもやむを得ない程度の必要性のある合理的内容のものであると認めるのが相当である。」として、所定労働時間を延長した変更後の就業規則を有効と判断しました。

(2) 所定労働時間の延長が無効とされた例

一方、所定労働時間の延長を内容とする就業規則の変更が合理性がないとして無効とされた裁判例もあります。

日本航空（操縦士）事件（平11.11.25東京地裁判決、ID07466） は、航空業という特殊な業種、業態についてではありますが、経営不振にともなう合理化・構造改革を進める中で運航乗務員の就業規則を改定し、交替要員のない「シングル編成」で着陸回数1回の飛行の場合における勤務基準（乗務時間、勤務時間）を最大2時間延長した事案です。裁判所は、運航の安全性、乗務員の過度の疲労蓄積予防の観点から設けられるべき「セーフティ・マージン（安全の余裕度）」が経営の必要性を理由に削減されたなどの事実を認定し、「（変更後の）乗務時間制限が運航の安全性を損なわない程度のものである（必要最小限度以上のセーフティ・マージンが見込まれている。）というだけの合理的根拠（中略）は見出し難い。」と判示し、新基準は科学的、専門技術的な見地や外国を含む他の航空会社との比較、過去の運行実績などの観点から、重大な過誤に結びつく危険性があり、「シングル編成」による予定着陸回数が1回の場合の運航についての乗務時間制限に関

する規定は、内容自体の合理性を欠くから就業規則としての効力がないと判断しています。

変形労働時間制の導入

Q29 就業規則を改正することによって1カ月単位の変形労働時間制を一方的に導入することはできますか？

Point
（1）変形労働時間制は、一定期間内において、業務の繁閑に応じて労働時間を調整することによって総体的に労働時間を短縮する労働時間制度である。
（2）変形労働時間制の導入によって労働者が従来発生した割増賃金を受けられなくなるとしても、所定労働時間の適切な配分を目的として法が用意した制度であり、就業規則による労働条件の不利益変更や労基法の最低基準を理由とした労働条件の低下とはいえない。

1 変形労働時間制

「変形労働時間制」とは、一定期間内において業務の繁閑に応じて労働時間を調整することによって、総体的に労働時間を短縮することを目的とする労働時間制度で、一定期間を平均して週の法定労働時間（原則40時間。労基法第32条第1項）を超えない範囲ならば、特定の週に法定労働時間を超え、あるいは特定の日に8時間を超えて労働することができる制度です。したがって、変形労働時間制の下で、特定の週または日に1週40時間または1日8時間を超えた所定労働時間が定められていても、その時間は時間外労働にはならず、労基法第37条所定の割増賃金を支払う必要はありません。

労基法では、このような変形労働時間制について、1カ月単位の変形労働時間制のほか、1年単位の変形労働時間制及び1週間単位の非定型的変形労働時間制について規定しています（労基法第32条の2、第32条の4～第32条の5）。

1カ月単位の変形労働時間制を採用するには、次の4つの要件を満たしたうえで、所轄労基署長に届け出る（労使協定による場合）ことが必要です。

第1章 労働時間、休日、休暇の変更 157

> ① 労使協定または就業規則その他これに準ずるものにより
> ② 変形期間を1カ月以内の期間とし（起算日も定める。）
> ③ 変形期間における法定労働時間の総枠の範囲内で
> ④ 変形期間における各日、各週の所定労働時間を特定する

　そして、1カ月単位の変形労働時間制を採用する場合には、就業規則にも、例えば次のように定めます。また、就業規則を変更した場合は、所轄労基署長に届け出なければなりません（労基法89条）。

> 第○条（1か月単位の変形労働時間制）
> 1　所定労働時間は、1か月を平均し、1週間あたり40時間を超えない範囲において、原則として次項以下のとおりとする。
> 2　前項の1か月の起算日は、毎月1日とする。
> 3　第1項の労働時間の範囲内で、勤務時間を別表の勤務表のとおり定める。
> 4　業務の都合によって、前項の勤務表により難い月については、第1項に定める所定労働時間を基準として、1か月単位の変形労働時間制を実施する当日の開始前までに、当月の各日の所定労働時間を定めて明示する。

　なお、1年単位の変形労働時間制や1週間単位の非定型的変形労働時間制を採用する場合には、それぞれ次の要件を満たす必要があります。また、前記1カ月単位の変形労働時間制と同様、労使協定や変更した就業規則を所轄労基署長に届け出なければなりません。

1年単位の変形労働時間制	労使協定で次の事項を定めること。 ①対象労働者の範囲 ②対象期間（起算日を明らかにする。1カ月を超え1年以内の期間で定める。） ③対象期間における労働日、労働日ごとの労働時間（対象期間を平均して週40時間以内で、労働日数・労働時間・連続労働日数をそれぞれの限度内で定める。） ④労使協定の有効期間

1週間単位の非定型的変形労働時間制	①常時使用する労働者数30人未満の小売業・旅館・料理店・飲食店であること。 ②労使協定で、所定労働時間を週40時間以内で定めること。 ③1日の所定労働時間は10時間以内とすること。

2 変形労働時間制の導入にともなう不利益と変更の合理性

　企業としては、現下の経済状況からすれば、1カ月単位の変形労働時間制等を導入し、業務の繁閑に応じて無駄のない適切な所定労働時間を設定し、時間あたりの生産性の向上を図ろうとするのは当然の施策であるといえます。しかし、1カ月単位の変形労働時間制を就業規則の改正により一方的に導入するとき（もちろん、労基法の手続き上過半数組合等の意見を聴くことが必要です。同法90条）は、今までの定型的な所定労働時間が日によって延長され、または不規則になったり、あるいは今まで時間外労働となり労基法第37条所定の割増賃金の支払いがなされていた時間について所定労働時間として設定されても、1カ月を平均して週の法定労働時間を超えない限り割増賃金の支払いがなされなくなるので、その分だけ割増賃金が減少するという結果にもなり、「労働者の既得の権利を奪い、労働者に不利益な労働条件を一方的に課する」労働条件の不利益変更ではないのか、といった主張が労働者側からなされることも予想されます。

　この点について、裁判例では、週休2日制の導入にともなう1日の所定労働時間の延長によりそれまで所定外労働とされた時間が所定労働時間に組み込まれることによって割増賃金の額が減少した**函館信用金庫事件**（平6.12.22函館地裁判決、ID 06723）において、「労働者には時間外労働を求める権利はなく、その意味で、時間外労働に支払われる時間外手当は、従来支払われていたものであっても、既得権としての権利性が弱いものであることは否定できない。したがって、基本給の低い分を時間外手当によって補っているという現実の状況があるとしても、なお、右時間外手当の減少をもって、不利益性の内容として重要視することはできないというべきである。」と判示し、不利益変更とはいえないとされています。

3 労基法第1条第2項との関係

　さらに、労基法第1条第2項では「この法律で定める労働条件の基準は最低のものであるから、労働関係の当事者は、この基準を理由として労働条件を低下させてはならないことはもとより、その向上を図るように努めなければならない。」と定めていることから、これらの関係で労使間で疑義が生じることも考えられます。

　行政解釈では、同条項の「この基準を理由として」とは、労基法に規定があることが、その労働条件低下の決定的な理由となっている場合をいい、社会経済情勢の変動等ほかに決定的な理由があれば、本法の基準を理由とするものではなく、本条に抵触するものではないとされています（昭22.9.13発基第17号、昭63.3.14基発第150号）。

　また、これに関連する裁判例をみると、日本経済再建の要請に即応するため国家公務員に対して48時間制が実施されたのに対応して地方公務員にも48時間制を採用した**京都市職員組合連合会事件（昭24.4.9京都地裁判決、ID00001）**において、「地方公務員も亦公共の信託に応ずる為にも48時間制に服することが当然の責務であるとの見解の下に、48時間制を採用する趣旨の本件就業規則を作成した」ものであるから「（労働）基準法の基準を理由として低下させたのではない。」とされています。

　このような本条項の趣旨から考えますと、変形労働時間制を採用する理由についても、企業が現下の経済状況を考慮し、労働時間の配分の効率化等を目的として法が用意した変形労働時間制を採用したものである場合には、労基法第1条第2項の「この基準を理由として労働条件を低下させてはならない」との規定に抵触するとはいい難いものと考えられます。

割増賃金の支給対象時間の変更

Q30 所定労働時間（7時間）を超えた場合に割増賃金を支払っていた取扱いを、法定労働時間（8時間）を超えた場合にのみ支払うように一方的に変更することができますか？

Point
（1）所定労働時間を超えた場合に割増賃金を支払うことが就業規則に定められていたり、労働慣行となっている場合は、法定労働時間を超えた場合のみ割増賃金を支払うことに変更することは、労働条件の不利益変更となる。
（2）（1）の場合は、社会情勢や経営環境等の変化、企業体質の改善等の必要性、労働組合等との交渉・協議、不利益に見合う労働条件の改善措置などが認められる場合には、合理性があるものと考えられる。

1 労基法上の割増賃金支払義務の対象となる時間

　本来、割増賃金の支払いは、法定労働時間を超えて時間外労働に至った場合の過重労働に対する労働者への補償を前提に、労基法上使用者に義務づけられています（第37条。時間外労働の割増率は25％以上）。したがって、使用者としては、所定労働時間を超えても法定労働時間を超えない限り、それは法律の枠の中の残業（「法内残業」、あるいは「法内超勤」などと呼ばれます。）ということで、労基法上割増賃金の支払義務は生じません。

　1日8時間の法定労働時間の適用のある企業において所定労働時間を7時間と定めている場合に、所定労働時間を超えて8時間までの時間については、原則として通常の労働時間1時間あたりの賃金を支払えばよいということになります。また、その賃金額について、労働契約、就業規則等によってその1時間に対して本給のほかに一定額の手当を定めている場合には、「その手当の金額が不当に低額でない限り」別に定められた賃金額でも差し支えありません（昭29.7.8基収第3264号、昭63.3.14基発第150号）。

図表Q30-1　割増賃金の支給対象の変更

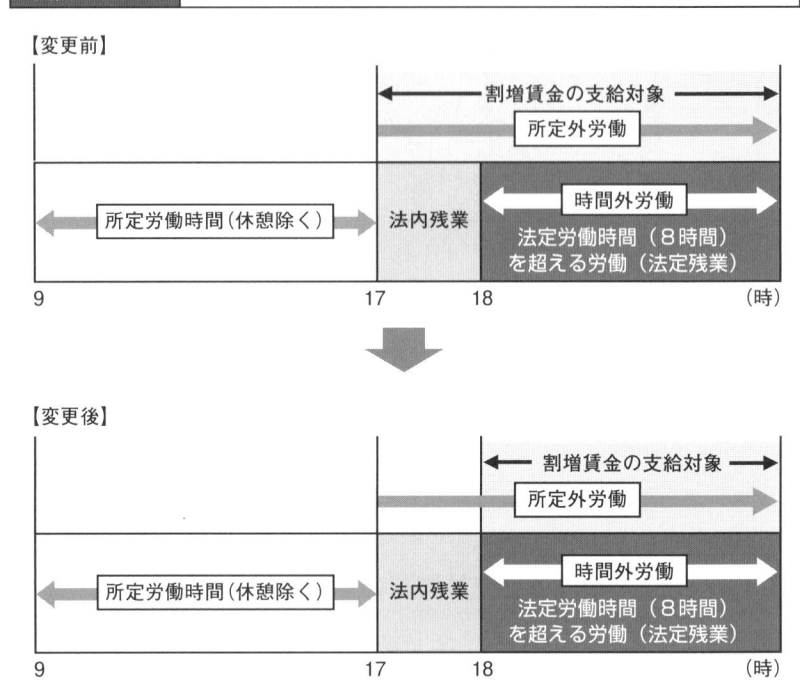

【変更前】

割増賃金の支給対象
所定外労働
所定労働時間（休憩除く）｜法内残業｜時間外労働
法定労働時間（8時間）を超える労働（法定残業）
9　　　　　　　　17　18　　　　　　（時）

【変更後】

割増賃金の支給対象
所定外労働
所定労働時間（休憩除く）｜法内残業｜時間外労働
法定労働時間（8時間）を超える労働（法定残業）
9　　　　　　　　17　18　　　　　　（時）

2　不利益変更の問題

(1) 労働時間の不利益変更

　使用者の中には所定労働時間（7時間）を超えた場合にも割増賃金を支払っているところもありますが、そのことが就業規則に定められていたり、あるいは「事実たる慣習」（Q6参照）として法的規範性をもつ労働慣行となっていたりしている場合には、その取扱いは労働契約の内容になりますので、設問のように、これを法定労働時間を超えた場合にのみ支払うように変更すると、その変更は「既得の権利を奪い労働者に不利益な労働条件を一方的に課する」労働条件の不利益変更となります。この場合、使用者はその変更が合理的なものでなければ個々の労働者との合意なく一方的に変更することはできません

（昭43.12.25最高裁大法廷判決、秋北バス事件、ID01480。労契法第8条、9条）。

　この最高裁の判例法理を成文化した労契法第10条本文では、就業規則の変更によって労働条件を不利益に変更する場合には、変更後の就業規則を労働者に周知させ、かつ、その変更に合理性が認められる場合に当該変更が有効となる旨規定しています。そしてその合理性は、労働者の受ける不利益の程度、変更の必要性、変更内容の相当性、労働組合等との交渉の状況等を総合的に勘案して判断することとされています（**Q13**参照）。

　ところで、設問の場合に、このような最高裁判例の判断に照らしてその合理性が認められるかについて問題となるのは、労働時間に関する不利益変更とみるか、それとも賃金に関する不利益変更とみるかです。この点については、割増賃金の支払基準が法定基準まで引き上げられることにより、1日について1時間分の割増賃金の減額という結果をもたらす以上、「賃金に関する不利益変更」とみるべきであるとの主張も考えられますが、本来、割増賃金の支払いは、使用者が時間外労働を命じることにより労基法上または労働契約上生じる問題であることからすれば、法定内の時間外労働が当然に行われることになるとはいえず、当然に行われることを前提とする主張には合理的な根拠があるとはいい難く、「労働時間に関する不利益変更」とみて合理性を判断するのが妥当であると思われます。

(2) 合理性の判断要素

　合理性の判断については、ケース・バイ・ケースということになりますが、労働時間に係わる不利益変更であるとすれば、一応、変更の必要性については、社会情勢や当該企業を取り巻く経営環境等の変化にともない、企業体質の改善や経営の一層の効率化、合理化をする必要に迫られて行うもので、多数組合や多数労働者との合意がなされていて、企業ないし労働者全体の立場から労使間の利益調整が図られ、労働者にその不利益性に見合うだけの労働条件の改善状況等が認められる場合には、部分的に不利益性はあっても、おおむねその合理性は認められると考えてよいでしょう（**平9.2.28最高裁第二小法廷判決、**

第四銀行事件、ID06918／平12.9.12最高裁第三小法廷判決、北都銀行（旧羽後銀行）事件、ID07604／平12.9.22最高裁第二小法廷判決、函館信用金庫事件、ID07608等。Q14参照)。

特に、経営環境が悪化し、同業他社は法定労働時間の8時間を所定労働時間としているのが通例で、コスト競争上対抗できないといった状況のときには、もともと法内残業の問題ですから、これを設例のように割増賃金の支給対象を法定労働時間を超えた場合に変更することも労働者にとって「不利益変更を受忍すべきやむを得ない」ケースといえると思われます。

(3) 割増賃金の支給対象を法定残業に変更した具体例
①労働条件の統一を目的としたもの

従来割増賃金の支給対象に所定労働時間を超え法定労働時間までの労働（法内残業）を含めてきたものを、法定労働時間を超える労働のみに割増賃金を支払う取扱いに変更する事情としては、例えば、本社では所定労働時間を7時間とし、これを超えた場合に割増賃金の支払いを行っているが、営業所については従来より法定労働時間（8時間）を超えた場合にのみ割増賃金を支払ってきたというような場合に、労務管理上の不合理が生じ、このようなアンバランスが転勤等の際にも問題となるといったケースで、本社とのバランスから全社的に、法定労働時間を超えた場合にのみ割増賃金の支払いをするよう変更するようなケースが考えられます。

また、パートタイマーのように、1日5時間とか、6時間というように1日8時間に満たない所定労働時間が複数設けられている企業において、時給800円で1日5時間勤務のAパートタイマーに1時間の残業ということで6時間勤務させた場合に（800円×5Ｈ＝4,000円、800円×1.25＝1,000円で合計5,000円)、同じ時給800円で、同じ1日6時間勤務するBパートタイマー（800円×6Ｈ＝4,800円）よりその日の賃金額が200円多くなってしまうという業務や部門が同じパートで不整合が生じ、Bパートタイマーから「同じ1日6時間勤務したのにどうしてAさんのほうが200円多いのか」とクレームがつくような状況のときに、全社で統一した労働条件と

するケースなどもあります。この場合には、ある程度の猶予期間を置き、次期更新から統一するといった配慮をすれば合理性が認められると思われます。

②経営困難を理由としたもの

　法定の時間外労働についてのみ割増賃金を支払う取扱いに変更した事案に関する裁判例では、労働条件の変更を提示し、これに同意しない場合には雇止めとする旨通告した事案（なお、変更解約告知についてはQ26参照）ですが、**日本ヒルトン事件**が挙げられます。

　この事案では、賃金の支給対象を実労働時間に限定し、現行では、支給対象とされている食事時間及び休憩時間は賃金の対象としないこと、深夜労働に対する割増賃金の対象時間について、午後10時から午前8時であったのを、午後10時から午前5時までにすること、早朝勤務に対する早朝手当の対象時間について、午前8時以前であったのを、午前7時以前に変更することなどが、労働条件の変更内容とされていました。

　裁判所は、「債権者ら〔配膳人である労働者〕は、いわば常用的日雇い労働者に当たると認められ、債務者〔会社〕は、合理的な理由がない限り、債権者らとの（中略）日々の雇用契約の更新を拒絶することは許されない」とし、また、会社の経営状況は危機的な状況であり、正社員の労働組合との間でも賞与の引下げ等の合意が行われていること、本件労働条件変更により経営改善に大きな効果が期待できること、本件労働条件変更は、食事・休憩時間の賃金支給対象からの除外や深夜・早朝の割増賃金を法定の時間帯とすること等にとどまること、本件労働条件変更について、労働者の所属する労働組合と約半年前から交渉を開始しており、配膳人の95％は変更に同意していることなどの事情を考慮すると、本件雇止めには社会通念上合理的な理由があると認めるのが相当といえる、としてこのような変更の合理性を認めています（**平11.11.24東京地裁決定、日本ヒルトン事件、ID07465／平14.11.26東京高裁判決（本訴第二審）、ID08080**も同旨）。

会社休日日数の削減

Q31 完全月給制の下で、会社の所定休日日数を年間3日程度削減することはできますか？

Point
(1) 会社休日日数を削減することは、年間総労働時間数の増加となり、労働条件に関する不利益変更となり得る。
(2) 就業規則の変更により重要な労働条件である労働時間を労働者の不利益に変更する場合は、高度の必要性に基づいた合理性が必要とされ、その合理性は、変更の必要性、労働者の受ける不利益の程度、変更の相当性、労働組合等との交渉の状況等が総合的に判断される。
(3) 休日日数を削減する場合も、労基法、育児・介護休業法等で定める休日・休暇日数を下回らないように定める必要があることに注意する。

1 休日の削減と労働条件の不利益変更

(1) 休日、休暇の不利益変更の合理性

　会社の所定休日日数を削減することは、年間総労働時間数が増加することになり、また、完全月給制の下では、休日日数が減少して労働日数が増えても月給額は増加しないのが通常ですから、労働者にとっては労働条件の不利益変更となります。

　したがって、休日日数を削減する場合には、原則として労働者との合意がなければならず（労契法第8条）、個別の労働者との合意が得られない場合には、労働協約や就業規則の変更によることとなります。

　中でも、労働時間は賃金、退職金と並ぶ重要な労働条件の1つですから、就業規則の変更によってこれを不利益に変更する場合は、賃金、退職金と並んで「高度な必要性」に基づいた合理性がなければ認められないと考えられます。

　そして、その合理性判断の際には、労働者の受ける不利益の程度、休日日数の削減の必要性、相当性、労働組合等との交渉の状況等の要素が総合的に考慮されます（労契法第10条本文。就業規則の不利益変更ついてはQ13参照）。

(2) 休日・休暇の不利益変更に関する裁判例

　設問のような所定休日日数の削減の合理性が問題となった裁判例はあまりみられませんが、従来年間の生理休暇日数のうち24日分を有給としてきた就業規則の規定を、月2日を限度として1日につき基本給の68％を補償する旨の規定に変更した事案について、最高裁は「右変更が合理的なものであるか否かを判断するに当たっては、変更の内容及び必要性の両面からの考察が要求され、右変更により従業員の被る不利益の程度、右変更との関連の下に行われた賃金の改善状況のほか、上告人主張のように、旧規定の下において有給生理休暇の取得について濫用があり、社内規律の保持及び従業員の公平な処遇のため右変更が必要であったか否かを検討し、更には労働組合との交渉の経過、他の従業員の対応、関連会社の取扱い、我が国社会における生理休暇制度の一般的状況等の諸事情を総合勘案する必要がある。」と判示して原審を破棄差し戻しし（昭58.11.25最高裁第二小法廷判決、タケダシステム事件、ID01519）、原審もこれを踏まえて前記諸要素を総合勘案したうえで、就業規則の変更の合理性を認めました（昭62.2.26東京高裁判決（同事件差戻審）、ID03021）。

　また、従業員に一定期間勤怠事故がなかったときは一定日数の褒賞が生じ、これを休暇として使用するか、または報奨金として受けられるという褒賞休暇を設けていたケースで、保有日数に制限を設ける就業規則の変更が行われた事案では、この取扱いが、事実上継続してきたことにより慣行上認められた地位から生じたものに過ぎないこと、基本的な労働条件に関する変更ではないこと、変更にともなう見返り措置により相当程度補うことができること、労働組合等との交渉、他社と比較して労働条件が良好であったことなどから、就業規則の変更の合理性を認めたものがあります（昭58.2.24東京地裁判決、ソニー・ソニーマグネプロダクツ事件、ID01515）。

(3) 所定休日日数の削減と不利益変更

　設問の所定休日日数を削減する場合については、就業規則の規定の仕方によっても結論が異なってくるものと考えられます。

例えば就業規則上、「休日は、土曜・日曜・祝日とする。」のように定められていた場合、土曜・日曜・祝日のうち一部を労働日として変更する場合には、就業規則で定める労働条件の不利益変更の問題となります。

　一方、就業規則に「休日は、日曜ほか会社が定める日とする。」といった定め方をしている場合には、日曜以外の休日は使用者の裁量で決められますので、不利益変更の問題にはなりません。

　また、従来有給の特別休暇として与えられていた夏季休暇、年末年始休暇を、年次有給休暇の計画的付与（労基法第39条第6項）によって与えるような変更は、本来労働者の任意の時季に取得できる年次有給休暇を特定の時季に充てることになりますので、一般的には労働条件の不利益変更に該当します。

　いずれにしても、休日日数の削減が労働条件の不利益変更にあたる場合は、前記の関連事案に関する裁判例も踏まえて考えますと、削減される日数、年間総労働時間の増加時間数、時間外手当の単価減少など労働者にとっての不利益の程度、休日日数を削減する経営上の必要性、休日削減による賃金上の不利益を軽減するなどの代償措置の有無、労働組合等との交渉の状況といった点が合理性判断の重要な要素となるものと考えられます。

2 法定の休日・休暇に関する規制

　休日日数の削減が合理的な変更と認められる場合でも、変更内容が労基法等で定める休日・休暇の法定基準を満たすことが前提となることはいうまでもありません。

　特に労基法で定める基準を下回る就業規則の規定は、その下回る部分が無効となり、労基法で定める基準に引き上げられますし（同法第13条）、労基法の違反は罰則をともなうので注意が必要です。

　法定の休日・休暇日数について、**図表Q31－1**のとおりまとめておきます。

図表Q31-1	法定の休日・休暇日数等		
休日・休暇	付与日数等	法条文	罰則等
法定休日	●原則：1週1休 ●4週を通じて4日の変形休日制も可	労基法 第35条	6カ月以下の懲役または30万円以下の罰金（労基法第119条第1号）
年次有給休暇	●勤続年数に応じた日数（最高20日）を付与。 ●所定労働時間・所定労働日数が少ない場合は、これらに応じて比例付与	労基法 第39条	
産前産後休業	●産前：6週間（多胎妊娠の場合は14週間） ●産後：8週間	労基法 第65条 第1項・ 第2項	
生理休暇	●必要日数	労基法 第68条	30万円以下の罰金（労基法第120条第1号）
育児休業	●原則として子が満1歳（一定の場合は満1歳6カ月）になるまで ●父母とも育児休業をする場合は子が1歳2カ月になるまでの間にそれぞれ1年間	育介法 第5条 第9条 の2	罰則なし ただし、違反については行政指導の対象となる。
介護休業	●対象家族1人につき、要介護状態に至るごとに1回 ●対象家族1人につき通算93日まで（勤務時間の短縮等の措置が講じられている場合はそれとあわせて93日）	育介法 第11条	
子の看護休暇	●小学校就学前までの子が 　1人の場合は年5日まで 　2人以上の場合は年10日まで	育介法 第16条 の2	
介護休暇	●要介護状態の対象家族が 　1人の場合は年5日まで 　2人以上の場合は年10日まで	育介法 第16条 の5	

第2章

賃金、退職金等の変更

業績不振と定期昇給の凍結

Q32 従来より毎年4月に行ってきた定期昇給を業績不振で赤字となったこと、また同業他社もベース・アップ等賃上げはしていないことから、今年は行わないこととしたいと思いますが、可能ですか？

Point
(1) 定期昇給は、定期的に一定の昇給基準に従って賃金を増額させるのに対し、ベース・アップは、賃金表（賃金体系）そのものの基準を底上げする。
(2) 就業規則の規定の仕方によって、使用者に定期昇給の具体的な義務が発生する場合と抽象的な義務ないし努力義務にとどまる場合がある。
(3) 就業規則上、定期昇給義務が具体的な場合に定期昇給を凍結するときは、労働条件の不利益変更の問題となり、経営改善の必要性、賞与等の代償的手当の有無、労働者への説明・交渉・同意の有無などの点を総合的に考慮したうえで合理性が判断される。

1 定期昇給とベース・アップの違い

「定期昇給」と「ベース・アップ」は時に混同され、同じように運用されている場合もありますが、本質は異なっているので、注意しなければなりません。

「定期昇給」とは、あらかじめ労働協約、就業規則等の定めるところによって、一定の期間の継続勤務を前提にして、自動的に一定期日ごとに昇給させていく制度をいいます（定期昇給を「定昇」と略す場合があります。）。

賃金実務上、定期昇給制度は、個々の労働者の能力とその発揮度ないしは生活費等（賃金決定基準）の変動に対応し、賃金序列を修正する目的で、ある定められた基準の下に、定期的に、一定の金額等による賃金の基本的部分を増額する制度とか、基本給を定められた昇給基準線に従って増額させることであるとされています。

定期昇給制度を設けた場合は、昇給に関する事項は、就業規則に必ず

記載しなければならない、いわゆる「絶対的必要記載事項」とされています（労基法第89条第2号）。
　一方、「ベース・アップ」は、一定の賃金表ないしあらかじめ定められている賃金決定要素そのものを増額改訂することであり、賃金体系や形態自体の変更であって、増額する賃金があらかじめ予測できないものです（ベース・アップを「ベ・ア」と略す場合があります。）。

図表Q32-1　定期昇給とベース・アップ

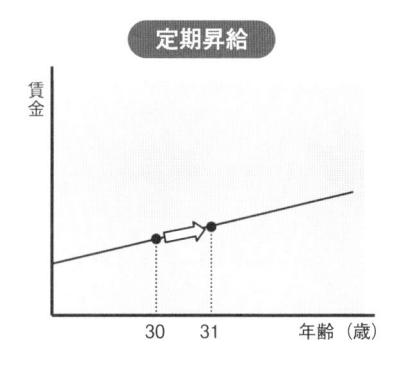

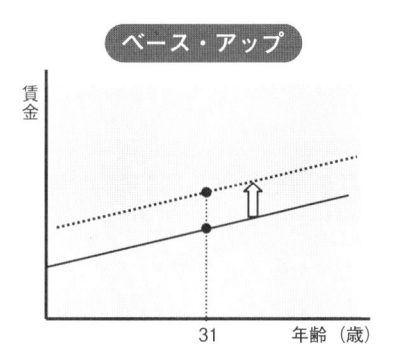

2　定期昇給に関する規定と定期昇給義務

(1) 定期昇給義務が具体的な場合

　次のような就業規則や賃金規程の定めがなされている場合、労働者各人が、具体的金額を具体的に算定することができます。このような場合には、会社は必ず毎年定期昇給を、少なくとも一定の金額以上行わなければならない義務を負います。
　この場合には、労働者には具体的な賃金支払請求権が発生し、会社が任意に昇給額を支払わないときは、賃金不払い（労基法第24条違反）となり、労働者は「金〇〇〇円を支払え」というような判決を求めて裁判所に訴えて、その支払いを請求することができる権利が認められます。

> 会社は、毎年4月分の賃金より別表に定める給与の1号俸上位の号俸に昇給させることによって行う。

> 会社は、毎年4月に基本給の○○％以上を昇給させる。

(2) 定期昇給義務が抽象的な場合

　次のように、就業規則中の昇給に関する規定の内容が具体的に定められておらず抽象的な内容の場合には、会社は、労働者に対して定期昇給させなければならないという義務は負っているものの、具体的な金額が確定していないので、労働者側に対する確定的な債務とはなっておらず、労働者には抽象的な賃金支払請求権しかありません。
　すなわち、このような場合には、会社は、適当な昇給金額を定めて昇給を行わなければならないという抽象的な義務を負担するものの、具体的な債権とはなっていないので、仮に、定期昇給をしなかった場合に、労働者が裁判所に訴えてその実現を求めることはできません。

> 会社は、本人の勤務、業績、会社の営業状況等を考慮して毎年4月に定期昇給を行う。

> 毎年1回4月に定期昇給を行う。
> 前項の定期昇給基準はその都度会社が定める。

> 会社は毎年4月1日付をもって、本人の年齢、能力、勤務年数、勤務成績、業績その他総合的に勘案して定期昇給を行う。

(3) 定期昇給が単なる努力義務に過ぎない場合

　定期昇給について、会社側が抽象的にも義務を負っておらず、単なる努力義務にしか過ぎない定めの場合には、労使間の権利義務としては何ら法律上成立していないので、使用者は法的な意味の定期昇給義務を負いません。例えば、次のような就業規則の定めの場合には、まったく法的な権利義務関係は発生しません。

すなわち、このような定めは、なるべく定昇を行うようにしましょう、業績がよければ昇給させましょうという努力目標ないし努力義務にしか過ぎず、訓示的・宣言的（プログラム的）な定めですから、法律上の契約内容として何ら当事者を拘束することにはなりません。

したがって、会社は定期昇給の義務は負わず、定期昇給させるか否かは会社の自由です。

> 会社は、毎年4月に定期昇給を行うことがある。

> 会社は、本人の能力、勤務成績、業務内容ならびに会社の業績、経営状態等を考慮して毎年1回定期昇給を行うことができる。

3 経営不振による定期昇給の中止・凍結

賃金規程等就業規則に「業績不振の場合には、定期昇給を行わず、または延期することがある」とか「経営上の事情により昇給を行わないことがある」旨の就業規則上の定めがあれば、そのような契約内容による定期昇給制度ですから延期や据置きは適法であり問題はありません。

一方、このような定めがない場合に、特に問題となるのは、2(1)で説明したような「定期昇給義務が具体的な場合」です。それ以外の場合には、定期昇給は使用者の裁量ですから、これを凍結しても問題はありません。しかし、これまでは昇給されていたのに昇給しないということが「労働条件（賃金）の不利益変更」となりますから、定期昇給義務規定が具体的に定められている場合には、労働組合ないし個々の労働者と交渉のうえ、昇給の中止・凍結・延期ができるように労働条件（昇給の取扱い）を変更することに同意を得る必要があります。

労働者側の同意が得られない場合には、定期昇給の根拠となっている就業規則（賃金規程）を変更して、使用者側で昇給を一方的に中止したり、凍結、昇給の延期をすることができるように規程を改正するか、具体的請求権となっている定期昇給義務規定を削除または努力規定等に変更する必要があります。この場合は、就業規則による「労働条件（賃金）の不利益変更」となりますから、就業規則の変更が合理的なものでなけ

ればなりません（労契法第10条。就業規則の不利益変更については**Q13**参照）。ただし、少なくとも現状より引き下げられるという「減額」ではないので、必要性判断や代償措置等の吟味において、定期昇給の凍結と月例賃金の引下げと同列の判断を受けるということはなく、緩和される可能性が高いものと思われます。

　したがって、この場合には、赤字経営や切迫した経営危機等がなくとも、経営改善の必要性があり、賞与等である程度の代償的手当を施しており、従業員集団全体としての納得を得るものとなっていれば、定期昇給の中止や凍結については、合理性が認められる余地は十分にあると思われます。

業績悪化と月給の引下げ

Q33 業績が悪化したことから、月例賃金を引き下げることは可能ですか？

Point
（1）労働契約の内容である賃金の引下げは、原則として個々の労働者との合意のうえで行う。個々の労働者の同意が得られない場合には、労働組合と協議して労働協約で賃金減額に関する規定を定めるか、就業規則を改訂する方法がある。
（2）賃金のような重要な労働条件に関する就業規則の不利益変更の場合は、業務上の必要性、労働者の受ける不利益の程度、変更の相当性、労働組合等との交渉の状況、代償措置など総合的に考慮したうえで、「高度の必要性」に基づく合理性が認められなければ無効となる。
（3）賃金を引き下げる場合は、実務的には、トラブルを回避する観点からも、引下げの程度、対象者、賞与との調整、労働者に対する説明の仕方などの点に留意する必要がある。

1 長期雇用の下での賃金システム

「リストラ」という言葉は、本来は事業の再構築（リストラクチャリング）という意味なのですが、日本では経営上の理由による解雇や労働条件の引下げを意味するようになっています。解雇については、長期雇用を前提とした労働契約をいきなり解約することは、「客観的に合理的で社会的に相当である」場合でなければ解雇は権利の濫用になるとする確立した判例法理（実定法として労契法第16条）により、裁判においても使用者側に厳しい判断が下される場合が多いのですが、徐々に増えてきたのが賃金の減額措置です。今日問題となっているのは、それが手当や賞与の減額ではなく、基本給部分にまで引下げが及んできていることです。定期昇給とベース・アップの組み合わせによって、勤続年数が増加すれば賃金も増額されるのが当然というシステムを享受してきた日本の雇用システムに大きな転換期が訪れています。

月例賃金の引下げの可否は、すべての場合について一律に論じることはできません。賃金額は、最低賃金を超える部分は労働契約（または就

業規則、労働協約）によって決定されていますから、その引下げについても、それらの変更によることが原則です。例えば、労働契約の締結の際に、定期昇給含みの賃金表を示され、勤続年数の増加により昇給し、減額は懲戒や降格など限られた場合以外はあり得ないという前提で賃金に関する合意が成立しているならば、使用者の一存で賃金の減額を行える余地は、ほとんどないということになります。

　実際には、人事における職位が確定し、当該職位に該当する賃金格付けを適用して基本給が決定されるわけですから、賃金格付けを表す指標ないしそれへの適用が毎年変わらない限り賃金の増額はありません。従来は、降格ということが職務上の能力や成果を理由としてなされることがほとんどなく、しかも、ベース・アップがあることが当たり前という前提を、長い間労使が共有してきました。これに加えて、雇用システムの大前提として長期雇用という原則がありましたので、事実として賃金の減額という措置は基本的に考えられなかったのです。

2　賃金減額の不利益変更

　以上の前提を踏まえますと、賃金の額や昇給システムが労働契約上の根拠を有する限り、減額の場合にも労働契約上の根拠が必要です。最も簡明な方法は、個々の労働者と使用者とが月例賃金の減額についての契約書を交わすことです。しかし、賃金は、労働者の毎月の生活の基盤となる重要な要素ですから、賃金を引き下げれば、多かれ少なかれ労働者からの不満が出てくることは避けられません。実際に個々の労働者の同意を得ることが可能ならば問題はありませんが、同意が得られない場合はどうしたらよいのでしょうか。

　第1に考えられるのが労働協約による減額です。労働組合がある場合には、その労働組合の同意を得て、労働協約にそれまでの月例賃金の減額を可能とする規定を定めるということになります。労働協約は個別労働契約に優先し、かつ、規範的効力（労組法第16条）が認められていますから、原則として、個別の組合員が同意しない場合であっても当該労働協約は適用されます。ただ、これも労働組合が存在して、しかも、その同意を得ることができる場合に限られますし、どのような場合でも規

範的効力が認められるわけではありません。
　もう1つの方法は、就業規則の改訂によるものです。就業規則は、過半数組合もしくは過半数代表者の意見を聴取するだけで、使用者が一方的に制定・改訂することができますから、就業規則の一部としての賃金規程を変更し、周知すれば新しい規程が効力を発します（労基法第89条、第90条）。ただし、労働者にとって不利益に賃金規程を変更する場合ですので、その変更に「合理性」の存在という厳しい要件が課されます。そしてその際には、判例法理を実定法化した労契法第10条において、変更後の就業規則の周知とともに、労働者の受ける不利益の程度、労働条件の変更の必要性、変更後の就業規則の内容の相当性、労働組合等との交渉の状況などの観点から具体的・総合的に勘案し、合理性の有無、すなわち変更の効力が判断されます（就業規則の不利益変更についてはQ13参照）。
　さらに、労働条件の中でも、賃金や退職金など労働者にとって重要な労働条件を不利益に変更する場合には、そのような不利益を甘受させるに足るだけの「高度の必要性に基づいた合理的な内容」の変更でなければ認められないというのが最高裁の立場です（**昭63.2.16最高裁第三小法廷判決、大曲市農協事件、ID 03924**）ので、月例賃金の減額を就業規則としての賃金規程の改訂により行う場合には、慎重な対応が求められます。合理性判断にあたっては、賃金等の減額の不利益に対する代償措置・経過措置等の有無・内容も重要な考慮要素の1つとなります。
　要するに、賃金減額という厳しい局面に立たされる労働者の事情に十分配慮した内容の措置を講じて、労働組合や労働者にも十分な説明・交渉をしたうえで就業規則の改訂を行うということが重要となります。
　また、賃金の引下げによる不利益変更について、このような状況、内容でこのような手続きをとり、この程度の金額ならば合理性が認められる、といった具体的基準などはありませんが、182頁に最近の裁判で争われた賃金の不利益変更についての事件の一覧（**図表Q33－1**）を掲載しますので、参考にしてください。

3 実務上の留意点

賃金引下げを実施する際の実務上の留意点についてまとめておきます。

(1) 賃金引下げの方法等
①賃金引下げの限度

　まず、やむなく賃金の引下げを行う場合、その引下げはどの程度まで認められるのでしょうか。この点について、明確な基準があるわけではありませんが、裁判例には、賃金の引下げをした後も、当該労働者の賃金水準が世間相場より高額であったにもかかわらず、減額の幅が大きいことが問題とされて、無効とされた事例（**平12.9.7最高裁第一小法廷判決、みちのく銀行事件、ID07602**。55歳以上の管理職のみを対象として33～46％減少したことを無効とした。）もあることから、賃金の引下げを行う際には、引下げ後の実額水準とともに減少率の面からも考慮する必要があると思われます。

②月例賃金の引下げの方法

　月例賃金の引下げを実施する場合には、いくつかの方法がありますが、その方法ごとに、その留意点を整理すると次のようになります。

　　ア　全員を対象とする

　　　賃金引下げの対象者を全労働者とし、かつ、全員一律に引き下げる場合には、賃金引下げの必要性との関係で、引下げ率をできる限り低く抑えること、また、労働時間を短縮するなどの代替措置を設けること、全労働者（労働組合がある場合には労働組合）によく事情を説明し理解を得るようにすることなどが不可欠です。そして、1人ひとりから同意の意思表示を明らかにした同意書をとるようにします。

　　イ　管理職以上を対象とする

　　　業績悪化の責任の所在を反映させるために、管理職を対象として賃金引下げを行う方法は広く行われています。この方法は、比較的受け入れやすいものと思われますが、このような場合にも、あらかじめ、経営状況の説明を十分行っておくことが重要です。

また、この場合、役員報酬の引下げを先行したほうが、より受け入れやすいでしょう。なお、後日の紛争を避けるため、できれば個別の同意も得ておきたいものです。

　ウ　対象者ごとに引下げ率を変える

　これはアとイの混合案で、全労働者を対象としますが、上層部ほど賃金ダウンの幅を大きくし、例えば、管理職は10％、一般の労働者は2％というように、階層別に引下げ率を変える方法です。

③賞与との調整

　このほか、月例賃金が、労働者の毎月の生活設計を決定する重大な要素となっていることから、月例賃金の引下げ額をできるだけ小さくし、賞与で調整するという方法も考えられます。

　賞与も、住宅ローン等生活設計の一部となっている事情もありますが、賞与は、そもそも「定期又は臨時に、原則として労働者の勤務成績に応じて支給されるものであって、その支給額が予め確定されていないもの」（昭22.9.13発基第17号）ですから、賞与支給額を引き下げた場合には、労働条件の不利益変更の問題は、月例賃金よりも比較的緩やかに合理性が認められるものと考えられます。

　ただし、就業規則等で賞与支給率等が具体的に定められている場合や慣行的な支給額がある場合には、月例給の引下げの場合と同様の手順を踏んでおく必要があります。

(2) 労働者に対する説明

労働者に、賃金の引下げについて説明する際には、次の点に留意する必要があります。

①経営状況を具体的に説明する

　詳しい説明もせずに賃金引下げを行い、ただ単に「頼むから今は我慢してくれ」というだけでは、労働者は納得しないでしょう。最悪の場合、訴訟にもち込まれたり、会社の状況を現実以上に深刻に受け止められたりして、労働者のモラール低下を招いてしまう可能性もあります。そこで、なぜ賃金引下げを行わなければならなくな

ったのか、その背景や具体的な経営状況について労働者に十分に説明します。

②今後の見通しを提示する

　もし、比較的短期間に改善の見通しが立つのであれば、賃金引下げの期間を限定し一定期間経過後に従前の水準に戻すことが望まれます。この場合、従業員に対して、賃金引下げは一時的であること、業績が回復したらもとの賃金水準に戻すことなどを約束します。同時に、業績回復の展望や今後の経営計画等を示し、全社一丸となって奮起するよう呼びかけることも大切です。

図表Q33－1　賃金引下げに関する主要裁判例

1　就業規則による賃金引下げの裁判例（平成元年以降）

	事件名	裁判所	判決年月日	ID	賃金引下げ率等	有効性
1	朝日火災海上保険事件（第1審）	福岡地裁小倉支部判決	H元.5.30	06711	40％減額（57歳以上労働者の基本給）『定年引下げによる賃金切下げ』	有効
2	朝日火災海上保険（石堂）事件（仮処分異議審）	神戸地裁判決	H2.1.26	04857	40％減額（就業規則変更後の賃金）『定年引下げによる賃金切下げ』	無効
3	第四銀行事件（控訴審）	東京高裁判決	H4.8.28	06713	37％～33％減額（55歳時以降賃金）『定年延長による賃金切下げ』	有効
4	朝日火災海上保険事件（控訴審）	福岡高裁判決	H4.12.21	06716	40％減額（57歳以上労働者の基本給）『定年引下げによる賃金切下げ』	有効
5	青森放送事件	青森地裁判決	H5.3.16	06127	54歳時賃金に措置（55歳時以降賃金）50％減額（賞与）『定年延長による賃金切下げ』	有効
6	福岡中央郵便局事件	福岡地裁判決	H6.6.22	06368	不支給（手当）『従来の手当の廃止と新手当の創設』	有効

7	駸々堂事件 （仮処分異議審）	大阪地裁 決定	H7.9.22	06562	25％減額（時給）、不支給（賞与） 『人件費削減のための賃金切下げ』	無効
8	朝日火災海上保険（高田）事件 （上告審）	最高裁第三小法廷判決	H8.3.26	06785	40％減額（57歳以上労働者の基本給） 『定年引下げによる賃金切下げ』	無効
9	駸々堂事件 （第1審）	大阪地裁 判決	H8.5.20	06809	25％減額（時給）、不支給（賞与） 『人件費削減のための賃金切下げ』	有効
10	第四銀行事件 （上告審）	最高裁第二小法廷判決	H9.2.28	06918	37％～33％減額（55歳時以降賃金） 『定年延長による賃金切下げ』	有効
11	駸々堂事件 （控訴審）	大阪高裁 判決	H10.7.22	07161	25％減額（時給）、不支給（賞与） 『人件費削減のための賃金切下げ』	無効
12	東京油槽事件	東京地裁 判決	H10.10.5	07225	30％減額（57歳以上の基本給）、50％減額（57歳以上の資格手当）	有効（同意あり）
13	池添産業事件	大阪地裁 判決	H11.1.27	07273	約42％減額（地域手当）約10％減額（残業手当）約20％減額（手積卸手当）	無効
14	日本貨物鉄道（賃金請求）事件	東京地裁 判決	H11.8.24	07441	35％減額（55歳以降の賃金） 『共済年金の支給開始年齢引上げによる定年延長に基づく賃金切下げ』	有効
15	日本貨物鉄道（定年時差別）事件	名古屋地裁 判決	H11.12.27	07487	45％～35％減額（55歳以上の基本給） 『定年延長による賃金切下げ』	有効
16	八王子信用金庫事件（第1審）	東京地裁八王子支部判決	H12.6.28	07842	最大約23％減額（55歳時以降の給与総額） 『定年延長による賃金引下げ』	有効
17	公共社会福祉事業協会事件	大阪地裁 判決	H12.8.25	07596	約70％減額（扶養手当）他 『人件費削減のための手当切下げ』	無効

	事件名	裁判所	判決日	番号	内容	効力
18	県南交通事件（第1審）	浦和地裁判決	H13.2.16	—	不支給（賞与）『就業規則変更による賞与規定削除』	無効
19	日本ニューホランド事件	札幌地裁判決	H13.8.23	07796	40％減額（55歳時以降の賃金）『定年延長による賃金引下げ』	無効
20	九州運送事件	大分地裁判決	H13.10.1	07877	約7％減額（基本給）『所定労働時間短縮に伴う賃金切下げ』	有効
21	大阪国際観光バス事件	大阪地裁決定	H13.12.26	07901	平均23.8％減額（運転士）、平均17.7％減額（高卒ガイド）、平均18.3％減額（短大卒ガイド）	無効
22	全国信用不動産事件	東京地裁判決	H14.3.29	07941	約32％減額（月給）『55歳以上の労働者の賃金切下げ』	無効
23	日本ロール製造事件	東京地裁判決	H14.5.29	07973	支給基準変更・廃止（日帰り出張手当、食事手当等）『経営悪化による諸規定の変更』	無効
24	杉本石油ガス事件	東京地裁決定	H14.7.31	07994	25％減額『経営悪化による就業規則変更』	無効
25	全日本検数協会（賃金減額）事件	神戸地裁判決	H14.8.23	08001	50％減額（41歳以上労働者の基準内賃金）～30％減額（41歳未満労働者の基準内賃金）『事業収入の減少等の影響による賃金切下げ』	無効
26	県南交通事件（控訴審）	東京高裁判決	H15.2.6	08117	不支給（賞与）『就業規則変更による賞与規定削除』	有効
27	全国信用不動産事件	東京地裁判決	H15.5.7	—	約18％減額『55歳到達時に給与減額するとした就業規則による賃金切下げ』	無効
28	奥道後温泉観光バス事件（控訴審）	高松高裁判決	H15.5.16	08170	13％～10％減額『解雇無効による未払賃金の減額』	無効
29	日本航空（機長管理職長時間乗務手当）事件	東京地裁判決	H15.10.29	—	約30％減額（乗務手当単価）他『経営難における手当の切下げ』	無効

30	北海道国際航空事件	最高裁第一小法廷判決	H15.12.18	—	20％減額（年俸）『賃金規程の遡及適用の可否』	無効
31	NTT西日本事件	大阪高裁判決	H16.5.19	—	17～36％減額『高齢者への特別職群制度導入にともなう賃金引下げ』	無効
32	第三銀行事件	津地裁判決	H16.10.28	—	5.6～7.9％減額（55歳以上の基本給）『専任職移行にともなう賃金減額』	有効
33	名古屋国際芸術文化交流財団事件	名古屋高裁判決	H17.6.23	—	約11％減額（基本給・諸手当）約70％減額（退職金）『賃金規程改定にともなう賃金引下げ』	無効
34	牛根漁業協同組合事件	福岡高裁宮崎支部判決	H17.11.30	08548	30％減額（58歳以上の基本給）『専任職移行にともなう賃金減額』	無効
35	高宮学園（東朋学園）事件	東京高裁判決	H18.4.19	08472	不支給（賞与）支給要件として90％以上の出勤条項を新設	一部無効
36	栄光福祉会事件	福岡高裁判決	H18.5.18	08481	廃止（特殊業務手当・調整手当。本俸額の約10％相当）	無効
37	ノイズ研究所事件	東京高裁判決	H18.6.22	08494	『成果主義的な新給与規程による減額』	有効
38	クリスタル観光バス（賃金減額）事件	大阪高裁判決	H19.1.19	08536	約30％減額『中高年者の賃金の引下げ』	無効
39	住友重機械工業事件	東京地裁判決	H19.2.14	08651	2年間限定で10％削減	有効
40	中谷倉庫事件	大阪地裁判決	H19.4.19	08665	退職金の50％減額『倒産回避のための減額』	有効
41	福岡雙葉学園事件	最高裁第三小法廷判決	H19.12.18	08619	減額（期末勤勉手当）『理事会で決定した支給額算定方法による手当額の低下』	有効
42	日刊工業新聞社事件	東京高裁判決	H20.2.13	08628	退職金の50％減額『倒産回避のための減額』	有効

	事件名	裁判所	判決年月日	ID	賃金引下げ率等	有効性
43	東武スポーツ（宮の森カントリー倶楽部）事件	東京高裁判決	H20.3.25	08632	約27%減額『有期雇用への変更にともなう給与規程変更による減額』	無効
44	初雁交通事件	さいたま地裁川越支部判決	H20.10.23	08739	1%弱～4%減額（賃金全体）『会社収益の減収にともなう賃金体系の変更』	有効

2 個別労働契約による賃金引下げの裁判例（平成元年以降）

	事件名	裁判所	判決年月日	ID	賃金引下げ率等	有効性
1	京都広告社事件	京都地裁判決	H3.3.20	05754	約28%減額さらに約40%まで減額『取締役の解任、債権回収不能による減額』	無効
2	サンルース東京販売事件	東京地裁判決	H5.11.19	―	50%減額さらに75%まで減額（固定給）『専務取締役の2度にわたる賃金切下げ』	無効
3	騒々堂事件（仮処分）	大阪地裁決定	H6.3.31	06360	25%減額（時給）、不支給（賞与）『人件費削減のための賃金切下げ』	有効
4	山翔事件	東京地裁判決	H7.3.29	―	約66%減額『営業成績悪化・従業員の稼働率の悪さからの賃金切下げ』	無効
5	騒々堂事件（本訴第1審）	大阪地裁判決	H8.5.20	06809	25%減額（時給）、不支給（賞与）『人件費削減のための賃金切下げ』	有効
6	第一自動車工業事件	大阪地裁判決	H9.3.21	06926	約27%減額『業績の悪化による賃金切下げ』	無効
7	騒々堂事件（本訴控訴審）	大阪高裁判決	H10.7.22	07161	25%減額（時給）、不支給（賞与）『人件費削減のための賃金切下げ』	無効
8	エイバック事件	東京地裁判決	H11.1.19	―	60%減額『労働者自身の営業成績の不良』	有効（黙示の承諾あり）
9	東京アメリカンクラブ事件	東京地裁判決	H11.11.26	07468	約16%減額（基本給）『職種変更に伴う賃金切下げ』	無効

	事件名	裁判所	年月日	番号	内容	結論
10	更生会社三井埠頭事件（第1審）	横浜地裁川崎支部判決	H12.6.9	07655	20%減額（管理職の賃金） 『経営成績悪化による賃金切下げ』	無効
11	更生会社三井埠頭事件（控訴審）	東京高裁判決	H12.12.27	07701	20%減額（管理職の賃金） 『経営成績悪化による賃金切下げ』	無効
12	日本ニューホランド事件	札幌地裁判決	H13.8.23	07796	40%減額（55歳時以降賃金） 『定年延長にともなう55歳以上の従業員の賃金切下げ』	無効
13	西東社事件	東京地裁決定	H14.6.21	07980	約66%減額 『配転による賃金切下げ』	無効
14	トピック事件	東京地裁判決	H14.10.29	08025	10%さらに30%まで減額 『経営状態の悪化による2度の賃金切下げ』	無効
15	一橋出版事件	東京地裁判決	H15.4.21	―	15%減額（58歳以上の労働者の賃金） 『定年延長に伴う賃金切下げ』	無効
16	日伸プロセス・ニッシンライトカラー事件	東京地裁判決	H15.5.6	―	約10%減額（正社員の月給）、約30%減額（パートタイマーの時給） 『業務命令違反等による賃金切下げ、業務量の激減による賃金切下げ』	無効
17	東豊観光（賃金減額）事件	大阪地裁判決	H15.9.3	―	約18%減額（固定給） 『経営上の理由による賃金切下げ』	無効
18	岡部製作所事件	東京地裁判決	H18.5.26	08485	月額平均で5～10万円減額 『業務上の問責による賃金減額』	無効
19	東武スポーツ（宮の森カントリー倶楽部）事件	東京高裁判決	H20.3.25	08632	約27%減額 『有期雇用への変更にともなう給与規程変更による減額』	無効

業績不振と諸手当の廃止

Q34 業績不振を理由として、家族手当、住宅手当、育児手当、通勤手当等を一方的に廃止したり、あるいは支給条件を厳しくしたり減額することは可能ですか？

Point
(1) 諸手当も、「労働の対償」として支払われるものは労基法上の「賃金」に該当する。
(2) 諸手当を廃止・減額する場合は、個別の労働者との合意によって労働契約の内容を変更するほか、労働協約の締結、就業規則の変更による方法がある。
(3) 就業規則を変更して諸手当を廃止・減額する場合は、賃金の不利益変更となるため、「高度の必要性」に基づく合理性の有無が判断される。具体的には、経営悪化などと諸手当の廃止・減額の必要性との関連性が十分に説明できること、労働者への影響の程度、代償措置、労働者への説明・交渉の状況などから合理性が認められなければならない。

1 諸手当の賃金性

　諸手当も、名称のいかんを問わず、「労働の対償」として支払われるものは、労基法上の「賃金」にあたります（同法第11条）。
　この諸手当を支給することが労働契約の内容となっているのであれば、その廃止や支給条件の厳格化についても、改めて労働者と使用者との合意が必要であるのが原則（労契法第8条）で、「一方的に」廃止したり支給条件を厳しくしたりすることはできません。ただし、これら手当の廃止等も、その都度個別に明確な合意をしなければ一切できないというのではなく、労働協約や就業規則の改訂によって行うことは可能です。
　このうち労働協約による変更については、労働条件に関する労働協約の規定は規範的効力（労組法第16条）がありますので、労働組合と使用者とが十分に交渉して、例えば家族手当を廃止するという労働協約を正式に締結すれば、組合員についてはその内容が適用されますし、所定の要件を満たせば、他の非組合員に対して拡張適用することも可能です

（同法第17条）。

2 賃金である手当の一方的不利益変更

　問題が多いのは、就業規則の変更による各種手当規程の改訂や廃止です。

　賃金は労働条件の中でも労働者にとって重要な意味をもつものであるため、これを就業規則の変更等で一方的に引き下げるためには、「高度の必要性に基づく合理的な内容」をもって行わなければならないからです。手当の性格にもよりますが、会社の経営状態が悪化したための廃止や支給条件の厳格化であれば、合理性判断の内容は、経営悪化と当該手当規程改訂の必要性との関連が十分に説明できること、廃止等する結果労働者がどれほどの減収になり、またどのような影響が及ぶのかがきちんと検討され、場合によっては代償措置が設けられていること、そして、従業員集団全体としての納得が得られていることが重要です（就業規則の不利益変更については Q13 参照）。

　こうした点からみますと、例えば家族手当と住宅手当とでは、おそらく支給される額がかなり違うでしょうし、通勤手当がほぼ全労働者に支給されるものであるのに対し、育児手当は支給対象者が一定の範囲に限られている、というように、支給条件がまったく異なるでしょう。したがって、その手当がどのような性格を有しているのかを個別に十分把握したうえで、それぞれに応じた対応をすることが肝要であると思われます。

　以下のとおり、諸手当の廃止に関する裁判例をいくつか挙げておきますので参考にしてください。

図表Q34－1　諸手当の廃止に関する裁判例

事件名	事案の概要	裁判所の判断
福岡中央郵便局事件 （平6.6.22福岡地裁判決 ID06368）	郵便事業の効率的な運営のため、労働組合と協議をしたうえで、「郵政事業職員特殊勤務手当支給規程」（就業規則の性格を有する）を変更して、道順組立手当（郵便物を配達順路に並べ	道順組立手当の支給月額が最高で1,350円であることから、この廃止による不利益は大きいとはいえず、郵政事業の赤字を解消するために、積極的営業活動等を促進する販促手当を創設することには高度の必要性がある。また、販売促進手当創

事件名	事案の概要	判旨
	替える作業と直接郵便物を配達する作業等に支払われる特別手当）を廃止し、販売促進活動手当（小包郵便物等を勧奨により引き受けた者等に支給される手当）を創設することとした事案で、郵便事業職員である原告労働者10名が、この規程の変更は無効であるとして従来の道順組立手当の支払いなどを求めて提訴した。	設には既存の手当の廃止が不可欠であり、存在意義を失った道順組立手当の廃止には相当の合理性があること、販促手当は営業推進に関する諸施策に参加した場合にも広く支給されうること、道順組立手当廃止前にそれを考慮した代替措置がなされていること、本件変更に反対したＡ労働組合との交渉過程に問題はなく、そして、本件変更について多数派組合であるＢ労働組合、Ｃ労働組合の合意を得ていることなどから、本件変更は有効とした。
池添産業事件 （平11.1.27 大阪地裁判決 ID07273）	貨物運送業等を営む会社において、就業規則を変更して、地域手当（東京・神戸に配属された者に支給）を8万5,000円から5万円へ、残業手当の単価を、10キロメートルあたり約10％減額し、手積卸手当（重量に応じて支払われる手当）を20トン以上の場合、5,000円から4,000円へと減額した事案について、従業員である原告労働者5名が、この変更は無効であるとして変更前の就業規則に基づく賃金との差額の支払いなどを求めて提訴した。	原告らの基本給が月額9万円あまりであり、地域手当及び残業手当は原告らの賃金の少なからぬ部分を占めていたことから、本件手当減額による原告らの被る不利益は相当大きなものであり、会社が実施前1カ月に満たない時期に従業員に本件変更を通告したこと、事前の意見聴取をしていなかったこと、従業員らの反対に配慮せず本件変更を強行したこと、そして、本件変更後にその必要性を説明する資料をＡ労働組合（原告らが所属）に提示しなかったことなどから、本件賃金改定前後の労使交渉における会社の態度は著しく不当であるが、本件変更についての具体的必要性及び妥当性は明らかではないため、「本件賃金改定には高度の必要性に基づく合理性があると認めることはできない。」
公共社会福祉事業協会事件 （平12.8.25 大阪地裁判決 ID07596）	公益法人の事業譲渡にともないＡ協会の従業員であった原告労働者ら7名をそのまま承継した後に新就業規則を設け、基本給部分は原告らの同意のうえですでに適用されていたが、その後、原告らの同意なくして、諸手当を減額する部分（通勤手当の上限設定、扶養手当及び住宅手当の減額）の適用を行った事案に	本件協会に補助金を交付している行政の財政状態及び本件協会の支出の75％以上が人件費であったことから本件変更には必要性があるが、諸手当額が本件協会にとってそれほど高額ではなかったこと、従前の諸手当額が不当に高額ではないが、それは労働者にとって少なくない額であったこと、新就業規則により、すでに生涯賃金が大幅に減少することになり、原告らがさらなる賃金減額に応じたくないという気持ちは理解で

	ついて、この変更は無効であるとして、従前の賃金との差額の支払いを求めて提訴した。	きることなどから、本件協会の「新給与規則の諸手当部分の原告らへの適用は、未だ合理性を有しないというべきであり、原告らへの諸手当の減額は効力を有しない。」
日本ロール製造事件 (平14.5.29 東京地裁判決 ID07973)	日帰り出張日当（食事補助として2,000円から4,000円まで）は、往復200km、往復時間が6時間を超えることという要件が廃止される一方で、支給地域が限定されることになり、それによって往復時間が6時間を超える地域でも支給要件を満たない場合が生じることとなったほか、営業服務規定に基づき外出時食事補助（400円）、時間外勤務要領に基づき時間外食事代（500円相当の食事または現金）、夜勤手当要領に基づき夜勤手当（600円）の支給が定められていたが、これらの手当もすべて廃止された事案。	日帰り出張日当は、固定給の上乗せ部分であり、その削減の不利益は固定給の削減ほどは高度であるとはいえないものの、手当の金額は2,000円から4,000円であり、時間外手当の代償としての性格を有しているなど、その変更による労働者の不利益の程度としては軽くみることもでき、それにもかかわらず、会社の経常利益はとくに赤字ではないなど、会社の賃金削減の必要性が不明であり、代償措置や関連する労働条件の改善も十分でなく、さらに労働組合や従業員への説明は、本件変更実施の1週間前に行われたなど十分なものとはいえないことからすると、本件変更は高度の必要性に基づいたものではなく無効とされた。
福岡雙葉学園事件 (平19.12.18 最高裁第三小法廷判決 ID08619)	学校法人に雇用され、私立学校に勤務する教職員らが、平成14年度・同15年度12月期期末勤勉手当を一方的に減額し、また一部しか支払われていないとして、同手当の残額及び遅延損害金の支払いを求めた事案。	「本件各期末勤勉手当の支給額については、（中略）人事院勧告を受けて11月理事会で正式に決定する旨の留保が付されたというのであるから（中略）既に発生した具体的権利である本件各期末勤勉手当の請求権を処分し又は変更するものであるということはできず，同決定がこの観点から効力を否定されることはないものというべきである。」「仮に、（中略）その算定方法による額から更に本件調整のための減額をする点において，被上告人らの労働条件を不利益に変更するものであると解する余地があるとしても、（中略）人事院勧告に倣って本件調整を行う旨の11月理事会の決定は合理性を有するものであ」る。

海外駐在員の給与の下方修正

Q35
海外駐在員の給与を国内の物価水準に合わせて「下方修正」することは、労働条件の不利益変更にあたりますか？

Point
(1) 賃金の減額をともなう給与の「下方修正」は、重要な労働条件である賃金の不利益変更にあたり、「高度の必要性に基づいた合理性」が認められなければならない。
(2) 海外駐在員の給与を国内の物価水準に合わせて下方修正することは、日本国内で働く他の労働者との均衡等を配慮したものであれば、一般的には、合理的なものと考えられる。

1 給与の下方修正は労働条件の不利益変更にあたるのか

　賃金は、最も重要な労働条件の1つであり、これを不利益に変更しようとする場合には、労働者の同意を得るのが原則であり（労契法第8条）、就業規則の変更によって画一的に変更しようとする場合には、「高度の必要性に基づいた合理性」がなければならないこととされています（Q33参照）。
　設問の場合に、就業規則の変更によって、海外駐在員の給与水準を国内基準に合わせて「下方修正」することも、当該労働者にとっては、従来の賃金よりも減額されることになれば労働条件が不利益に変更されることになりますので、「不利益変更」の問題に該当します。したがって、この「下方修正」が合理的なものでなければ、有効とは認められません。

2 給与の下方修正の合理性

　では次に、この海外駐在員の給与の「下方修正」が、合理的なものといえるかどうかについて具体的に検討してみましょう。
　海外駐在員の給与は、一般に、国内で支払われる国内給与のほかに、在外給与等の名称で現地給与として支払われます。在外給与等は、現地

の物価水準や生活水準を考慮して支払われることが多く、ある意味では、国内給与に上乗せして支払われる給与ということができます。

したがって、結論からいえば、これについては、海外での実質的な生活水準が日本国内で働く同等程度の他の労働者とほぼ同じ水準の賃金が確保される限り、仮に、日本円に換算した生涯賃金が減ることになったとしても、特に問題になることはないものと思われます。

実際、国によっては、日本国内と物価水準や生活水準が異なることも少なくありませんし、また、為替レートの関係で、日本円と現地通貨との間に、大きな格差が生じることもあります。

こうしたことから、大手商社等では、現地の物価水準を考慮に入れた「ORC方式」（国内年収による購買力をもとに、駐在先でも同等の購買力を補償する本国購買力補償方式）や「J-COL指数方式」（国内年収をベースに、東京近郊を基準とした世界主要国の生計費指数や為替レートを加味して駐在先の基本給を決定する方式）等を用いて、海外駐在員の給与を見直しているケースも少なくありません。

以上のことから考えますと、海外駐在員の給与を国内の物価水準に合わせて「下方修正」することは、日本国内で働く他の労働者との均衡等を配慮したものであれば、通常は合理性が認められるものと思われます。ただし、変更にあたっては、該当者に変更の理由を十分に説明し、納得を得るように努めるべきでしょう。

職能資格給体系への変更

Q36 従来からの年功賃金制度に代えて、労働者の能力・業績等による人事考課に基づく職能資格制度の賃金体系を導入したいと考えています。労働者の同意なく一方的に導入することは可能でしょうか？

Point
(1) 職能資格給体系は、職務遂行能力に応じて賃金を決定するもので、年功型賃金体系と成果主義賃金体系の中間に位置づけられる。職務遂行能力の評価については、潜在的な能力を重視する考え方と実際の業績や行動から評価できる能力を重視する考え方があるが、わが国では、年齢・勤続年数・学歴等の要素も含まれ、実質的には属人的要素を重視した年功賃金に近い運用がなされてきた実態がある。
(2) 職能資格給を導入する場合には、就業規則等で、資格等級の見直しにより降格・降級があり得ることを定めておく必要がある。
(3) 年功賃金体系から職能資格給体系に変更する場合は、個別事案の判断において、労使間の利益調整、代償措置や経過措置なども踏まえ、高度な必要性に基づく合理性が必要である。

A

1 年功型賃金体系から「能力や仕事に応じた」賃金体系へ

(1) 年功型賃金体系とその限界

　従来、わが国で一般的な賃金制度は、賃金の決定要素として年齢、勤続年数など属人的要素の比重の高い、いわゆる年功賃金制度でしたが、このような賃金制度の下では年齢あるいは勤続年数が増加する限り賃金が増加し続けることとなり、このことが、かつての55歳定年という早期定年制をもたらす一因となっていました。したがって、これまでの賃金制度のままでは定年年齢の延長が困難であることから、「定年延長を促進するためには、労働の質と量に応じた機能的な賃金制度の方向に向かってこれまでの賃金制度が定年延長を困難にしている点を改善することが必要である」と提唱されました（労働省・賃金研究会報告「定年延長と賃金制度について」（昭47.12））。

　このための賃金制度改善についての基本的な方向として、「労働能

力や仕事に対応した賃金制度の方向に向かうためには、仕事の種類、技能の程度、必要とされる知識・経験、仕事にともなう責任度等に応じて賃金がきめられ、労働の質が高まり、仕事の内容が高まるに対応して賃金も増加するようにすることが期待される。」「高年令になるまで機械的に勤続年数に応じて賃金を上昇させるこれまでの制度が、高年令者の能力の有効発揮を妨げ、定年の延長を阻害していることから考えて、高年令になってまで勤続年数が伸びたことのみを理由として賃金を増加させる必要は疑問である。少なくとも、現在の定年年齢である55才を過ぎてまで持続する必要はない。」「もちろん高年令となっても、労働能力がさらに伸長した場合、あるいは職務内容が高度化した場合は賃金が上がるのは当然であろうが、いずれにしても、労働の内容、労働の能力に見合って賃金がきめられて然るべきである。」(同研究会報告)とされていました。

(2) 能力主義・成果主義的な賃金制度

国際競争力の強化という要請に加え、右肩上がりの成長を続けていた時代に定着した年功賃金制度が、少子高齢化社会を迎えており、しかも高度成長は望めないという現在の日本経済の状況の中では持続不可能であるとの認識が共有され、賃金制度の改定は日本の企業の普遍的な課題となっているといえます。そこで、年功に代わる賃金制度の基準を、個々の労働者が発揮した能力やそれによって達成した成果に求めようという動きが活発化し、さまざまな能力主義的・成果主義的な賃金制度の仕組みが導入されるようになりました。

まず、労働者の能力に応じて賃金額を決定する「職能給」は、わが国の主流では、「職能資格制度」を前提とした賃金体系です。職能資格制度は、「職務等級」と「個人の能力」によって賃金が決められるものであり、「職務」という労働需要側の要因が等級を規定し、「職務遂行能力」という労働供給側の要因に対応しているとされています。

一方、成果主義賃金体系とか能力主義制度といわれるものは、労働者本人が一定の成果目標を立て、その成果の達成度や能力の発揮度を評価して賃金を決定するもので、職能給資格制度に比べてその評価幅が大きく、昇・降給の賃金の変動幅の大きいのが特徴です。

職能資格給制度は、年功型賃金体系から成果主義賃金体系へ移行する中間に位置するものとして、個人の能力を重視しつつも、実際には明確な個人差を付けずに年功賃金的な運用がなされてきた実態があります。

図表Q36－1　賃金体系の類型

賃金体系	意　義・内　容
年功給	年齢や勤続年数に応じて賃金額を決定する。年齢・勤続年数が同じならば賃金額も同額となる。通常、年齢・勤続年数とともに賃金額が上昇する。
職能給	労働者の能力に応じて賃金額を決定する。多くの場合は、職務・業務ごとに求められる職務遂行能力をそれぞれの職能資格基準に基づいて定義し、職能資格とその中でのランク（級）に格付けする「職能資格制度」に基づいて賃金額が決定される。
職務給	職務分析、職務評価によって職務を格付けし、それに応じて賃金額が決定される。職能給は属人的な要素をもつが、職務給は職務・ポスト（役職）に応じた賃金である。
業績給（成果給）	仕事の成果、業績の達成度に応じて賃金額が決定される。業績によって昇給・降給の変動幅が大きい。

2　職能資格制度による賃金体系のしくみ

　職能資格給体系とは、「職務遂行能力で賃金を決める」制度といわれており、労働者の職務遂行能力を考課して、それに応じて賃金を決める制度ということができます。

　賃金管理面における人事考課は、個別企業やその所属部門において労働者の職務遂行能力（能力考課）、業務遂行についての意欲・態度（情意考課）、過去一定期間の業務実績（業績考課）を査定して、昇給、賞与、昇格（降格）等の決定の際に利用するものであり、従前の「年齢や勤続年数に応じて賃金を決定する」年功賃金制度から、労働者の能力・職務・業績等に応じて賃金を決定する制度への転換に応じてわが国企業社会で導入されてきたものです。

　中心となる「職務遂行能力」については、潜在的な職務遂行能力を重視する考え方と、現にそれが発揮されている現実的、顕在的な職務遂行

図表Q36-2　職能資格制度の一般的な構造

職能等級 (資格名称)	職能の区分		職能基準	標準昇格年数	対応役職 (対応職位)
	大分類	中分類			
M-9	管理・経営戦略職能	統括管理職能	複数の部門の組織の運営を統括し、企業の経営方針の企画、立案、策定に参与し、経営戦略を遂行する職能	標準昇格年数は設けない、または、公表しない	本部長
M-8		上級管理職能	所轄部門の組織の運営を統括し、複数の部門の方針の企画、立案、策定に参与し、部門戦略を遂行する職能		部長
M-7		管理職能	複数のチームで構成される組織を統括し、その組織の方針を企画、立案、策定し、戦略を遂行する職能		課長
S-6	指導・監督職能	企画・監督職能	所属するチームをリードして、関係者や関係部署と連携して、企画、研究、開発等の業務を遂行する職能		チームリーダー
S-5		判断・指導職能	所属するチームの業務を関係者や関係部署と連携して、または、リーダーをサポートして遂行する職能		サブリーダー
S-4		判断職能	複雑な担当業務を関係者や関係部署と連携して、または、チームの一員を指導して遂行する能力		主任
J-3	一般職能	熟練定型職能	担当業務を高度の知識、熟練した経験に基づき、独立して業務を遂行する職能	5年	一般職
J-2		高度定型職能	具体的な指示やマニュアルを活用して、業務に関する知識、経験に基づき業務を遂行する職能	2年	
J-1		一般定型職能	具体的な指示やマニュアルに従って、特別な資格、知識、経験を必要としない業務を遂行する職能	2年	

(注)　通常の職能資格制度での昇格方式としては卒業方式(現在の資格に相応しい能力が身について十分に遂行できるようになったら上位に昇格させる)が一般的だが、入学方式(上位の資格に見合った能力があると認められれば昇格させる)とする場合がある。
　　　また、下位等級では卒業方式、上位等級では入学方式と、両方式を併用する場合もある。

能力を重視する考え方とがあります。

　潜在的な職務遂行能力とは、労働者の内部的なものですから評価が困難であり、結局年齢、勤続年数、学歴、性別等を重視することとなり、年功賃金とそれほど変わらない実態となるとの批判がなされています。

　これに対して、顕在的な職務遂行能力を重視する考え方は、現にいかなる業績・職務行動・態度等をとったかという点を重視して考課する理論です。いずれにしても、**図表Ｑ36－2**のような職能資格制度による賃金体系です。その格付けとして**図表Ｑ36－3**の例のような人事考課項目について、**図表Ｑ36－4**の例のような査定基準をもって査定考課し、格付けしていくものです。

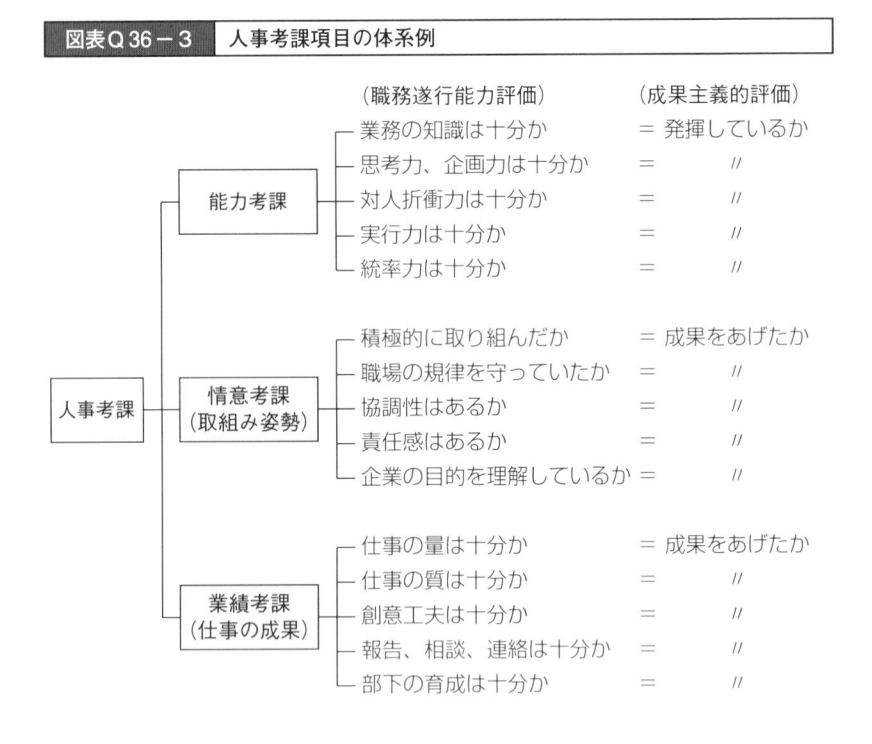

図表Ｑ36－3　人事考課項目の体系例

```
                                    （職務遂行能力評価）    （成果主義的評価）
                        ┌── 業務の知識は十分か        ＝ 発揮しているか
                        ├── 思考力、企画力は十分か    ＝     〃
              能力考課 ──┼── 対人折衝力は十分か        ＝     〃
                        ├── 実行力は十分か            ＝     〃
                        └── 統率力は十分か            ＝     〃

                        ┌── 積極的に取り組んだか      ＝ 成果をあげたか
                        ├── 職場の規律を守っていたか  ＝     〃
人事考課 ── 情意考課 ──┼── 協調性はあるか            ＝     〃
            （取組み姿勢）├── 責任感はあるか          ＝     〃
                        └── 企業の目的を理解しているか＝     〃

                        ┌── 仕事の量は十分か          ＝ 成果をあげたか
                        ├── 仕事の質は十分か          ＝     〃
            業績考課 ──┼── 創意工夫は十分か          ＝     〃
            （仕事の成果）├── 報告、相談、連絡は十分か＝     〃
                        └── 部下の育成は十分か        ＝     〃
```

図表Q36－4　効果査定基準例

評価	職務遂行能力考課査定基準	考課結果
S	等級に相応しい能力が十分にある	特に優れている
A	等級に相応しい能力がほぼ十分にある	優れている
B	等級に必要とされる能力がある	普通
C	等級に必要とされる能力の一部が不十分である	やや劣っている
D	等級に必要とされる能力のほとんどを満たしていない	劣っている

3　職能資格制度の導入と不利益変更

(1) 職能資格制度導入の合理性

　従来の勤続年数や年齢とともに賃金が上昇する年功型賃金体系から、職務内容に応じた一定の職能資格基準を満たさなければ降格や賃金の減額もあり得るような職能資格制度による賃金体系へ、就業規則の変更によって変更する場合には、労働者にとって不利益な面があります。そこで、労働条件の不利益変更の問題として、新賃金体系の導入の合理性が問われることとなります（労契法第10条）。

　しかしながら、職能資格給体系は、前述のとおり職務遂行能力を重視し、人事考課によって業績、職務能力の発揮状況を判定して、これを賃金に反映させようとする制度で、それ自体は一般的には、合理的なものといえます。

　この点について裁判例をみると、職能資格・等級を見直し、能力以上の格付けをされていると認められる者の職能資格・等級を引き下げた事案について、裁判所はこのような措置を実施するにあたっては、「就業規則等における職能資格制度の定めにおいて、資格等級の見直しによる降格・降給の可能性が予定され、使用者にその権限が根拠づけられていることが必要である。」としています（平8.12.11東京地裁決定、アーク証券事件、ID06884）。このことから、職能資格制度の下において、一旦達成された職務遂行能力を反映させて決められた職能資格・等級であっても、見直しにより引き下げられることもあり得ることを就業規則に定めておく必要があるといえます。

(2) 個別事案の判断

　同じ事案で、降格・降給を基礎づける変動賃金制（能力評価制）に関する規定を就業規則に新設した点については、賃金、退職金など労働者にとって重要な権利、労働条件に関し実質的な不利益を及ぼす就業規則の変更の問題として、当該変更は高度の必要性に基づいた合理的な内容のものであることが必要であるとの前提の下に、当該就業規則の規定の合理性を厳格に判断しています。

　そして、「本件変動賃金制（能力評価制）は、これを一般的な制度として見る限り、不合理な制度とはいえない」として一定の評価をしつつも、「変動賃金制（能力評価制）の導入により、被告の従業員は、賃金減額の可能性が生じたというにとどまらず、多くの従業員が実際に不利益を受けることとなったものということができ、その不利益の程度も大きいものといわざるを得ない」「代償措置その他関連する労働条件の改善がされておらず、あるいは既存の労働者のために適切な経過措置が採られているともいえず、」「（会社の）業績が著しく悪化し、本件変動賃金制（能力評価制）を導入しなければ企業存亡の危機にある等の高度の必要性が（中略）存したことを認めるに足りる証拠はないから、変更の合理性を肯定することはできない。」「（会社の）業績悪化の中で労使間の利益調整が十分に行われた結果としての合理的な内容であると認めるには不十分である。」として、変動賃金制について規定した就業規則の変更の合理性を否定しています（平12.1.31東京地裁判決、アーク証券（本訴）事件、ID 07503）。

成果主義賃金体系の導入

Q37 労働者の仕事の成果に応じた賃金、目標達成度などによる業績の賃金への反映といった、いわゆる成果主義賃金体系を当社でも導入しようと考えています。一方的に導入しても問題ありませんか？

Point
(1) 成果主義賃金体系は、仕事の成果に基づいて賃金・処遇を決定するもので、その運用にあたっては、目標設定や評価における公平性、透明性を確保することがポイントとなる。成果測定のための一般的な手法としてとられる目標管理制度は、期首に設定した業務目標が期末にどの程度達成されたかを評価する。
(2) 成果主義賃金体系を導入する場合も、経営上の必要性、導入による労働者の不利益の程度、代償措置、経過措置等の有無、労使協議・交渉などの点から合理性が判断される。
(3) 成果主義賃金体系の前提となる人事考課は、一般に使用者の裁量権が認められるが、適正・公正に運用するためのルールづくりが求められる。

1 成果主義賃金体系

　成果主義賃金体系は、賃金や昇格等について、仕事の成果をもとに決定する考え方を基本としています。わが国の従来のいわゆる年功序列型の賃金体系では、賃金決定要素として年齢や勤続年数などが用いられることが多かったのですが、これを人件費負担の増大を回避しながら、労働者のモチベーションを高めるために、企業業績への貢献度に応じて処遇を決定しようとするものです。可能性としての能力や潜在的な能力ではなく、実際に具体化された成果に評価の重点をおく意味で、「能力主義」とも区別されるものです。
　また、成果主義賃金制度が機能するためには、何らかの形で成果を測定しなければなりませんが、その運用にあたっては、目標設定や評価における公平性や透明性を担保することが重要です。そして、その要素となる目標管理（management by objective）とは、「従業員が、自分の職

務について具体的な達成目標を設定し、その実現への努力、成果の自己評価を通して動機づけをはかる制度」であり、「90年代以降、各企業で目標管理に基づく評価制度の導入が進展している。」とされています（日本経団連『人事労務用語辞典　第6版』）。

　成果を測定するために一般的に用いられる目標管理の手法は、上司と部下との面談によって、半期あるいは年度ごとに業務目標を設定し、期の途中でその進捗状況の確認・調整をしながら、最終的には期末の時点で業務目標の達成度合いによって業績を評価するといった流れをたどります。目標管理制度では、目標達成度を成果として捉え、通常、人事評価や賃金等の処遇に連動した方式がとられています。一方、目標管理の問題として、管理・事務などの間接部門では客観的に定量化した目標の設定、ひいては「成果」の評価が難しいとの指摘もありますが、本来、目標とは「定性的」なものであって、むしろ「その人に期待する役割、上げてもらうべき成果」を出発点として設定すべきでしょう。

2　成果主義賃金体系の一方的導入

　成果に応じた処遇・賃金が決定される成果主義的人事制度を導入する場合には、成果によって従前よりも賃金が上昇する場合もありますが、逆に低下する可能性もあります。この賃金の引下げの可能性をともなう労働条件の変更が不利益変更にあたるかが問題となりますが、判例は、賃金に対する現実の不利益の有無を問わず、その可能性がある場合も含めて「労働条件の不利益変更」と認めたうえで、変更の合理性を判断しています（平4.7.13最高裁第二小法廷判決、第一小型ハイヤー事件、ID05934など）。

(1)　能力主義賃金への移行に関する事案

　能力主義賃金への移行について正面から判断した裁判例に、**ハクスイテック事件（平12.2.28大阪地裁判決、ID07517）**があります。これは、化学工業薬品の製造・販売を業とする会社において、それまでの年功賃金制度を変更し、年功給部分を2割、能力給部分が8割となるような新給与規定を制定したところ、1人の労働者が、自分には従

前の年功賃金制度を定めた給与規定が適用され、新給与規定が適用されないことの確認を求めて訴えを提起した事件です。

大阪地裁は、平均的な査定が行われた場合を想定して、新規定による原告労働者への賃金額を算定し、それが旧規定による場合よりも低額になることを示し、かつ、「新給与規定における評価は、従来の原告の勤務成績からすれば当面は平均以下となる可能性は少ないとしても、平均より低い評価となる可能性がないではなく、その場合には、新給与規定を適用することによる賃金の減額幅はより大きくなるといえる。そうであれば、新給与規定は、原告にとって、給与規定を不利益に変更したものということができる。」として、まず本件における能力主義的賃金制度の不利益性を認めました。しかし、本件制度が減額部分を補償する措置を設けていたこと、実際には8割の労働者にとっては増額になっていたこと、会社が赤字経営になっていたこと、労働者の大多数が新給与規定を受け入れていたこと、国際的な競争力を要求される中で、労働生産性を重視し、能力、成果に基づく賃金制度をとる必要性が高くなっていることなどから、本件会社における能力主義的賃金制度導入の「高度の必要性」を認め、新給与規定は合理性を有するとして、原告労働者の訴えを退けました。

(2) 成果主義賃金導入に関する事案

年功型賃金制度から成果主義型賃金制度に変更した最近の事案では、「新賃金制度の下では、従業員の従事する職務の格付けが旧賃金制度の下で支給されていた賃金額に対応する職務の格付けよりも低かった場合や、その後の人事考課査定の結果従業員が降格された場合に、旧賃金制度の下で支給されていた賃金額より顕著に減少した賃金額が支給されることとなる可能性があ」り、この点において不利益性があるとしつつ、「主力商品の競争が激化した経営状況の中で、従業員の労働生産性を高めて競争力を強化する高度の必要性があったのであり、新賃金制度は、控訴人にとって重要な職務により有能な人材を投入するために、従業員に対して従事する職務の重要性の程度に応じた処遇を行うこととするものであり、従業員に対して支給する賃金原資総額を減少させるものではなく、賃金原資の配分の仕方をより合理

的なものに改めようとするものであって、新賃金制度は、個々の従業員の賃金額を、当該従業員に与えられる職務の内容と当該従業員の業績、能力の評価に基づいて決定する格付けとによって決定するものであり、どの従業員にも自己研鑽による職務遂行能力等の向上により昇格し、昇給することができるという平等な機会を保障しており、かつ、人事評価制度についても最低限度必要とされる程度の合理性を肯定し得るものである」、「（会社が）あらかじめ従業員に変更内容の概要を通知して周知に努め、一部の従業員の所属する労働組合との団体交渉を通じて、労使間の合意により円滑に賃金制度の変更を行おうと努めていたという労使の交渉の経過や、それなりの緩和措置としての意義を有する経過措置が採られたことなど」を総合考慮すれば、「経過措置が２年間に限って賃金減額分の一部を補てんするにとどまるものであっていささか性急で柔軟性に欠ける嫌いがないとはいえない点を考慮しても、なお、上記の不利益を法的に受忍させることもやむを得ない程度の、高度の必要性に基づいた合理的な内容のものであるといわざるを得ない。」としたものがあります（平18.6.22東京高裁判決、**ノイズ研究所事件**、ID08494）。

(3) その他の事案

年功給を廃止しそれに代わる奨励給を創設した事案ですが、経営上の必要性、代償措置がとられていたこと、労働生産に比例した公平で合理的な賃金制度であること、組合との交渉がなされていたことなどから、賃金制度の変更に合理性を認めています（平15.2.6東京高裁判決、**県南交通事件**、ID08117）。

一方、**日本交通事業社事件**（平11.12.17東京地裁判決、ID07479）では、移行にともなう経過措置が不十分であるなどとして成果主義賃金への移行について合理性が認められないとされ、また、業績重視型賃金に変更した**キョーイクソフト事件**（平15.4.24東京高裁判決、ID08156）では、労使協議が十分に尽くされていないこと、高年齢層にのみ不利益を課するものとして変更の合理性が否定されています。

以上のような裁判例をみると、おおむね能力主義的・成果主義的賃金

制度それ自体には、国際競争力の強化、労働生産性の向上といった経営上の意義や必要性は認められています。新賃金制度の導入については、導入による労働者の不利益の程度、特定層の労働者に不利益を負わせるものか否か、導入にともなう代償措置、経過措置等の有無、労使協議・交渉が尽くされているか否か、といった点などが導入の合理性を判断するポイントとなるものといえます。

3 成果主義賃金体系と公正考課義務

成果主義賃金体系がうまく機能するには、人事考課の適正さ、公正さが確保されることが前提となります。

(1) 使用者は労働契約上公正考課義務を負うか

まず、人事考課は、賃金決定という企業の資源配分に大きく影響するものです。人事考課が企業内の就業規則等で制度化され、個々の労働契約の内容となっている場合は、使用者が人事考課権をもちます。

ここで、使用者は労働契約上、労働者の能力を公正に評価する義務を負うか否かについては見解が分かれ、この点、労働契約上の義務として、使用者の公正考課（査定）義務を肯定する見解もあります。

しかし、裁判例や多くの学説では、使用者の人事権の範囲の問題として、人事考課についても一定の裁量権を認めるべきであるとされています。

この点、従来の裁判例では、人事考課における使用者の裁量権を広範に認め、著しく恣意的な評価がなされない限り当該評価は有効とされてきました。また、裁判実務の立場から、「人事考課については、使用者に、経営判断や人事政策に基づく広い裁量権を認めるのがこれまでの裁判例の考え方であり、公正査定義務はないとされるか、仮にあるとしても、その違反が肯定されるのは極めて限定された場合に限られるとされてきたように思われる。能力主義的賃金体系が導入された場合であっても、やはり、使用者の裁量権は肯定せざるを得ず、従来の考え方を大幅に変更することはできないのではなかろうか。その意味で、公正査定義務を強調する見解には疑問がある。」（平10.10.27

『労働関係民事・行政事件担当裁判官協議会における協議の概要』（労働法律旬報1524号（2002年）14頁）とされています。

(2) 公正な人事考課の要請

　一方、学説では、人事考課について使用者の裁量権を認めるとしても、完全に使用者の自由裁量ではなく、公正な人事考課は、人事権の行使であると同時に使用者の賃金支払義務に内在する責務（注意義務）であるとする見解があり、次のように述べられています。

　「もともと賃金は、労働の対価であると同時に、労働者の重要な生活原資であり、人事考課はその先行手続であるから、それを公正に行うことは、使用者の賃金支払義務に内在する責務といいうる。また成果主義の下では、人事考課は賃金・処遇を決定する最も重要な手続を意味し、かつ、賃金の短期的変動性を高める制度として機能するので、能力・成果の公正な評価の要請が一層高まることになる。労働条件対等決定の原則（労基2条1項、労契3条1項）からも、公正な人事考課は当然の法的要請であり、労働契約の適正な運営を促進するための中核的規制に位置づけられる。」（土田道夫『労働契約法』259頁）

　そして、使用者がこの公正な人事考課をすべき注意義務に違反して恣意的な評価を行い、その結果不当に賃金額が低くなったという経済的損害を被査定者に及ぼした場合には、人事権の濫用（労契法第3条第5項）として、不法行為による損害賠償責任（民法第709条、損害額は通常、標準的評価による賃金との差額）を負うことになるとされています（同書）。

　実際の裁判例でも、昇給に関する人事考課を不法行為とし、平均的評価Cランクによる賃金額との差額分を損害として労働者からの賠償請求を認めたものがあります（**平13.5.23広島高裁判決、マナック事件、ID07760**）。

　また、新賃金制度への変更にともない、人事考課による降格制度が導入され、管理職の給与等級が7級から6級に降格された最近の事案では、「従業員に対する降級基準は、従業員に明らかにされている基準で行うのが相当であり、そうだとすると、『従業員本人の顕在能力と業績が、属する資格（＝給与等級）に期待されるものと比べて著し

く劣っている』、換言すると、「著しい能力の低下・減退」があったか否かによって判断するのが相当である。」として、本件では本人に著しい能力の低下・減退があったといった事実は認められないとして、労働者の等級の確認請求と差額賃金の請求を認容したものがあります（**平18.10.25東京地裁判決、マッキャンエリクソン事件、ID08519**）。この判決は、人事考課について使用者の広範な裁量権を認めてきた従来の裁判例の流れからすると、人事考課基準の解釈にやや踏み込んで当該降格を否定した点で特色があります。

4 人事考課の公正実施要件

人事考課・査定を公正に行うためのポイントをまとめておきます。

① 考課項目（要素）を明確に定めること
② 評定方法（観察方法）を確立すること
③ 考課評定基準を明確化すること
④ 考課基準を合理的なものとすること
⑤ 考課査定者を適正な者とすること
　　このためには、考課者を複数制にして第1次、第2次、第3次というように、順次、修正や調整を加えて客観性を高める措置が必要です。
⑥ 考課基準運営につき考課者間で統一を図ること
　　このために欠かせないのが考課者訓練です。1つの事実を数項目にわたり重複して評価する現象を生じていたり、評価の基準を異にしていることなどは恣意的評価が行われていると認定されており、考課者の意思の統一が重要で、考課者訓練は繰り返し行うことが必要です。
⑦ 査定結果に著しい偏りがないこと
⑧ 査定結果の本人への開示をめぐる問題
　　考課・査定結果を労働者本人に開示することは、納得性と透明性を高め紛争を回避することに役立つことはいうまでもありませんが、考課が人事権の行使であることから、本人への開示義務はないと解します（同旨、前掲平10.10.27担当裁判官協議会）。なお、個人情報保護法の保有個人データに該当する場合の本人からの開示請求についても、人事考課・査定結果は、評価情報で開示により業務の適正な実施に著しい支障を及ぼすおそれがあり、不開示と定めてもよいと解されています（同法第25条第1項ただし書第2号）。

年俸制の導入

Q38 これまでの年功賃金制度を改めて、年俸制を導入したいと考えています。導入にあたってどのような法的な問題点がありますか？

Point
(1) 年俸制は、前年度の成績・考課等を基準として、その年度の報酬を一括して決定する制度である。
(2) 従来の年功型賃金体系を変更して年俸制による賃金規程にする場合は、前年度の考課・業績次第で賃金の減額を生じ得るため不利益変更の問題となり、変更後の賃金規程の合理性が要件とされる。
(3) 年俸制を導入する場合は、業績等に応じて年俸額の減額もあり得ること、評価基準、決定手続き等を就業規則に定め、制度の運用や業績等の評価の公正さを確保することが重要である。

1 年俸制による賃金

　年俸制とは、通常は、前年度の成績・考課等を基準として、当該年度の報酬を1年間分一括して決定する制度とされています。年俸制がなじむのは、プロ野球選手のようにプロフェッショナルな技能をもつ人や個人営業に近いような仕事に従事する人に対し、その成績や成果がかなり客観的に評価できることを前提として、両当事者の合意により制度を決定することができる場合です。年功賃金制度が定着していた従来のわが国の多くの企業では、あまり注目されてはいませんでした。
　ところが、最近になって企業の国際競争力の強化が重要な課題とされ、そのポイントの1つとしてホワイトカラーの生産性向上が意識されるようになりますと、労働者を全体として一律に処遇するのではなく、何らかの形で、出した成果や発揮した能力が反映するようなシステムが必要であると認識されるようになってきました。その1つの具体例として浸透しつつあるのが年俸制です。会社の通常の労働者に年俸制を適用する場合には、通常は、目標管理シートのような目標の設定と到達度等を表す手段を用い、当該労働者が前年度1年間にどれだけの成果を上げ、能

力を発揮したかを所定の方法で評価して、それを当該年度1年間の賃金に結びつける、という方法がとられています。

しかし、日本の企業における年俸制の有効な利用には、賃金実務の面からも、評価の方法や年俸額への反映のさせ方、また、会社と適用者との交渉のあり方などさまざまな問題が指摘されており、法的な問題も少なくありません。

2 年俸制と労基法上の労働時間・賃金規制との関係

(1) 労働時間等の規制との関係

労働時間や休日に関する規制を受けない管理監督者（労基法第41条第2号）などは、労働時間の長さに比例した賃金が支払われるわけではないため、成果・業績をベースとした年俸制には比較的なじみやすいといえます。

一方、このような者以外の一般の労働者に年俸制を適用する場合には、時間外・休日労働をさせた場合には、割増賃金の支払義務（同法第37条）は免れません。

年俸制をとる場合に、時間外・休日労働の割増賃金も含まれる年俸額とされるケースもみられますが、行政解釈（平12.3.8基収第78号）では、「一般的には、年俸に時間外労働等の割増賃金が含まれていることが労働契約の内容であることが明らかであって、割増賃金相当部分と通常の労働時間に対応する賃金部分とに区別することができ、かつ、割増賃金相当部分が法定の割増賃金額以上支払われている場合は労働基準法第37条に違反しない」とされています。

一方、年俸額のうち割増賃金相当額がどれほどなのか不明な場合などは、割増賃金を含む年俸額とは認められません。

また、「年間の割増賃金相当額に対応する時間数を超えて時間外労働等を行わせ、かつ、当該時間数に対応する割増賃金が支払われていない場合は、労働基準法第37条違反となる」（同行政解釈）とされています。

(2) 賃金の支払い等

　年俸制は、その額を年額で決めますが、年俸であっても賃金に変わりはなく、その支払方法は、労基法の原則に従い、毎月1回以上、一定の期日を定めて支払う必要があります（同法第24条第2項）。また、年俸制の内容（決定方法・支払方法、対象者の範囲、賞与等の取扱いなど）は、就業規則に規定し（同法第89条第2号）、個々の労働契約締結の際にも、労働者に明示する必要があります（同法第15条第1項）。

(3) 年俸制と賞与の取扱い

　年俸制を採用する場合、年俸額を例えば17等分し、17分の1を毎月の賃金とし、17分の5を2つに分けて年2回の賞与として支給するということは、よく行われている決定方法です。賞与はもともと業績等に応ずる給与ですから、当然に年俸の中に含むと考えられており、それによって年収を確定し人件費の計算をするという特徴があります。

　一方、行政解釈上「賞与」とは支給額があらかじめ確定されていないものをいい、支給額が確定しているものは「賞与」とみなされない（昭22.9.13発基第17号）とされており、この定義によれば、年俸額が決まった時点で賞与の支払額が確定していることになるため、年俸の賞与該当部分は、労基法上の「賞与」に該当しないことになります。

　ところで、割増賃金の基礎賃金から除外されるものとして「1箇月を超える期間ごとに支払われる賃金」（労基則第21条第5号）があり、一般に賞与は年2回等の支給となっているので、この除外賃金に該当するものと解釈されています。しかし、年俸制の前記の例で17分の5という形で組み込まれている賞与部分は、労基法上「賞与」に該当しないため、割増賃金の基礎賃金から除外することはできません。

3　年俸制をめぐる不利益変更の問題

(1) 年俸制導入による不利益変更

　従来の年功型賃金体系を変更して、年俸制を導入しようとする場合、前年度の考課や業績次第では前年度より年俸額が低下する可能性があ

りますので、労働者にとっては労働条件の不利益変更となる場合があります。この場合も、個別の労働者の同意がなければ就業規則等を変更する必要があり、当該年俸制導入の合理性が要件とされます（労契法第10条。就業規則の不利益変更についてはQ13参照）。

　この点、裁判例でも、「新賃金規則の適用により被告会社の従業員のうちで賃金額が減少した者と増額した者とがあるが、賃金減額を生じうる変更である以上、新賃金規則への変更は就業規則の不利益変更に該当するものと認められ、このように就業規則の改定によって労働者に不利益な労働条件を一方的に課することは原則として許されないが、当該条項が合理的なものである限りこれに同意しない労働者もその適用を拒むことはできないというべきである。」とされています（**平12.2.8東京地裁判決、シーエーアイ事件、ID07508**）。

(2) 年俸額の引下げ

　年俸制の下では、通常前年度の考課・業績等を評価して当該年度の年俸額が決定されますが、年俸額について労使当事者間で合意が成立しない場合に、使用者が一方的に前年度より年俸額を引き下げることができるのでしょうか。

　裁判例では、「各契約年度の賃金債権は、使用者と労働者との間の合意によってのみ形成されることになるから、労働者の前年度における勤務実績や当年度における職務内容等の諸要素によって、事実上、前年度よりも年俸額が減少する結果となることもあり得ることであり、それが当事者間の合意に基づくものである限り、年俸額の減少は、適法・有効である。」とし、減額もあり得ることを含めての年俸額の合意がある限り年俸額の引下げを認めるものがあります（**平9.1.24東京地裁決定、デイエフアイ西友事件、ID06897**。ただしこの事案では、減額の合意なく一方的な減額をしたものとして無効と判断しています。）。

　また、新年度の賃金額（年俸額）について労使当事者の合意が成立しない場合は、「年俸額決定のための成果・業績評価基準、年俸額決定手続、減額の限界の有無、不服申立手続等が制度化されて就業規則等に明示され、かつ、その内容が公正な場合に限り、使用者に評価決

定権があるというべきである。上記要件が満たされていない場合は、労働基準法15条、89条の趣旨に照らし、特別の事情が認められない限り、使用者に一方的な評価決定権はないと解するのが相当である。」としたものもあります（平20.4.9東京高裁判決、日本システム開発研究所事件、ID 08638）。

一方では、年俸額の協議が不調の場合は、会社は協議を打ち切って年俸額を決定でき、当該決定に承服できない労働者は、それが裁量権を逸脱したものかどうかを訴訟上争うことができるとする裁判例もあります（平19.3.26東京地裁判決、中山書店事件、ID 08660）。

以上の裁判例などから考えますと、年俸額の引下げには、少なくとも就業規則等で業績等の評価に応じて年俸額の減額もあり得ることを含めその根拠と基準等（評価基準、決定手続き・減額の限界等）を制度化・明確化しておくことが必要でしょう。また、年俸制の運用やその前提となる業績等の評価の公正さを確保することが重要です。

なお、当事者の合意で年俸額と賃金月額が確定した後、当該年度の途中で使用者が一方的に引き下げることは、合理性の有無にかかわらず無効とされています（前掲シーエーアイ事件判決）。

企業合併と賃金制度の統一

Q39 企業合併にともない、賃金制度を統一すると一部の労働者が不利益となる事態を避けられません。このような統一の仕方には問題がありますか？

Point
(1) 企業合併にともなう労働条件の統一により、一部の労働者にとっては合併前よりも賃金が減額される場合は、労働条件の不利益変更となり、原則として、個々の労働者の同意を得る必要がある。
(2) 合併する複数企業の労働組合が統一した労働協約に改定する方法によることも可能。ただし、一部の組合員をことさらに不利益な場合や、非組合員に拡張適用することが著しく不合理な場合には、適用が認められない。
(3) 就業規則の変更による場合は、労働者が不利益を受忍するに足る高度の必要性に基づいた合理性が認められなければならず、合併による労働条件の統一の必要性、不利益緩和のための代償措置、調整措置等、制度移行にあたって労働者に対する説明や労働組合との話し合いなどを重視して判断される。

1 企業合併

近年、企業の合併・買収にともなう企業の組織再編が進んでいます。その目的は、異業種企業がそれぞれの専門性・技術をもち寄り事業を拡大する場合や、経営難に陥った企業の救済を目的としたもの、リスク分散を目的とした分社化、共同子会社設立などさまざまです。

企業の組織再編の形態の1つである合併には、当事者となる会社のうち1つを存続会社として残し、それ以外の会社の権利義務関係を存続会社に承継させる「吸収合併」と、当事者となる各会社が解散して新たに設立される会社に権利義務を承継させる「新設合併」があります。

合併の場合は、企業間の契約により、その一部または全部の企業が解散・消滅し、消滅する会社の権利義務関係は、存続会社（吸収合併の場合）または新設会社（新設合併の場合）が承継します。この承継は包括承継であるため、権利義務関係の一部のみを承継することはできません

(会社法第750条第1項、第752条第1項、第754条第1項、第756条第1項)。

2 労働条件の統一にともなう不利益変更

(1) 労働条件の不利益変更

合併は、相異なる企業が一緒になるわけですから、合併前の各企業の労働者の労働条件など統一・調整が必要となります。中でも、特に賃金・退職金などは、人事システムを統一させる必要上、一部の従業員にとっては従前よりも引き下げられ、不利益になる場合も往々にして生じます。

合併は消滅する会社の権利義務関係を合併後の会社に包括的に承継させるものですから、当然、合併前の各労働者の労働契約関係も承継されます。合併にあたって労働条件を統一せざるを得ないという事情はあっても、労働契約の基本的内容である賃金制度を、従来より不利益になるような方向に変更することが、使用者に当然に許されるということにはならないのです。したがって、合併にともなう賃金制度の不利益変更の問題が生じます。

この点、実際に不利益変更を被る当の労働者の個別の同意が得られれば、強行法規に違反しない限り、賃金制度の不利益変更は問題ありません。しかし、個別の同意が得られない場合には、労働協約または就業規則の変更によって賃金制度を変更する必要があります。

(2) 労働協約による不利益変更

労働組合との労働協約によって賃金制度を変更する場合は、合併する複数企業の労働組合がまず統一し、合併後にそれまでの各社における賃金協定(労働協約)を一括改定する形で、賃金制度に関する新しい労働協約を締結することになるでしょう。

労働協約には、組合員の労働条件を規律する規範的効力がありますから、組合員については労働協約で定められた新しい賃金制度の内容が適用されます(労組法第16条)し、非組合員については、各事業所で「同種の労働者」の4分の3以上が当該労働協約の適用を受けてい

れば、残りの非組合員にも拡張適用されます（同法第17条）。

　ただし、留意しておかねばならないのは、労働協約の規範的効力や拡張適用は、どんな場合でも自動的に発動されるのではなく、前者については、一部の組合員をことさらに不利益に扱うことを目的として締結されたなど、労働組合の目的を逸脱するような場合は規範的効力が認められないことがあり得ます（**平9.3.27最高裁第一小法廷判決、朝日火災海上保険（石堂）事件**）し、後者については、非組合員に拡張適用することが著しく不合理であるとみなされるような場合にはやはり適用は許されないことになります（**平8.3.26最高裁第三小法廷判決、朝日火災海上保険（高田）事件、ID06785**）。したがって、合併の場合も、各社に属していた労働者に対する公正な処遇、労働組合との真摯な交渉といった手続きが、新会社には求められるといえるでしょう。

(3) 就業規則の不利益変更

　労働組合がない場合や、労働組合との交渉が調わず労働協約の締結に至らない場合は、就業規則の変更によって新しい賃金制度を定める方法によることとなります。ただし、就業規則の不利益変更が有効と認められるには、その変更に「合理性」が認められなければなりませんが（就業規則の不利益変更についてはQ13参照）、裁判実務上、特に賃金・退職金など重要な労働条件の変更には、「高度の必要性に基づいた合理性」が必要とされ、個別具体的な判断は、厳格に行われているのが現状です。

　これについては、**大曲市農協事件（昭63.2.16最高裁第三小法廷判決、ID03924**）において示された判断枠組みが一定の参考となるでしょう。この事件は、秋田県の大曲市にあった7つの農協が1つに合併するにあたって、花館農協という1つの農協の退職金支給基準だけがかなり高く、これを他の6つの農協と統一するにあたって、花館農協から来た労働者だけが、受給すべき退職金が若干減額されるような結果となり、3名の労働者が新規定の適用を拒んで訴訟になったというものです。最高裁は、この労働者らの訴えを認めた原審の判断を覆して新規定の拘束力を認めましたが、その判断内容をみますと、まず、

就業規則により賃金や退職金等の重要な労働条件を不利益変更するには、当該不利益を受忍させるに足るだけの高度の必要性に基づいた合理的な内容の変更でなければならないという前提をもとに、合併における労働条件統一の必要性と、本件における不利益緩和のための農協側の努力、労働組合がこれを容認していることなどを重視して、合理的な内容の変更であるとしています。

　この判決が特に重視していると思われるのは以下の２点です。

> ① **不利益の程度**
> 　農協側は花館農協から来た労働者に多大な不利益を被らせないよう、賃金制度全体を改善して、結果的には、退職金は額としては従来とそれほど大きな差が出ないような配慮がなされ、他の６つの農協の従来の水準に、花館農協の労働者が自動的に下げられることで、一部の従業員のみが大きな不利益を余儀なくされるような結果になることのないように処理した。
>
> ② **納得性の得られる制度改定**
> 　３人の労働者が他の労働者を代弁して訴えを提起した、というような事情はなく、大多数の労働者は農協側の措置を受け入れていた。７つの組織が１つになるにあたり、それぞれから来た労働者にさまざまな影響が及ぶにもかかわらず、本件の場合には、労働者が全体として納得が得られるような制度改定がなされていた。

　上記判決などを踏まえますと、合併にあたって労働条件を統一する場合に一部の労働者にとって不利益になるような制度変更が合理的なものと認められるには、①大幅な賃金の引下げにならない賃金制度への変更であること（不利益性が許容される程度）、②制度移行にあたって不利益を緩和する措置（代償措置、調整措置等）がとられていること、③制度移行にあたって労働者に対する説明や労働組合との話し合いが十分になされていること（適正手続き）が重要なポイントと考えられます。

賞与の不支給

Q40 今までは賞与を支給してきましたが、業績が悪化したので賞与を支給しないとすることはできますか？

Point

（1）「賞与」は、労働契約、就業規則等で支給条件等が明確に定められている場合は「賃金」にあたる。
（2）賞与が「賃金」に該当する場合であっても、労働者が使用者に対して具体的な請求権をもつか否かは、就業規則の規定の仕方によっても異なる。
（3）就業規則に具体的な賞与額を規定している場合は、使用者に支払義務が生じ、これを不支給あるいは減額する場合には、不利益変更の問題として合理性が認められなければならない。

1 賞与の法的性格

　賞与は、定期にまたは臨時に特別給与として労働者の勤務成績等に応じて支給されるもので、一般的には夏・冬の年2回支給されるケースが多くみられます。賞与の支給基準や支給金額等は企業によって異なりますが、最近では、成果主義的な人事制度への移行の流れを背景に、労働者の職務に対する業績（成果）や責任に連動させて決定される場合も増えてきています。
　賞与は、①賃金後払い的性格（賞与支給対象期間中の労働に対する対価としての性格）、②生活補助的性格（月例給によって補えない生活不足分をカバーする手当的な性格）、③功績報償的性格（一定期間における会社の業績向上に貢献した労働者の功績に対する報償的性格）、④収益分配的性格（収益獲得に貢献した労働者にその寄与に応じた成果配分的性格）をもつものと考えられています。
　賞与の法的な特徴について言及した裁判例では、「賞与は勤務時間で把握される勤務に対する直接的な対価ではなく、従業員が一定期間勤務したことに対して、その勤務成績に応じて支給される本来の給与とは別の包括的対価であって、一般にその金額はあらかじめ確定していないものである。従って労務提供があれば使用者からその対価として必ず支払

われる雇用契約上の本来的債務〈賃金〉とは異なり、契約によって賞与を支払わないものもあれば、一定条件のもとで支払う旨定めるものもあって、賞与を支給するか否か、支給するとして如何なる条件のもとで支払うかはすべて当事者間の特別の約定（ないしは就業規則等）によって定まる」（昭55.10.8名古屋地裁判決、梶鋳造所事件、ID01049）としたものがあります。

2 賞与の支給義務

　労基法（第11条）、労契法（第6条）上「賃金」とされるものは、「労働の対償」として使用者が労働者に支払うものをいいます。したがって、まったく使用者の任意・恩恵的に支給されるものは「賃金」にはあたりません。

　労基法、労契法上は、賞与の支払義務を明記しているわけではありませんが、労働協約、就業規則、労働契約で支給条件等が明確に定められている場合は、「労働の対償」としての「賃金」となります。また、企業内に賞与制度を設ける場合は、「臨時の賃金等に関する事項」として就業規則の相対的必要記載事項となりますので、就業規則に定めておく必要があります（労基法第89条第4号）。

　賞与が「賃金」に該当する場合であっても、直ちに労働者が使用者に対して賞与を請求する具体的請求権が発生するわけではありません。

　この点は、次のように、就業規則等の規定の仕方によっても異なります。

(1) 支給金額を明示している場合

> 　会社は、毎年6月及び12月に、基本給額の3か月分の賞与を支給する。

　具体的に支給金額を明示し、賞与を支給することを就業規則等で明記している場合には、労働者は使用者に対して具体的請求権をもち、使用者は就業規則等で定められている賞与額を支払わなければなりません。

(2) 具体的に支給金額を明示していない場合

> 会社は、毎年6月及び12月に賞与を支給する。

　就業規則等では、賞与を支給することは約束しているものの、支払期日、対象者の範囲（受給資格）を定めるにとどまり、具体的な金額は別途労働協約や使用者の決定による場合は、労働者には「いくらいくらの金額を支払え」という具体的請求権はありません。

　この点につき、裁判例でも、「一時金の支給額、具体的には基準内賃金に乗ずべき月数は、前認定のように、その都度会社と組合との交渉により決定されるべきものであるから、労使間にかかる合意（労使間協定）が存在しない以上、他に特段の事情のない限り、組合員において具体的権利として一時金を請求することはできないものといわなければならない。」（昭57.12.16東京地裁決定、日本ブリタニカ事件、ID01054）としているものや、「個々の従業員が被告に対し賞与の支払を求めることができるのは、被告が本件内規5条で定められた賞与額を算出する算式を構成する項目のうち組合員平均月数以外の項目を確定させ、被告と訴外組合との団体交渉が妥結して組合員平均月数が確定し、もって被告が個々の従業員に支給すべき賞与額が確定した後のことであって」（平12.2.14東京地裁判決、須賀工業事件、ID07509）としているものがあり、賞与額が具体的に確定した時点で賞与請求権が発生するものとされています（ほか、**昭63.4.27高松高裁判決、御国ハイヤー事件、ID04013**等）。

(3) 業績、勤務状況等に応じて賞与の支給・不支給を決定する場合

> 会社は、毎年6月及び12月に業績及び本人の勤務状況、成績等を勘案し、賞与を支給することがある。

　就業規則の規定上、賞与を支給するかどうかについて確定していない場合においては、賞与を支給するか否かは使用者の人事権の裁量の問題となり、法的には労働者の具体的請求権は認められません。

　また、業績評価、人事考課に基づいて支給金額が決定される場合は、業績・人事考課の査定が行われない限りは賞与請求権が発生しません。

ただし、使用者が人事権を逸脱して恣意的な査定をしたような場合には、不法行為となる可能性があります（平5.10.12広島地裁判決、JR西日本事件、ID06347。組合のバッジを着用したこと等を理由に夏季一時金の減額査定を受けたとして不法行為による損害賠償請求が認容された事案）。

(4) 賞与支給の慣行

賞与の支給に関して、過去はずっと賞与が支払われてきたとか、前年度を下回ったことがないということが賞与支給の慣行となるのかについては、過去においてはそれを支払えるだけの営業利益・業績があったというだけのことであり、原則として、賞与支給の有無、支給月数、金額等が過去の実績により決定されるということはありません。

裁判例では、賞与の支給が慣行として確立されている場合は賞与請求権が認められるとされた事案もあります（平6.12.26東京高裁判決、上尾タクシー事件）が、慣行による賞与請求権を否定した裁判例も多く（昭49.5.16大阪地裁判決、外銀労事件／平9.5.19大阪地裁判決、松原交通事件、ID07005など）、慣行に基づいて賞与請求権が具体的に発生すると解釈することは難しいと考えられます。

3 賞与の不支給・減額

これまで支給してきた賞与を不支給あるいは減額とすることが認められるか否かは、前記のように、賞与請求権が具体的に発生しているか否かで異なってきます。

(1) 具体的請求権が発生している場合

前記 **2**(1)のように、「賞与は、○カ月分支払う」のように具体的に支給額が明記されている場合は、使用者に支払義務が生じますので、これを支給しないのは賃金不払い（労基法第24条違反）となります。賞与を支給しない、あるいは減額する場合には、個別の同意がなければ、就業規則の変更による労働条件の不利益変更の問題となり、賞与の不支給・減額に合理性がなければなりません（就業規則の不利益変

更についてはQ13参照）。

　賞与も賃金ですから重要な労働条件の不利益変更となりますが、業績不振による賞与額の減額は、基本給を引き下げる場合よりは、合理性判断は比較的緩やかに認められるものと思われます。

(2) 具体的請求権が発生していない場合
　前記 **2** の(2)〜(4)のように、賞与請求権が具体的に発生していない場合は、使用者に賞与の支給義務がない以上、原則として、従前支給されてきた賞与を不支給としたり、減額することは可能です。

年俸制と賞与の廃止

Q41 年俸制を導入するとともに、賞与を廃止することは可能ですか？

Point
(1) 年俸制における賞与の中には、賃金の分割払いに過ぎず、支給額が確定していない労基法上の「賞与」とは異なるものがある。
(2) 賞与部分を含まない年俸制をとり、実質的な賞与カットとなる場合は、労働条件の不利益変更となり、一定の代償措置、激変緩和措置を設けること、労働組合等と交渉等の点からも、合理性を有することが重要なポイントとなる。
(3) 賞与部分を含む年俸制による場合は、年俸額が決まれば賞与部分も含め使用者に支払義務が発生する。業績に応じて賞与部分が変動する方式をとる場合には、減額の可能性もあるためその旨明確にしておく必要がある。

1 年俸制における賞与の取扱い

年俸制において、賞与に相当する部分の取扱いについては、おおまかには次のような類型に分けられます。

図表Q41－1　年俸制における賞与の取扱いの類型

類　型	内　容
Ⅰ 完全年俸制	期末に次期年俸額を決め、それを12等分して月例給与を支給。賞与部分はない。米国ではこのタイプが多い。
Ⅱ 賞与固定型	期末に次期年俸額を決め、それを例えば16等分など一定係数で等分して月例給与を支給し、残りを夏季・冬季などに賞与として支給する。 賞与が固定されるため、人件費が固定化する問題がある。 賞与部分は、年俸額を決定する時点であらかじめ決定されるので、通常は労基法上の「賞与」とは認められない。

Ⅲ 賞与 　変動型	期末に次期年俸額を決め、それを例えば16等分など一定係数で等分して月例給与を支給し、残りを夏季・冬季などに賞与として支給する点はⅡの賞与固定型と同じ。ただし、賞与支給時に半期ごとの業績評価に基づいて調整・支給する。Ⅱの賞与固定型の問題点である人件費の固定化を解消し、賞与部分の支給額に業績を反映させることが可能。
Ⅳ 賞与 　別立て型	期末に次期年俸額を決め、それを12等分して月例給与を支給。賞与は年俸とは別途、通常夏季・冬季など半期ごとの業績評価に基づき支給額を決定する。

　一般的には、このように、当該年度の業績等の評価に基づき、期末に次期年俸額が決定されますが、年単位で決定された総額の中に、賞与部分を設けるタイプや設けないタイプ、賞与部分が固定的に決定されるタイプや業績等に応じて変動するタイプなどの違いがあります。

　わが国の多くの企業でみられるのは、月例給与プラス業績・成績によって変動する賞与変動型（**図表Ｑ41－１のⅢのタイプ**）であり、人件費の固定化を防ぎ、業績に連動した賞与部分によって年収額を調整できるフレキシブルな制度です。

2　年俸制導入にともなう賞与廃止と不利益変更

　年俸制は、Ｑ38で解説したとおり、通常、前年度の実績の結果等によっては年俸の減額が予定されています。従来の自動昇給的な年功型賃金制度を改める場合においては、賃金が引き下げられる可能性があるという不利益変更の問題となり、就業規則の変更によって年俸制を導入する場合には、その合理性が認められなければなりません。

　また、賞与が就業規則等で制度化され、支給条件等が明確になっている場合には、「賃金」として労基法上賞与の支払義務がありますので、従来あった賞与制度を廃止することは、労働条件の不利益変更となります。なお、以下に述べる「合理性」の部分と関係しますが、就業規則の変更によってこれを行う場合の要件等については、Ｑ13を参照してください。

　そこで、年俸制の下で賞与の取扱いについてどのような方式をとるかによって、年俸制導入にともなう労働者の不利益の程度も異なってきます。

(1) 賞与部分を含まない年俸制

　図表Ｑ41－1のⅠのタイプは、年俸額を12カ月で割り、月例賃金のみ支払う方式です。年俸額の総枠そのものが従来の年間の賃金総額（賞与も含む）よりも減額され、実質的に賞与カットになるような場合には、減額の幅が大きいほど労働者にとっての不利益も大きくなります。年俸制により人件費の総枠自体を減少させる趣旨であれば、それ相応に経営上の高度な必要性がなければ合理性は認められないでしょう。

　また、制度移行にともなう実質的な減額による損失分に対して、一定の補てんをするなど代償措置、激変緩和措置を講ずることや、制度導入のプロセスにおいて、労働組合あるいは労働者に対する十分な説明と交渉の努力をすることも合理性の重要な要素となります。

　一方、年俸額に賞与部分を含まない代わりに、別途業績に応じて賞与を支給するⅣのタイプは、従前の月給プラス賞与による賃金制度とさほど大きく変わらないため、労働者にとっての不利益の度合いが小さく、年俸制の導入も比較的合理性が認められやすいものと考えられます。

(2) 賞与部分を含む年俸制

　年俸制の下では、当該年度の年俸額は通常、前年度の業績等に応じてあらかじめ決定されるものですから、Ⅱのタイプのように、年俸額を月例給与部分と賞与部分とに分ける場合は、賞与部分は支給額の定まっていない労基法上の「賞与」の性格をもつものではなく、金額があらかじめ決まっている年俸の一部に過ぎません。これはつまり、金額が決まっていて労働者の使用者に対する具体的な賃金請求権が発生していることになりますので、賞与部分を支給しない取扱いをすることは賃金不払い（労基法第24条違反）となります。

　このような年俸制の下で、賞与の支給対象期間は勤務していたが、退職により支給日在籍の要件を満たさなかったために賞与を受けられなかったという事案において、「控訴会社は6月又は12月のいずれの賞与にせよ、右計算期間全部を勤務した従業員に対しては、右従業員

がその後も在職しているか否かを問わず、当然、その期の賞与を支給すべき義務あるものというべく、従って既に具体的請求権として発生した賞与につき、控訴会社が一方的に右賞与の計算期間経過後の在籍者にのみこれを支給すると定めて、その権利を剥奪することは許されず、かかる定めは法律上無効であるといわなければならない。」(**昭49.8.27東京高裁判決、日本ルセル事件、ID01043**)とされた裁判例もあります。

　この場合、年俸額が一旦決まれば賞与部分も含めて使用者に支払義務が生じるので、賞与部分が固定され、一面安定した制度ともいえます。しかし、わが国で年俸制がとられる場合に多く採用されているⅢのタイプは、年俸額に賞与部分を含めつつ、賞与部分の支給額の決定にあたって業績等の評価を考慮して実際の支給額を調整するものです。このⅢの賞与変動型をとる場合には、人件費の固定化を防ぎ、業績をより的確に反映できるメリットがあるのですが、業績に応じて賞与部分が変動し、減額の可能性もありますので、年俸プラス変動賞与ということを明確にしておく必要があります。

管理職や役員の賃金・報酬の引下げ

Q42 管理職や役員（執行役員、使用人兼務者）の賃金を一方的に引き下げることができますか？

Point
(1) 管理職の賃金引下げも労働条件の不利益変更であり、その合理性の有無が問題となる。最高裁判例では、特定層の労働者のみに大きな不利益を与える場合には、多数組合の同意があるからといって必ずしも合理性が認められるわけではなく、代償措置等の有無等も勘案して判断されている。
(2) 役員報酬は、会社との委任契約に基づくもので「賃金」とは異なるが、一旦報酬額が決定されれば、本人の同意なしに一方的に引き下げることはできない。
(3) 兼務役員の場合は、従業員の賃金部分の引下げは、(1) のとおり、労働条件の不利益変更の問題として合理性が要件となる。一方、役員報酬部分の引下げは (2) のとおり、決定された報酬額を変更するには本人の同意が必要となる。

　業績悪化等によって人員整理等を含むいわゆるリストラの必要が生じたときなどの場合に、その回避のために管理職や役員の賃金を引き下げるといったことがみられます。管理職や役員は、一般に経営者と利害関係が一致し、経営責任も重いというのがその理由ですが、賃金や役員報酬を一方的に引き下げられるかどうかは、次にみるように、労働契約であるか委任契約であるかによって、すなわち、管理職と役員とでは取扱いが異なります。

1 管理職の場合

(1) 労働条件の不利益変更の問題
　管理職は、一般に、非管理職より重い経営責任が課せられています。しかし、その契約の形態は、非管理職と同様、労働契約です。したがって、賃金の引下げを管理職のみを対象とする場合も非管理職の場合

と同様に、基本的な労働契約内容の変更であり、労働条件の不利益変更にあたりますから、管理職を対象とする賃金の引下げについても、その必要性と合理性の有無が問われることになります。

　一般に、管理職は非組合員とされていますので、賃金の引下げについて、労働者の多数で組織された労働組合の同意を得た場合にも、少数の管理職等が賃金の引下げに反対するときは、「合理性」がなければ一方的にこれを実行することはできません。できるだけ管理職1人ひとりにその必要性を十分説明し、同意を得るようにすべきでしょう。

　また、管理職は、一般の労働者よりもより経営者に近く、職責が大きい一方で、管理職という一部の層に限定して重要な労働条件である賃金を引き下げることになりますから、就業規則を変更して賃金を減額する場合には、個別事案ごとに合理性判断の考慮要素を精査する必要があります。

(2) 裁判例～特定層に不利益な労働条件変更

　労働条件の引下げについては、次のような裁判例がありますが、この判例法理を実定法化した労契法第10条本文においては、就業規則の不利益変更法理が規定されていますので、裁判例と同様、同条についても留意が必要です（Q13参照）。

①多数組合の同意があっても合理性が認められなかった事案

　60歳定年制の下で55歳以上の従業員について専任職制度等の創設にともない賃金が33％ないし46％減額となったみちのく銀行事件（平12.9.7最高裁第一小法廷判決、ID 07602）では、人事制度改革の経営上の必要性を認めつつも、「本件における賃金体系の変更は、短期的にみれば、特定の層の行員にのみ賃金コスト抑制の負担を負わせているものといわざるを得ず、その負担の程度も前示のように大幅な不利益を生じさせるものであり、それらの者は中堅層の労働条件の改善などといった利益を受けないまま退職の時期を迎えることとなるのである。就業規則の変更によってこのような制度の改正を行う場合には、一方的に不利益を受ける労働者について不利益性を緩和するなどの経過措置を設けることによる適切な救済を

併せ図るべきであり、それがないままに右労働者に大きな不利益のみを受忍させることには、相当性がないものというほかはない。」
「行員の約73％を組織する労組が（就業規則等の）変更に同意している。しかし、上告人らの被る不利益変更の程度や内容を勘案すると、賃金面における変更の合理性を判断する際に労組の同意を大きな考慮要素と評価することは相当ではない」とし、特定層の従業員のみに大きな不利益を与えるもので、これに対する十分な代償措置等がとられていないことなどから、当該就業規則の変更の合理性を否定しました。

②**労働組合との協議が尽くされ、合理性が認められた事案**
　一方、就業規則を改正して、55歳に達していた行員を専任職に移し、55歳に達していない者で管理職に達していない者については総合職と一般職を選択させ、選択をしない場合は一般職として取り扱い、経営職、管理職及び総合職の者が55歳に達すると専任職に移行して役職を離れるものとした事案では、裁判所は、人事制度の変更により専任職の定例給与が減額される部分については重要な労働条件の不利益変更を含むものと認めたうえで、次のように判示しています。「被告〔銀行〕は、従来から60歳定年制の下で、基本的に年功序列型の賃金体系を維持していたところ、行員の高齢化が進みつつあり、他方、他の近隣他行では、従来定年年齢が被告よりも低かったため55歳以上の行員の割合が小さく、その賃金水準も低レベルであったというのであるから、被告としては、55歳以上の行員について、役職への配置等に関する組織改革とこれによる賃金の抑制を図る必要があったということができる。そして、その事情に加え、被告の経営効率を示す諸指標が近隣他行の地銀の中で下位に低迷し、弱点のある経営体質を有していたことや、金融機関間の競争が相当程度に激化していること、金融機関は他の企業と異なりいったん経営が悪化し始めると、信用不安がそれをさらに増幅して急速に深刻化する傾向があり、その結果経営が破たんした場合の社会一般に及ぼす悪影響が多大であること等を考え合わせると、本件就業規則等変更は、被告にとって、高度の経営上の必要性があったという

ことができる。」そして、「被告の経営状態は直ちに窮地に追い込まれるほどに悪化していたとまでは認められないものの、金融機関の競争が激化し、地方銀行においても経営破たんや経営の行き詰まりも相次いでいる中で、近隣他行に比して人件費の負担が大きく、経営指数も劣位にあったのであり、また、管理職、経営職の待遇が十分ではなく、そのまま放置すれば、若手及び中堅行員の士気にも影響を及ぼすという状況にあって、人事制度改革の高度の必要性があったこと、これに比して、被告における給与は減額されたものの、その支給額は近隣他行における給与よりも多く、津市における標準生計費と比較しても少ないとはいえないこと、全従業員の約4分の3を占める労組は高年齢の行員を含む多数の従業員の意見を十分に代弁しているといえるところ、被告と労組との間では協議が尽くされ、労組は新人事制度を容認しており、利害調整はなされているといえる」と判断し、本件就業規則等の変更は、その不利益を法的に受忍させることもやむを得ない程度の高度の必要性に基づいた合理的な内容のものと認めています（平16.10.28津地裁判決、第三銀行事件）。

2 役員の場合

(1) 役員報酬の減額

役員の場合には、従業員兼務取締役（以下「兼務役員」といいます。）と従業員を兼務しない取締役等では取扱いが異なります。会社法上の取締役等は、使用者との間の労働契約ではなく、会社との間の委任契約という契約形態がとられており、「賃金」ではなく「役員報酬」が支払われます。役員報酬は、定款で定めるか、または株主総会の決議によって決定されます（会社法第361条）。したがって、委任契約に基づいて役員報酬として支払われる部分については、契約当事者（会社と役員）との間の問題であり、具体的な役員報酬額の決定について代表取締役に委任されている場合には、その代表取締役の意思によって、その報酬の決定を一方的に行うことができます。

しかし、一旦決定された以上は、会社と取締役間の契約内容となり

ますから本人の同意なく一方的に引下げなどはできません。最高裁判例では、「株式会社において、定款又は株主総会の決議（株主総会において取締役報酬の総額を定め、取締役会において各取締役に対する配分を決議した場合を含む。）によって取締役の報酬額が具体的に定められた場合には、その報酬額は、会社と取締役間の契約内容となり、契約当事者である会社と取締役の双方を拘束するから、その後株主総会が当該取締役の報酬につきこれを無報酬とする旨の決議をしたとしても、当該取締役は、これに同意しない限り、右報酬の請求権を失うものではないと解するのが相当である。この理は、取締役の職務内容に著しい変更があり、それを前提に右株主総会決議がされた場合であっても異ならない。」（平4.12.18最高裁第二小法廷判決、協立倉庫事件）としています。

なお、「会社経営の必要から、任期途中でも、取締役の職務内容の変更は許されるべきであり、その場合に、例外的な報酬額の変更（ことに減額ないし不支給の場合）をなお問題とする余地を認めるべきであろう。例えば、取締役会規則・内規等により、各取締役の報酬が個人ごとにではなく、取締役の役職ごとに（社長、副社長、専務取締役、常務取締役等の職制上の地位、業務分担、常勤・非常勤の別等）定められ、任期中に役職が変われば当然に報酬額が変わることになっていて、しかも、このような報酬の定め方および慣行を了知したうえで取締役就任に応じた場合には、取締役任用契約に明示的に特約されていなくても、黙示のうちに応諾したものとみるべきであるから、会社は、一方的に、当該取締役の同意を得ることなく、任期中の役職の変更に伴う取締役報酬の変動、場合によっては減額の措置がとれるものと解されよう。」（西山芳喜「ジュリスト1024号　平成4年度重要判例解説」（有斐閣発行）121頁）とする見解もあります。

(2) 兼務役員の報酬引下げ

兼務役員の場合には、役員報酬部分については(1)のような制限のある一方で、従業員としての賃金部分については、当該者の同意が得られない場合には一方的に引き下げることはできません（合理的な理由がなければ解雇することもできません。）。つまり、兼務役員の場合

は、役員報酬部分については委任契約の法理によりますが、従業員として支払われる賃金部分の引下げについては、個別の同意が必要（個別同意が得られず就業規則の変更による場合は、前記**1**の管理職の場合と同様、変更の合理性が要件）となるわけです。

　この点、裁判例には、兼務役員が取締役として再任されず、一従業員となったこと、職務怠慢や営業成績の低下を理由として賃金を減額された事案で、「賃金は、労働契約に基づいて支払われるものであり、使用者がこれを一方的に減額できるものではないところ、賃金が基本給と諸手当に区分されている場合、諸手当はその支給目的によって支給額の変動が予定されているものであるのに対し、基本給は懲戒等による場合のほか減額されず、基本給と手当の配分の変更は各月の賃金支給額に変動を及ぼすものであり、更には退職金の算定基準とされるなど、労働者の賃金に重大な影響を及ぼすものであるから、使用者が労働者の合意なくこれを一方的に変更することはできないというべきである。」としたうえで、「役員を退任した際に、役員報酬分を全額減額したうえ、それまでの基本給を新たに基本給と諸手当に分割するのは、役員になった際の扱いと均衡を失するといわなければならないし、まして、その基本給を役員となる以前の基本給より低額とする根拠はな」いとしています（平3.12.25大阪高裁判決、京都広告社事件、ID06001）。

　また、他社から懇請されて会社の常務取締役（東京営業所長兼務）に就任した者が、目標とした販売成績を上げることができなかったとして、会社が一方的に入社（転職）時の報酬を減額したことについて、「主としては被告会社の従業員としてその東京首都圏での販売成績を上げることを目的に雇用されたもので、役員としての右肩書や地位は右の従業員としての業績向上に役立たせる程度の副次的なものであり、原告に毎月支給される金員は役員報酬ではなく賃金であること、また、原告の右雇用に際しては、被告会社の東京首都圏における販売成績の挙がらないことがその重要な動機であるところから、被告会社社長から原告に対しその間の事情が十分に説明され、原告もこれを了承して右の販売成績を挙げることを約して被告会社に雇用されたものであるが、その販売成績が具体的、確定的数字等で示され、これに達

しない場合においては、被告会社において一方的に原告の労働条件等を原告に不利益に変更することができるというほどの具体的なものではな」いから、その減額は無効である（**昭61.1.27東京地裁判決、津軽三年味噌販売事件、ID00495**）としたものがあります。

定年後再雇用者の賃金引下げ

Q43 定年で退職した者を再雇用する際には、賃金を引き下げることができますか？

Point
(1) 定年後、「再雇用」による場合は、従前の労働契約と再雇用後の労働契約は別個の契約となり、従前よりも賃金額を低く設定することもできる。ただし、最低賃金を下回ることは許されず、また、不当な賃金設定により公序良俗違反となり得る場合もあることに注意を要する。
(2) 定年後の継続雇用として「勤務延長」による場合は、従前の労働契約が継続するので、賃金を引き下げることは労働条件の不利益変更の問題となり、合理性が要件となる。

1 定年制と高年齢者の雇用確保措置

(1) 定年到達による効果

　定年制とは、一定の年齢に達したときに労働契約が終了する制度です。
　一般に、定年制には、定年に達したときに自動的に労働契約が終了する「定年退職」の場合と、定年に達したときに解雇の意思表示をして労働契約を終了させる「定年解雇」の場合があるといわれています。どちらの場合に該当するかは、就業規則等の定め方によって異なります。
　この点について、行政通達では、「就業規則に定める定年制が労働者の定年に達した翌日をもってその雇用契約は自動的に終了する旨を定めたことが明らかであり、且つ従来この規定に基づいて定年に達した場合に当然雇用関係が消滅する慣行となっていて、それを従業員に徹底させる措置をとっている場合は、解雇の問題を生ぜず、したがってまた法第19条の問題を生じない。」(昭26.8.9基収第3388号) とし、①就業規則で定年制の定めがあり、かつ、②その定めに沿った慣行があって、③定年制が周知されている、という3つの要件を満たすときは、定年退職者に対して労基法第19条の解雇手続きは必要ないものとしています。しかし、これらの要件を満たさない場合には、労基法上の解雇手続き（解雇予告、解雇予告手当の支払い等。同法第19条、第

20条）を必要とします。

(2) 高年齢者雇用安定法上の措置義務

　平成16年の高年齢者等の雇用の安定等に関する法律（以下「高年齢者雇用安定法」といいます。）の改正により、65歳未満の定年を定めている事業主は、その雇用する高年齢者の65歳までの雇用を確保する措置を講ずることが義務づけられています（同法第9条）。雇用確保措置の対象となる年齢は、年金の支給開始年齢に合わせて段階的に引き上げられ、事業主は、平成22年4月1日から平成25年3月31日までは64歳まで、平成25年4月1日以降は65歳までの雇用確保措置を講じなければなりません。

　同法が事業主の講ずべき雇用確保措置として定めているのは、①定年制の廃止、②定年年齢の引上げ、③継続雇用制度の導入の3つです。事業主は、これらの中から講じる措置を選択することができます。

　これらのうち、継続雇用制度には、「再雇用制度」と「勤務延長」があります。再雇用制度とは、定年に達して一旦退職した後、新たに労働契約を締結して再雇用する制度です。これに対して勤務延長は、定年後も引き続き従前の労働契約を延長するものです。再雇用の場合は、定年までの労働契約と再雇用後の労働契約は別個のものであり、再雇用時に労使当事者間の合意に基づいて新たな労働条件を設定することが可能です。一方、勤務延長の場合は、基本的には従前の労働契約が継続しているため、従前の労働条件を変更するには、本人の同意を得るか、就業規則等の合理的な変更によらなければなりません（就業規則の変更については**Q13**参照）。

　定年後の再雇用は、新たな労働契約の締結ですから、契約の原則からすれば、再雇用するかしないか（契約締結の自由）、誰を再雇用するか（契約の当事者選択の自由）は、使用者にも認められます。ただし、高年齢者雇用安定法では、65歳までの雇用を確保する趣旨により、継続雇用制度をとる場合に、原則として希望者全員を対象とすべきこととされています。なお、これまで労使協定で継続雇用制度の対象者の選定基準を定めることが可能でしたが、同法の改正により、平成25年4月以降は、選定基準を設けることなく希望者全員を対象とするこ

ととされました（ただし、経過措置あり）。したがって、定年後の再雇用による場合でも、同法の趣旨に従い、公正な制度をつくる必要があります。

2 再雇用時の賃金引下げ

　定年によって労働契約が終了し、一旦退職した者を再雇用する場合には、新たな労働契約が締結されることになりますから、再雇用契約を締結する際に、労使当事者間で合意すれば、再雇用後の労働条件を従前のものと異なったものとすることができ、賃金を引き下げることもできます。

　もっとも再雇用後の賃金を自由に決定できるとしても、最低賃金を下回るような賃金額に減額することは認められませんし（最賃法第4条）、従前と比べ極端に低い賃金額を定めても、公序良俗違反（民法第90条）となる場合も考えられます。

　通常多くの企業では、再雇用者の生活の原資として必要な額や、定年直前の賃金水準から大幅にダウンしない水準を念頭に、在職老齢年金や高年齢雇用継続給付（雇用保険の給付）など年金や公的給付制度から支給される額を考慮すると賃金はいくら支払えばよいか、という観点から再雇用者の賃金額を決定しているようです。

●●高年齢者雇用安定法の改正●●

　平成24年8月29日、高年齢者雇用安定法の改正が成立し、平成25年4月から施行されます。

　今回の改正では、年金制度改革により厚生年金の支給開始年齢が段階的に引き上げられることとなり（平成25年4月から特別支給の老齢厚生年金の報酬比例部分の引上げ開始）、年金支給と雇用との接続を図るため、高年齢者の雇用確保措置を充実させることが主な目的となっています。

　継続雇用制度を導入する場合は、現行法では、労使協定で定めた基準により、対象者を選定することが認められていましたが、改正法では、この仕組みを廃止し、希望者全員を対象とすることが義務づけられます。ただし、これには経過措置が設けられ、対象者の選定基準を設けている場合には、老齢厚生年金（報酬比例部分）の受給開始年齢に到達した以降の者について、その基準を引き続き利用することができます（平成37年3月末まで）。

　また、その他の改正点として、継続雇用制度の対象者の雇用先を、親会社、子会社のほかグループ企業まで拡大すること、雇用確保措置義務の違反による行政の勧告に従わない企業名を公表することなどが定められています。

退職金の係数カーブの引下げ

Q44　経営環境の変化や業績不振のため退職金の係数カーブ等を現在より引き下げることはできますか？

Point

(1) 退職金は、退職時に支払日や金額が確定する「不確定期限付き債権」とされるが、就業規則等で支給条件があらかじめ明確に定められている場合には「賃金」に該当する。退職金の減額も、重要な労働条件の１つとして「高度の必要性」に基づいた合理性を必要とする。
(2) すでに勤務した期間に対応する退職金は、原則として本人の同意なく一方的に引き下げることはできない。
(3) 将来勤務分の退職金は、退職時にならなければ確定しないため、上昇カーブの引下げによる上昇額の鈍化を不利益変更として合理性が問題となるのは、実際に労働者が退職した場合となる。
(4) 退職金の支給基準（上昇率等）を引き下げた規定の合理性は、不利益（減額）の程度、激変緩和措置等の有無なども含め、総合的に判断される。

1　退職金の法的性質

(1) 退職金の賃金性

退職金（退職手当）は、労働契約の終了後に使用者が労働者に支払うものです。行政解釈では、「労働協約、就業規則、労働契約等によって予め支給条件の明確である場合の退職手当は（労基）法第11条の賃金であり、法第24条第２項の『臨時の賃金等』に当たる。」（昭22.9.13発基第17号）とされており、裁判例でも、退職金であっても支給条件が明確にされ、労働者が権利として請求し得るものは賃金に該当するものと解釈されています（昭43.3.12最高裁第三小法廷判決、電電公社事件、ID 00972）。

(2) 退職金の法的性格

退職金は、制度として設けることが法律で義務づけられておらず、退職金制度を設けるか否かは各企業の自由です。また、退職金は、通常退職しないと金額が確定しないという特殊性があります。

退職金の法的性格については、裁判例でも、「退職金は、その経済的性格として勤続報償的、賃金の後払的、生活保障的な性格をそれぞれ持ち、それらの要素が不可分的に混合しているものと把握することができ」る（昭49.5.31名古屋地裁判決、中島商事事件、ID00595）とか、「退職金の法的性格については功労報償説、生活補償説、賃金後払説と見解が分かれているが、就業規則、労働協約等によりその支給が義務づけられている限り、その支給は労働条件決定の基準たる意味をもつ」（昭44.7.24東京高裁判決、江戸川製作所事件、ID01073）などのように判示されており、退職金には、上記裁判例が挙げているような3つの要素が含まれているのが実態といえます（図表Q44－1）。

図表Q44－1　退職金の法的性格とその効果

法的性格	効　果
①賃金後払い的性格	基本給等にスライドし勤務期間に比例する。
②功労報償的性格	懲戒解雇その他功労を欠く場合には不支給ないし減額され、また勤務期間の短い者は不支給となる。
③生活保障的性格	退職事由によって支給率が異なり、企業の都合による退職、解雇には加算がある。

2　退職金請求権

　退職金は、退職したときに支払日及び金額が確定するという不確定な性質をもつ賃金債権とされています。

　しかしながら、現在退職したとしたら請求し得るすでに勤務した期間に対応する退職金は、単なる期待権ではなく一応金額的に確定している債権と考えられており、この点、前掲**江戸川製作所事件判決**も「退職金は労働基準法第11条の規定にいう労働の対償としての賃金とみるべきものであり、しかもその履行期すなわち雇傭契約の終了時期は確実に到来するものであり、ただその時期が不確定であるというにすぎないから、退職金債権は不確定期限付の後払賃金として勤続年数の増加に伴って累

増するものとして、退職前既に雇傭契約を発生原因として生じているものと解するのが相当である。」としています。

さらに、平成12年に会社分割法制の審議がなされたときの国会答弁で、法務省が「分割の当事会社と労働契約を締結している労働者のうち、労働契約から生じた未払い賃金債権や社内預金債権、それからすでに勤務した期間に対応する退職金債権等を有する労働者につきましては、商法の第374条の4または第374条の20によって保護を受けるべき債権者にあたりますので、分割に対する異議を述べる機会を与えられているわけでございます。」と述べているように、既勤務期間に対応する退職金は債権であり、労働者も債権者として異議を述べる機会が与えられています（旧商法第374条の4、第374条の20は現会社法第779条に対応）。

もっとも、支払時期については退職時となりますから、将来到来することは確実ですが、いつ到来するかは不確実な「不確定期限」付きの債権と考えられています。したがって、現在退職したとしたら請求できる既勤務期間に対応する退職金は確定し、実際に退職したら支払われることになりますが、なお勤務を将来にわたって継続していく中で、将来懲戒解雇等に該当するような場合には不支給・減額となり、また、会社都合による解雇の場合には自己都合に比べ加算されるのが通例ですので、不確定期限付き債権であるわけです。

そして、将来の期間分については、今後労務の提供が順調に行われることを前提にするものですから、労働の提供のない将来の期間については請求権としては確定しておらず、あくまでも条件付きの不確実性のあるものという性格は否定できません。しかしながら、支給条件があらかじめ定められている労働条件ですから、現在の労働条件の1つとして保護を受けるべき債権であることはいうまでもありません。

3 将来の退職金の係数カーブの低下変更

(1) 過去勤務分の退職金の引下げ

現在退職した場合に支払われるであろう退職金については、使用者がこれを一方的に規定を変更したからといって本人の同意がないのに引き下げることは、不合理な変更であり既得の債権の侵害になります。

前記のとおり、退職金といえども、支給条件・範囲が明白に定められている場合には、「賃金」に該当するものです。ただし、将来の退職金は不確定債権であるという特殊性はありますが、賃金としての退職金も労務提供の対価として支給されるものですから、労働契約の基本的な要素であり、これを契約当事者の一方である使用者の側から合理的な理由もなく一方的に変更することは基本的にはできません。

(2) 将来勤務分の退職金の係数カーブの引下げ
①問題の所在〜将来の上昇の期待を保護するか

　現在退職したとしたら支払われるべき退職金額よりは減額はしないが、上がり方のカーブが現在の退職金規定で定められるものよりも将来分については鈍化するといった場合に、これについても不利益変更となるかという問題があります。

　この点について、将来の上昇カーブといったものも既得権として保護され、労働者の労働条件、なかんずく労働契約の要素としての賃金に該当するかというと、賃金請求権を労働者が取得するのは労務の提供後であり、賃金後払いが原則（民法第624条）であり、しかも、会社は労働者に対して定年までの賃金の支給を約束したわけではない（やむを得ない事由に基づく解雇や、労働者の病気・能力低下や企業倒産ということもあり得る）ので、将来の賃金上昇率のカーブについては、現時点で法律上の請求権として必ずしも確定的に保障されているものではありません。退職金も賃金となるといっても、一定の勤続を前提とし功労報償等の諸要素を含みますので、労務の提供と直接的な対価関係にある月例給与の場合とは異なります。

　そこで、退職金に影響を生ずる基本給の賃金体系のカーブやそれと相関する退職金カーブについてそれを現時点で変更した場合、具体的な法律上の請求権としては退職しない以上確定していませんが、将来の不確定期限付きの請求権としてどこまで保護されるかという面から考えなければなりません。

②将来請求分不利益性判断の困難さ

　この点について図表Q44−2の例で検討しますと、現在30歳で

勤続12年の労働者の将来の退職金係数の変更につき、(A)、(B)といったカーブに変更した場合、(B)は将来の全期間につき下回りますが、(A)は50歳過ぎまでは現行より有利になるといった場合、(B)は不利益変更だが(A)は不利益変更ではないということになるのか、本人の将来の退職時で比べるといっても30年も先の問題について現在の時点で不利益といえるのかという問題があり、月例賃金と同様には論じられません。

図表Q44−2　将来の退職金係数等の変更

30歳・勤続12年の労働者について将来の退職金係数の変更につき(A)(B)の有効性

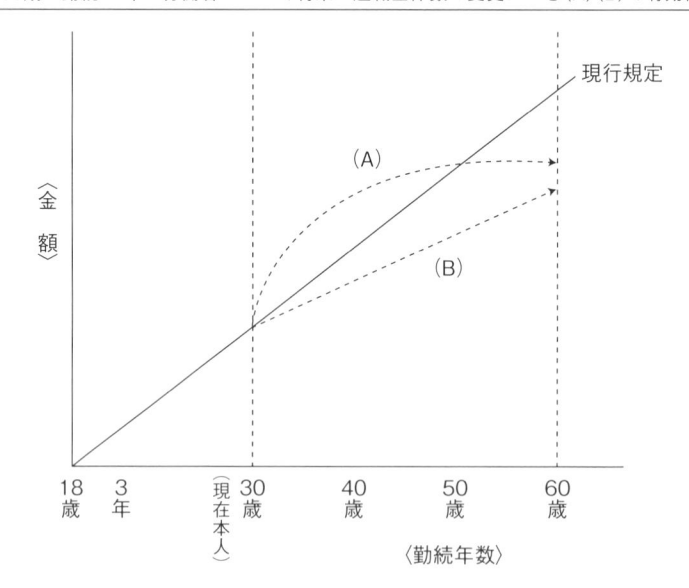

〈金額〉／〈勤続年数〉

18歳／3年／30歳（現在本人）／40歳／50歳／60歳

現行規定／(A)／(B)

　そこで、結論的にいえば、諸般の事情を総合判断した結果「合理的なものか」ということになりますが、何十年か先の退職時に発生する請求権について、現時点で不利益か否かを判断することはかなり困難なことです。**図表Q44−2**の例でも、現在30歳の労働者が在職のまま30年後の定年時の退職金が現在の係数よりも不利益になるからといって、現時点において、30年後の労働契約上の権利の確

認を求める訴訟に訴えることには無理があります。裁判例でも、次のように、退職金規定の将来にわたる法律上の効力を確認することはできない旨判示しています。

「原告は旧退職金規定が効力を有することの確認を求めるものであるが、その確認を求める趣旨は、退職金規定の変更によって生じた将来の退職金債権の有無や額に対する不安を除去するところにあるといえるところ、退職金債権は、原告が退職して初めて具体的に発生するものであり、退職前には未だ具体的な債権として存在するものではない。そして、退職金規定は、当事者が合意する場合には容易に変更され得るし、合意のない場合においても変更される余地がある。そうであれば、退職前に退職金規定の効力の確認をしても、無益といわざるを得ず、また、退職金債権については、これが具体的に発生した段階で給付請求をしても遅すぎることはない。そうであれば、右確認を求める訴えは、即時確定の利益を欠くものというべきである。」（平12.2.28大阪地裁判決、ハクスイテック事件、ID07517）

したがって、退職金の不利益変更の合理性が問題となるのは、退職金規定を不利益に変更した後に労働者が実際に退職した場合ということになります。

4 退職時の旧規定に基づく請求の可否

では、退職金規定を変更して退職金の係数カーブを引き下げた後に退職した労働者から、当該変更は不合理であるとして旧規定による退職金請求がなされた場合はどうなるのでしょうか。

退職金規定の不利益変更の合理性が認められた事案としては、7つの農協の合併にともない給与・退職金規程を調整したところ、合併前に比べ不利益となり、旧規程による退職金との差額の支払いを求めた**大曲市農協事件判決**（昭63.2.16最高裁第三小法廷判決、ID03924）があります。

最高裁はまず、退職金に関する就業規則の変更一般について、「賃金、退職金など労働者にとって重要な権利、労働条件に関し実質的な不利益を及ぼす就業規則の作成又は変更については、当該条項が、そのような

不利益を労働者に法的に受忍させることを許容できるだけの高度の必要性に基づいた合理的な内容のものである場合において、その効力を生ずる」と述べています。そして、同判決は本件について、合併に際して退職金の格差是正は人事管理上不可欠であること、退職金の支給倍率は低減されているが、退職金算定の基礎となる給与が増額されておりさほどの不利益はないこと、休日・休暇等の他の労働条件が改善されていることなどを勘案し、「新規程への変更によって被上告人らが被った不利益の程度、変更の必要性の高さ、その内容、及び関連するその他の労働条件の改善状況に照らすと、本件における新規程への変更は、それによって被上告人らが被った不利益を考慮しても、なお上告組合の労使関係においてその法的規範性を是認できるだけの合理性を有するものといわなければならない。したがって、新規程への変更は被上告人らに対しても効力を生ずるものというべきである。」としています。

　一方、退職金規定の変更の合理性が認められなかった事案には、**アスカ事件（平12.12.18東京地裁判決、ID07692）**が挙げられます。同判決は、「被告〔会社〕が（中略）本件退職金規程を改訂したのは、要するに、主として、A〔親会社〕の連結決算の対象となったことと被告の従業員のA又はその関連会社への出向を円滑に進めるために、出向先との労働条件のバランスをとる必要が生じたためであったものと認められるが、この事実では、本件改訂後の退職金規程は、被告の従業員にその退職金を従来の約3分の2ないし約2分の1に減少させることを法的に受忍させることを許容できるだけの高度の必要性に基づいた合理的な内容のものであるとは認め難いというべきである。」としていますが、このケースでは、退職金の減額幅が3分の1ないし2分の1と大幅であったことや新規程の適用にあたって猶予期間を設けるなどの緩和措置が何らとられていなかったことなどを重視し、新規程を不合理なものとして無効と判断したものと思われます。

退職金の支給条件と不利益変更

Q45 退職金の支給条件（受給年齢、退職・解雇事由による減額等）を変更することは問題ありませんか？

Point
(1) 退職金の支給条件を変更する場合は、それによって将来受給できる退職金が減額される場合には不利益変更となり、合理性が要件とされる。
(2) 懲戒解雇を退職金の不支給事由としている場合において、退職後に懲戒解雇に該当する事由が発覚した場合を不支給事由に加えることも合理的な変更として認められる。

　退職金額の算定方法などは変更せずに、退職金の不支給事由を追加するなど退職金の支給条件（受給年齢、退職・解雇事由による減額等）を変更する場合も、それによって将来受給することができる退職金が減額となる場合には不利益変更となります。就業規則等の退職金規定を変更する場合には、合理性が認められなければなりません。
　以下、いくつか裁判例を紹介しましょう。

1 自己都合退職の場合の退職金不支給の合理性が否定された事案

　栗山精麦事件判決（昭44.9.26岡山地裁玉島支部判決、ID01075）は、従来55歳以下の自己都合退職者にも退職金を支払っていたものを、「55歳以下の本人都合による退職者には退職金を支給しない」旨退職金規定を変更したという事案で、変更前から勤務し変更後55歳以下で退職した労働者が退職金の支払いを請求した事件について、次のように判示して本件退職金規定の変更の合理性を否定しています。
　「右規定の変更は何ら合理的な理由が認められず、また原告らがこれを承諾したとの主張立証がない本件にあっては、右規定の変更によって原告らは（改正前の）規定による退職金請求権を失わない」。

2 不支給事由の追加に合理性が認められた事案

　退職金の不支給事由を新たに追加した変更も合理性があるとして有効とされたものもあります。

　例としては、福井新聞社事件（昭62.6.19福井地裁判決、ID03059）などが挙げられますが、この事案は、新聞社（原告）の管理職にあった2人の労働者がそれぞれ「一身上の都合」「家事都合」という理由で退職し退職一時金の支給を受けたが、退職後まもなく同地域に新しく設立された新聞社に幹部職員として入社したというケースで、新しく設立された新聞社は原告新聞社から管理職を中心に40名近くの人員（原告新聞社の全従業員の13％にのぼる）を引き抜き、このため原告新聞社は従来の体制のままでは平常の新聞発行業務が困難な状況に陥ったほどであったことから、退職金規程を改訂して「社の都合をかえりみず退職し、会社の業務に著しく障害を与えたとき」という退職一時金の不支給事由を加えて企業の防衛を図ったところ、改訂後さらに引き抜きが行われたという事案です。

　裁判所は、「（被告ら〔退職者〕が、）終始、真実の退職理由を秘していたのは前記認定のとおりであるところ、これは、被告ら（中略）自身がＦ社へ就職する目的での退職に対しては、退職一時金が支給されない虞があることを認識していたためであると解されること等を総合すれば、本件不支給規定は、（中略）文理上必ずしも、明確に競業避止義務を唄ったものではないが、原告の企業防衛のための規定であって、従業員が同業他社に就職することによって、業務に著しい障害を与えるような場合をも想定した規定であり、また、新規定は、本件不支給規定の内容を注意的に具体化したものと解するのが相当である。」「被告らが、福井県の新聞業界を取り巻く厳しい状況を認識しつつ、新たに設立され、加えて、原告の従業員を大量に引き抜くことが計画されていた同業他社であるＦ社の事業に参画するために原告を退職し、その計画が実行された結果、原告の平常の新聞発行業務にも支障をきたしたことは前記認定のとおりであるところ、このような退職は、右で認定した本件不支給規定の趣旨に照らすと、まさに、右規定に該当するというべきである。

　以上のように、被告らの退職は本件不支給規定に該当し、被告らは、

本来、退職一時金の支給を受ける地位になかったものであるにもかかわらず、真の退職理由を秘して、それぞれ退職一時金の支給を受け、原告に右各退職一時金相当額の損失を与え、これを不当に利得したものといわざるを得ない。」として、原告新聞社からの退職金の返還請求を認めています。

3 懲戒解雇を不支給事由とするケース

　一般に、労働者に非違行為があった場合、あるいはそれによる懲戒解雇等の処分を受けた場合等に、退職金を不支給とする旨の規定を就業規則等においている場合がみられます。

　企業の中には、「懲戒解雇」という処分のあったことのみを不支給要件としているところがありますが、このような企業は、退職してしまった者を懲戒解雇とするわけにいかず、また、退職金は分割支払いの定めのない限り、退職後、権利者の請求があった場合には7日以内（ただし、あらかじめ支払期日を定めているときは、その定めによります。）に退職金を支払わなければならない（労基法第23条）ので、退職後退職金を支払った後に本人の重大な就業規則違反が発覚したとしても退職金の返還請求をすることはできません。

　そこで、このような不合理を是正するために、懲戒解雇という「処分」を不支給事由とせず、懲戒解雇に該当するような「事由（行為）の発生」したことを不支給事由として定めたときは、懲戒解雇という処分がなくても、当該事由を生じせしめた時に退職金請求権が生じないことになります。この場合には、不正等が発覚せずに退職金が支払われていたとしても、本来はすでに不正行為を行っていたという事実により支払事由がなかったので、不当利得（民法第703条、第704条）として返還を求めることができます。そこで、「懲戒解雇処分」のみを不支給としている不都合を避けるために、退職金不支給事由を新たに設けることは合理的な変更として有効となります。

　裁判例でも、職員が退職後、在職中の職務に関し、その退職金規程の懲戒による免職を受ける事由に相当する事実が明らかになり、すでに支給した退職金の返還を求めた事案について、「在職中に、関係業者から

(中略)賄賂を収受したことは当事者間に争いがないところ、(中略)右賄賂を収受したことは、在職中の職務に関し懲戒による免職を受ける事由に該当し、本件規程4条2項の退職金の返還に関する規定に基づき、原告は被告に対して支給ずみの退職手当906万7,000円の返還請求権を有するものと認定判断することができる。」(**昭63.11.2大阪地裁判決、阪神高速道路公団事件**)としたものがあります。

なお、退職金が功労報奨的な性格を併せもっていることから、退職金を全額不支給とすることが認められるのは、当該行為がこれまでの勤続の功労を抹殺してしまうほどの重大な背信性をもっている場合に限られるとするのが判例の立場であり、懲戒解雇事由に該当する行為があったからといって当然に退職金を全額不支給とできるわけではありません。

この点に関連する最近の裁判例では、電車内での痴漢行為を理由に懲戒解雇された鉄道職員が懲戒解雇と退職金の不支給措置の有効性を争った事案で、本件懲戒解雇についてはその手続きに瑕疵がなく、処分の内容としても相当な範囲を逸脱したものとはいえず有効としたうえで、退職金の不支給措置については、「賃金の後払い的要素の強い退職金について、その退職金全額を不支給とするには、それが当該労働者の永年の勤続の功を抹消してしまうほどの重大な不信行為があることが必要である。ことに、それが(中略)会社に対する直接の背信行為とはいえない職務外の非違行為である場合には(中略)犯罪行為に匹敵するような強度な背信性を有することが必要である」とし、本件については、業務自体とは関係なくなされた私生活上の行為であり、社外にその事実が明らかにされたわけではないことから、「相当強度な背信性を持つ行為であるとはまではいえない」として、一定割合での退職金の支給を認めたものがあります(**平15.12.11東京高裁判決、小田急電鉄事件**)。

第3章

福利厚生施設等の不利益変更

福利厚生施設の見直し

Q46 福利厚生等を見直す場合には、どのような点に留意したらよいですか？

Point
(1) 福利厚生施設には、法律上の根拠に基づく法定福利と企業が任意に設ける法定外福利がある。また、その根拠を労働協約におくもの、就業規則におくもの、慣行におくものなどがある。企業内の福利厚生制度の見直しは、その性質や根拠によっても進め方が異なる。
(2) 福利厚生施設は、任意・恩恵的な性質ももつことから、就業規則等で制度化されている場合でも、その不利益変更の合理性は、重要な労働条件である「賃金」ほど厳格さは要求されない傾向がある。

1 福利厚生施設の見直しの動き

バブル経済の崩壊以降、福利厚生費や、教育文化費等を見直そうという動きが顕著になっています。

福利厚生施設の分野は範囲も広く、法的に根拠をもつものや、企業による恩恵的なものなどさまざまな性格があります。それらの諸施策の変更に際しては、労働契約は労使の合意・協調に基づくものという原点に立って、それぞれの施策の根拠や変更手順等を十分吟味し、一方的な不利益変更に陥らないような配慮が必要となります。

2 福利厚生施設の範囲

(1) 法定福利と法定外福利

福利厚生施設は、大別すると法律上の根拠に基づく「法定福利」と企業が独自に行う「法定外福利」の2つに分類されます。

法定福利は、国や地方公共団体が法律に基づいて行うもので、「広義」の福利厚生には含まれるものの、企業としては、一定の負担義務があり、企業が独自に条件を変更できるものではありません。なお、企業独自の判断が加えられるものとして、「企業年金」（厚生年金基金、

確定拠出年金、確定給付企業年金等）があります。
　一方、法定外福利は、労働契約における基本的条件（労働時間、賃金、退職金、割増賃金等）に加えて、従業員のモラールの高揚や、従業員の生活向上を支援する目的で、税法上の優遇措置を活用しながら、企業の負担で行っている諸施策です。これらの諸施策については、一般的には任意恩恵的な給付とされています。

図表Q46－1　法定福利と法定外福利の例

法定福利	法定外福利
①健康保険 ②厚生年金保険 ③雇用保険 ④労働者災害補償保険	①住宅助成制度（社宅、住宅資金融資） ②財産形成助成制度（財形貯蓄、社内預金、社員持株会） ③健康・医療（健康診断、診察所、カウンセリング） ④食費・通勤費（社員食堂、通勤バス、駐車場貸与） ⑤余暇・レクリエーション（慰安行事、体育・文化活動、保養所） ⑥生活便宜（共済会、貸付金制度、生活相談） ⑦教育助成制度（自己啓発支援、留学育英金、社内英会話スクール） ⑧慶弔見舞金制度 ⑨出産・介護制度、子供の教育支援 ⑩表彰制度、社員OB会　その他

(2) 福利厚生施設の賃金性

　福利厚生施設も、労働契約関係を前提とした労務提供に関わる待遇ですから、賃金や労働時間と同様、労働条件に含まれます。福利厚生施設は、使用者が労働者に対して支給するものという意味では「賃金」に類似しています。「賃金」に該当すれば、労基法上の賃金支払いの原則（同法第24条）などの規制を受けますし、平均賃金（同法第12条）や割増賃金（同法第37条）の算定基礎となる賃金に含まれますので、福利厚生施設が「賃金」に該当するか否かが問題となります。
　しかしながら、福利厚生施設は本来、任意的・恩恵的に使用者が労

働者に対して給付を行うものですから、「労働の対償」としての「賃金」とは性格が異なります。この点、行政解釈では、「結婚祝金、死亡弔慰金、災害見舞金等の恩恵的給付は原則として賃金とみなさないこと。但し、結婚手当等であって労働協約、就業規則、労働契約等によって予め支給条件の明確なものはこの限りでないこと。」(昭22.9.13発基第17号)とされており、一般的には任意・恩恵的給付とみられるものの、就業規則等で支給条件が定められているものは、「労働の対償」として使用者に支払義務のある「賃金」に該当します。

(3) 福利厚生施設の給付請求権

多くの企業では、福利厚生施設に関する事項を労働協約や就業規則等で規定化しています。前記のとおり、福利厚生施設は本来、任意的・恩恵的な給付ですから、使用者に給付義務があるわけではなく、その支給の有無や内容などは使用者の裁量で決められるものです。しかし、労働協約や就業規則等で支給条件や給付内容などが具体的に規定されていれば、それは通常、労働契約の内容を規定することになりますので、使用者は給付義務を負い、逆に労働者は使用者に対して給付請求権をもつことになります。

3 福利厚生施設の条件の変更

以上のように、福利厚生施設は任意・恩恵的な性質をもつ一方で、賃金性や権利性が認められるものもありますが、個別の福利厚生給付によってその性質や発生根拠(労働協約、就業規則、慣行等)もさまざまです。したがって、従来の企業内の福利厚生制度を見直して変更する場合には、福利厚生施設の種類によってもその進め方が異なることに十分留意する必要があります。

ただし、仮に労働協約や就業規則で制度化したとしても、福利厚生給付は、労働者の福祉向上のために支給する任意的・恩恵的給付である性質上、従前の取扱いよりも不利益に変更する場合でも、次に述べますように、通常の賃金のような厳格さは要求されてはいません。

(1) 労働協約に基づくもの

　労働組合をもつ企業の場合、労働協約によって労働条件の主要な部分についての合意が成文化されています。しかし、福利厚生施設は、労働協約の規範的効力（労組法第16条。**Q 18**参照）が認められる場合でも、労働の対価性を有する賃金等主要な労働条件とは異なります。

　すなわち、労働協約の内容に関わる諸施策は、改廃についての「合意」への労働組合との協議や説明といった手順が必要であり、特に、企業が負担している費用の賃金化（住宅費・食費・通勤費等）や安全・衛生に関するものなど、また、外部機関への委託等については、労働組合との十分な協議または説明が必要となります。しかしながら、福利厚生施設については、その性質からその権利的な拘束力は弱いといえます。

　福利厚生施設の場合には、賃金の補完的なものですから、拘束力としては賃金や退職金とは差異があり、その変更・廃止についての合理性も厳格には要求されない面があります。

(2) 就業規則に基づくもの

　福利厚生施設についても、就業規則（及びその付属規程）で定めている場合には、広い意味の労働条件の一部であり、その変更の手続きが必要なものもあると考えられます。

　就業規則は、使用者による作成・変更の権限（労働条件の統一的・画一的処理）が認められていますので、所定の手続き（労働者の意見聴取→行政官庁への届出→労働者への周知）によって変更することは原則的に可能です。それらの変更が労働者の不利益につながる懸念のある場合でも、福利厚生施設の場合には、労働条件の中核的条件とはみなされず、補完的・任意恩恵的なものが多く、一般的には大きな係争問題につながらないと思われますが、就業規則の不利益変更法理（労契法第10条。**Q 13**参照）に照らして、①変更の内容の合理性、②変更の必要性、③労働者が受ける不利益の程度、④代償措置、⑤変更のための検討過程等の諸点をあらかじめ考慮して対応することが大切です。

　就業規則変更による福利厚生施設の不利益変更に関する裁判例はあ

まりみられませんが、賃金等の重要な労働条件の不利益変更については「高度の必要性に基づいた合理的な内容」でなければ合理性を認めないとされているのに対し（**昭63.2.16最高裁第三小法廷判決、大曲市農協事件、ID03924**など）、福利厚生施設については、賃金性が認められる場合でも、補完的なものですから、その変更廃止について合理性の判断は比較的広く認められやすくなります。

(3) 慣行に基づくもの

就業規則に福利厚生については、明確な規定がなくても、長年にわたり反復継続して実施され、労使間でも規範として認識されている労働慣行（Q6参照）として成立している場合があります。

このような労働慣行となっている福利厚生の場合でも、これを変更廃止する場合には、就業規則の不利益変更の場合に準じて合理性が求められます（**昭58.2.24東京地裁判決、ソニー・ソニーマグネプロダクツ事件、ID01515**など。Q23参照）。しかし、任意・恩恵的な性格をもつ福利厚生の改廃の合理性は、緩やかに認められるものと考えられます。

(4) その他の法規に関わるもの

諸制度の変更の場合、労基法以外の諸法規が関わってくる場合があります。安全・衛生（安衛法）、男女差別（男女雇用機会均等法）、社宅（借地借家法・所得税法）等との関連も、十分吟味しておく必要があるでしょう。

特に、男女雇用機会均等法では、「住宅資金の貸付けその他これに準ずる」経済的価値の高い福利厚生の措置について性別による差別を禁止しており（同法第6条第2号）、その具体的範囲は、①労働者の生活全般にわたり経済的支出を補う生活・教育・災害・冠婚葬祭等の資金の貸付け、②私的保険の補給金・奨学金等の定期的金銭の給付、③住宅ローンの利子補給のような資産形成のための金銭給付、④住宅（独身寮、世帯用社宅）の貸与（同法施行規則第1条）とされており、これらについて男女差別が禁止されていますので注意が必要です。

社宅等の利用条件の不利益変更

Q47 家族を有する従業員の世帯者用社宅の利用条件や独身寮の入居・使用年齢を引き下げるなど不利益に変更しても差し支えありませんか？

Point

(1) 社宅等の使用関係は、使用料が市場相場よりも安価で社宅等の使用と対価関係に立たない場合は賃貸借契約にはあたらず、労働契約関係が終了すれば社宅等の使用関係も終了する、特殊な契約関係とされる。
(2) 社宅等が福利厚生の一環として提供されている場合には、使用者がその利用規程の内容を決定・変更することができる。ただし、社宅等は労働者の居住の基盤であるため、利用規程を労働者に不利益に変更する場合には、業務上の必要性、一定の周知期間、猶予期間を設ける配慮が重要である。

1 社宅等の使用関係

(1) 社宅等の使用関係の特殊性

　社宅や独身寮等は、労働者の便宜のために提供する福利厚生施設であり、労働契約関係を前提として提供される住宅です。

　企業内の社宅・寮制度は、労基法上の「事業の附属寄宿舎」（同法第94条以下）など事業経営上の必要から提供されるものと、労働者に対する福利厚生の一環として提供される通常の意味での社宅等があります。

　福利厚生としての社宅等は、一般の賃貸借契約等と異なり、通常使用料が市場の家賃相場よりも安価になっている場合が多く、労働者の身分（労働契約関係）のあることが前提とされている点に特殊性があります。社宅等をめぐって労使当事者間で問題となるのは、労働契約が終了した場合に使用者が社宅等の明け渡しを請求することが認められるか否か、あるいは労働契約の終了から明け渡しまで一定の猶予期間が設定されているケースもみられますが、この猶予期間が妥当なのか否かといった形で争われます。

(2) 社宅等の使用を根拠づける契約関係の法的性質

　社宅等の使用関係が、法的にどのような契約に基づくものなのかについてはいくつか考えられますが、一般の賃貸借契約（民法第601条）に基づくものであれば、借地借家法の適用があり、「正当な理由」がなければ使用者は明渡請求をすることはできません（同法第28条、第30条）し、これに反する社宅等利用規程は無効となります。

　一方、社宅等の使用関係が賃貸借契約に基づかない場合には、借地借家法による保護はなく、労働者の身分を前提とする社宅等の使用関係は、労働契約の終了とともに終了します。

　そして、当該社宅等の使用関係が賃貸借契約に基づくものか、それ以外の契約関係に基づくものかは、画一的に決定できず、個別事例ごとに契約の趣旨いかんによって決まるものとされています（**昭29.11.16最高裁第三小法廷判決、日本セメント事件、ID05338**）。

　賃貸借契約の場合は、有償双務契約ですから、社宅等の使用とそれに対して支払われる使用料が対価関係に立っていることがその要件となります。多くの裁判例でも、例えば市場の家賃相場と比べて使用料の対価性が認められないほど安価であるか否かといった点などを重視して賃貸借契約にあたるかどうかを判断している傾向がみられます。

　この点に関する裁判例では、独身寮の入寮条件を当初の40歳から35歳に引き下げてそれを拒否した従業員に寮の明渡しを求めた事案について、上記最高裁判決を踏襲しつつ、「原告が管理運営する寮の利用関係は、従業員に対する福利厚生施策の一環として、住宅等利用規程によって規律される特殊な契約関係であ」るとして、賃貸借契約に関する規定は準用されず、借地借家法の適用もないと判断したものがあります（**平9.6.23東京地裁判決、JR東日本（杉並寮）事件、ID06961**）。

2 利用条件の不利益変更と合理性

　このように、福利厚生としての社宅等の使用関係は、労働契約関係が存続していることを前提としたものですから、賃貸借契約として借地借

家法の適用を受ける場合を除けば、労働契約が終了すれば、使用者は労働者に社宅等の明け渡しを請求することができます。

また、社宅等が福利厚生の一環として提供されている場合には、基本的には使用者がその利用規程の内容を決定したり、変更することも認められます。

ただし、社宅等は、労働者の居住の基盤でもありますから、利用規程の内容は、公序良俗（民法第90条）に反するものは認められませんし、利用規程に定める利用条件等を労働者に不利益に変更する場合には、業務上の必要性がある場合であって、一定の周知期間と猶予期間をもって実施するなどの配慮が必要でしょう。

前掲ＪＲ東日本（杉並寮）事件判決でも、「原告が管理運営する寮の利用関係は、従業員に対する福利厚生施策の一環として、社宅等利用規程によって規律される特殊な契約関係であるというべきであり、寮室の利用と使用料との間に対価性が認められないことも考慮すれば、特段の事情のない限り、原告は社宅等利用規程の改正という方法で利用関係の内容を変更することができると解される。」としたうえで、次のように判示して、本件居住期間制限の導入は、手続き上も経過措置がとられ、労働者への周知もされており、この措置は不当ではないとしています。

「原告においては、社宅等利用規程制定当初には居住期間の制限についての具体的な規定はなかったものの、当初から居住期間について別に定めることが予定されていたこと、原告は福利厚生費の効率的、公平な支弁を企図して本件改正を実施したこと、本件改正によって規定された居住期間制限は、『独身寮』の利用規定として不合理ではなく、民間大手企業においても同様の制限を実施しているところが相当程度存在すること、本件改正にあたっては、手続的にも充分な経過措置がとられ、従業員への周知手続もなされていることを総合すると、本件改正が手続的に無効であるとか公序良俗に反し無効であると認める余地はない。

被告は年齢制限は不合理であると主張するが、社宅等利用規程第2条では、『寮とは、独身及び単身社員等の居住にあてる施設をいう。』とされているところ、『独身社員』とは結婚前の比較的若年者を対象とすると理解しうることや寮の運営にあたっては多数の従業員を画一的に、公平かつ明確な基準で規律することが必要とされることからすると、独身

者対象の寮の居住期間制限について、個々人の能力、経験等によって差が生じうる賃金額ではなく、年齢によって制限することは決して不合理とはいえず、(中略)現に多くの民間大手企業が年齢制限を実施している」「寮は『単身社員』をも対象としており、原告が、自己の経営施策によって生じた単身赴任者や地域間異動者、広域出向者等を寮に入寮させることが寮の設置目的に反し、福利厚生費の支弁の公平に反するとはいえない。」

　同判決はさらに、「改正目的は福利厚生費の効率的、公平な支弁であり、35歳との制限年齢は民間大手企業の同種事例と比較しても不自然な点はなく、かつ、原告は本件改正後の社宅等利用規程に基づき、所属組合の如何にかかわらず、入寮中の35歳以上の社員全員（平成7年4月1日現在では、疾病者を除いて95名）に対し一律に寮の明渡しを求めており、本件明渡請求が労働組合法7条1号にいう不利益取扱い〔編注：不当労働行為〕にあたるということはできない。」としています。

作業服の廃止、クリーニング代の有料化

Q48 作業服やユニフォームを一方的に廃止したり、作業服のクリーニング代を一方的に有料にしても差し支えありませんか？

Point
（1）業務上の必要性から、就業規則で作業服やユニフォームの着用を労働者に義務づけることができる。
（2）着用が義務づけられるユニフォーム等の提供、クリーニング代の補助は原則として使用者が負担する。着用が任意のユニフォーム等のクリーニング代は労働者の負担としても差し支えない。

1 ユニフォーム着用の義務づけ

勤務中に、労働者がどのような服装で仕事をするかは、基本的には労働者の自由と考えられます。
しかしながら、
・作業や活動の安全衛生管理の必要性
・クリーンルーム、研究実験室等の業務上の必要性
・職場規律の維持管理
・一定の権限・職務の対外的・明示的な制服
・食品衛生、医療衛生管理等の必要性
・販売、ファッション等広告宣伝及び業務適正の確保の必要性
などの面から、使用者が所定のユニフォームを就業時間中に着装することを義務づけることは可能で、これを就業規則で定めることもできます。

2 ユニフォームの廃止

ユニフォームを廃止することは、前記の状況に関して使用者が着装を義務づけなくとも問題なしと判断すれば、使用者の責任において就業規則や着用命令等の変更は可能で、労働者の不利益性はあまり問題にはならないと考えられます。

最近、オフィスのカジュアル化等の動向から、労働者の多数がユニフォームの廃止を希望するケースが出ていますが、使用者がその妥当性を認めれば、一部の反対があっても権利・義務といった労働条件の問題ではありませんから、廃止することも可能と考えられます。

3 ユニフォームのクリーニング代等の有料化

　業務上の必要からユニフォームの装着を義務づけている場合には、通常はその支給・貸与は使用者の必要経費となります。その場合、クリーニング代等は、使用者負担か使用者よりの何らかの補助は必要と思われます。

　これまで無償でユニフォームを支給・貸与し、あるいはクリーニング代等を使用者が負担してきたものを、労働者の負担とすることは、労働者にとって不利益を課すことになります。労働者の個別の同意を得るか、同意を得られなければ就業規則等を変更することになりますが、就業規則の変更による場合は、合理的なものでなければなりません（**Q13**参照）。

　また、ユニフォームのクリーニング代等を労働者に負担させる場合は、「作業用品その他の負担をさせる定めをする場合においては、これに関する事項」（労基法第89条第5号）として、就業規則に定めなければならない事項となっています。

　これに対し、任意装着のユニフォームの場合には、むしろ労働者の福利厚生のためと考えられますので、そのクリーニング代の負担は労働者の負担でも差し支えありません。

従業員食堂の廃止・値上げ

Q49 従業員食堂を廃止したり、食事料金を値上げすることは、労働条件の不利益変更になりますか？

Point
従業員食堂は任意恩恵的な性格が強く、これを廃止したり食事料金を値上げする場合は、業務上の必要があって、労働者にその旨周知され、一定の猶予期間が設けられていれば、差し支えない。

　従業員食堂や、食費の問題も、労働の対価としての賃金や直接的な労働条件でなく、純然たる福利厚生施設ですから、業務上の必要性と周知の手続き及び一定の猶予期間の備えがあれば、値上げや廃止は差し支えありません。これらは専ら任意的・恩恵的給付や生活支援のための便宜供与の施設等であって、使用者の裁量に委ねられている給付や施設だからです。

　他の代替設備の乏しい工場・作業所の食堂は、時間管理（休憩・時間外労働）や事業所の安全・衛生管理面から、労働者に不便を強いるケースもありますが、労働者にその使用や購入が強制されているわけではありませんので、その廃止や使用料金の引上げが不当とはいえません。なお、代替措置として、食費手当への移行もあり得ますが、最近の手当制度の合理化、廃止の傾向から、代償措置といったものがなくとも一定の猶予期間や経過措置があれば差し支えないと思われます。

教育奨励金・教育休暇・海外留学制度の廃止

Q50 教育奨励金・教育休暇・海外留学制度などの社員教育・生涯教育に関する制度を一方的に廃止することは差し支えありませんか？

Point
(1) 労働者の教育訓練に対する奨励金の支給や教育休暇制度などの支援措置、留学制度は、一般的には教育・福利施策と考えられ、これらが就業規則等で制度化されている場合でも、これを廃止する合理性は比較的緩やかに認められるものと考えられる。
(2) 現に教育訓練の支援措置等を受けている者については、一定の猶予期間を設けるなど配慮する必要がある。
(3) 教育訓練を受けてから一定期間内に退職した場合に教育訓練費用を返還させる定めは、業務命令による教育訓練については、実質的に一定の継続勤務の条件を履行しなかった労働者への制裁と認められる場合には、損害賠償の予定を禁止する労基法第16条違反となる場合がある。

　労働者の教育訓練には、業務上の必要性に基づいて行われるものと従業員の自発的な意思によって行われる自己啓発があります。
　最近、企業の人事管理改革の動向として、能力・成果主義へのシフトとともに、労働者の自助・自立意識を高めるために、企業が労働者の能力の自己啓発を支援する施策が次々と取り上げられるようになりました。
　これらの支援・助成措置は、現状では一部の特例（例えば、希望退職要件を充足した者への再就職支援の義務化等）を除いては、一般的に労働条件ではなく、専ら企業の一方的な教育・福利施策だと考えられます。
　したがって、こうした教育・能力向上のための支援・助成措置を変更・廃止することは、重要な労働条件の不利益変更にはならないものの、以下のケース等には注意が必要です。

(1) 教育奨励金や企業外研修支援等
　業務命令に基づいて研修等への参加を強制している場合には、その研修期間は労働時間として、また研修費用も業務を遂行するための必

要経費となります。また、一般的な自己啓発の支援措置の場合は、福利厚生的な給付と考えられます。

いずれにしても、これが職業教育関連の助成措置制度として設けられていれば、「職業訓練に関する事項」として就業規則の記載事項となります（労基法第89条第7号）ので、就業規則の変更手続きが必要となりますし、福利厚生給付としての性格をもつ措置であっても、制度化されていれば労働条件の1つとみることもできますから、その場合、就業規則の不利益変更の問題となる余地が出てきます。

しかし、労働時間や賃金など他の重要な労働条件に比べ、制度自体を設ける義務づけのない、任意・恩恵的な福利厚生給付については、その変更・廃止による労働者の不利益の度合いもさほど大きいとはいえず、例えば業務上当該教育訓練・研修を不要と判断したり、会社経費削減のために教育奨励金等を変更・廃止することは、使用者の裁量に委ねられる範囲の広いものと考えられます。したがって、公序良俗（民法第90条）に反するような著しく不当な内容でなければ、教育奨励金等の変更・廃止の合理性は緩やかに認められるでしょう。

ただし、現に教育奨励金等を受けている者などの取扱いについて、経過措置等を設けるなどの配慮は必要と思われます。

(2) 教育休暇等

特別休暇の一種として教育休暇が設けられている場合に、それが権利性をもつ労働条件とまでいえず教育の便宜供与に過ぎない場合には、廃止しても問題はないでしょう。

一方、就業規則で教育休暇が制度化されている場合には、「休暇制度」に関する労働条件の1つと考えられますので、所定の変更手続き（労基法第89条、第90条）を踏まえるとともに、教育休暇制度の廃止が合理的なものでなければなりません。ただし、この場合は任意の休暇制度ですから、その廃止の合理性は比較的緩やかに認められるでしょう。

また、現にこれを利用して教育を受けている者については、途中で教育休暇制度が廃止されることは、期待権の問題にもなります。そこで、これらの者についての猶予措置や経過措置を設けるなどの配慮が重要と思われます。

(3) 海外留学制度等

海外留学制度の場合も、企業が業務上必要と認めた教育として費用は会社負担として業務命令で留学させている制度の場合と、労働者の能力向上・開発の機会を提供するための福利厚生的な留学制度の場合があります。

このような留学制度の場合も、その改廃は基本的には使用者の裁量に委ねられるものと考えられます。ただし、現に海外研修中の者がいる場合には、例えば帰国して通常業務へ戻るまでの猶予措置・経過措置などを設けて配慮すべきでしょう。

ところで、海外留学制度と併せて、例えば「留学後5年以内に自己都合で退職した場合は、留学費用の全額を返還する」といった合意をしたり、このような規定を就業規則で定めるケースも少なからずみられます。この場合に、このような定めが、違約金や損害賠償の予定を禁ずる労基法第16条や、退職の自由を保障するために労働契約期間の上限を定める同法第14条の趣旨に反しないか、という問題があります。

近年の裁判例では、当該留学費用援助制度の趣旨・内容を総合的に考慮し、それが本来使用者が負担すべき教育訓練費（必要経費）なのか、あるいは本来労働者の自己啓発を支援するための福利厚生的なもので、費用の返還請求は、費用貸付契約（金銭消費貸借契約、民法第587条）に基づき使用者が立て替えた費用を返還請求するに過ぎないのか、を判断する傾向がみられます。つまり、当該費用が「業務性」をもつものか否かという点を重視し、業務性がある教育訓練費の返還請求は、労働者が一定の継続勤務の条件を履行しなかったことへの制裁としての実質をもっている場合には、労基法第16条に違反して無効としています（平10.9.25東京地裁判決、新日本証券事件、ID 07184）。これに対して、留学制度には業務上の必要性はないとしたうえで、留学費用の返還は労働契約を履行しなかったことによって生じるものではないとして労働者への費用返還請求を認容した事案もあります（平9.5.26東京地裁判決、長谷工コーポレーション事件、ID 06948）。

カフェテリアプランの導入

Q51 福利厚生制度を抜本的に見直し、カフェテリアプラン（福利厚生の選択制度）を導入したいと考えていますが、どのように進めたらよいですか？

Point
（1）カフェテリアプランは、従来の企業主導型の福利厚生制度が見直される中で導入が進み、適切なメニューに集約し、その中から個々の労働者が自分に合ったメニューを選択できる仕組みにしたものである。
（2）導入する際には、原資の確保、導入コスト、税法上の課題などを踏まえ、労働者代表の意見集約・参画の機会をもちつつ、基本方針、対象項目等の制度設計・運用を検討することがポイントとなる。

1 カフェテリアプラン登場の背景

　福利厚生は人事労務管理上の補完策に過ぎませんが、労使協調を軸とする日本的経営の中では、労働者のモラールを高め、企業の成長を通じて個人生活の安定と充実を図るという、労使共通の目的に向かってこれまで重要な役割を担ってきたことは否めません。

　近年では、次のような理由を背景に、企業の福祉施策の見直しが行われています。

① 費用対効果の面からみて、利用度が低く、廃棄または外部委託等によるコストを合理化する必要性
② 労働者の生活スタイルの多様化による各施策の利用度のアンバランスや不公平感の是正
③ 労働者の帰属意識の変化とともに、自立・自助意識の促進や、成果主義的な賃金体系への吸収・移行
④ 高齢化時代の労働者の老後保障（年金・介護等）への対応
⑤ 不稼動資産の処分や、将来債務の解消による企業の財務体質の改善

2 カフェテリアプランのしくみ

　企業が実施している福利厚生制度は、住宅・財形・健康・余暇など多岐にわたっていますが、ほとんどの場合、それぞれが個別の施策として、統一的・画一的なルールの下で運用されています。その理由としては、①個人が個別に行うよりも、企業が全体で行うほうがスケールメリットがあること、②企業が労働者に、統一的・画一的に行うことにより、税法上「非課税」と認められてきたこと（企業にとっては経費であっても、見方を変えれば、労働者に対する非課税の利益配分とも考えられる。）などにより、どちらかといえば、企業主導型の給付の制度として運用されてきました。

　これに対し、労働者（＝利用者）のニーズに応じた個別の選択肢を認めつつ、同時に、企業の福祉施策の一元化を図る手段として、最近、「カフェテリアプラン」が注目されてきました。

　カフェテリアプランの基本的な考え方は、福利厚生諸制度の中から適切なものを集約し、一定のルール（例えばポイント制）に基づいて、個々の労働者の選択に委ねるものです。多くみられる例では、労働者に年間で利用できる一定のポイントを付与し、そのポイントの範囲内で自分に合ったメニューを選択できる仕組みになっています。

図表Q51－1　選択メニューの例

①住宅費補助　　　　　　　　　　　⑦人間ドック
②託児所利用補助　　　　　　　　　⑧自己啓発補助
③保育所費用の補助　　　　　　　　⑨食事券
④介護費用の補助　　　　　　　　　⑩団体生命保険
⑤レクリエーション施設利用料の補助
⑥社員買い物券　　　　　　　　　　　　　　　　など

期待されるメリットとしては、主に次のような点などが考えられます。

① 企業の福祉費用の実質的な経済効果を高めることができること
② 労働者が、それぞれのライフステージに応じて、ニーズの高いものを自由に選ぶことができること
③ 新規の項目が追加しやすいこと。一定の原資の追加により、全員一律ではなくても、必要性の高いものを加えることができること
④ 企業としては、原資と運営管理費が明確になることにより、人件費の総額管理が長期的に把握しやすくなること

もちろん、原資の確保、導入コストの増加や、税法上の問題も含めて、次に述べるような課題もあります。

3 企業におけるカフェテリアプラン導入の課題

わが国においてもカフェテリアプランの導入に踏み切る企業が増えつつあります。内容的には、健康や生活支援・自己啓発等やりやすい分野からスタートしているケースや、本格的に、住宅・医療・財形等も含む大型のケースなど、さまざまな事例がみられます。

導入を検討する場合、**図表Q51－2**に掲げる事項に留意する必要があると思われます。

図表Q51－2　カフェテリアプラン導入のポイント

基本方針策定
　初期の管理費用の増加等から、少なくとも目先の福利厚生費用の節減は期待できない。例えば人事制度改革等の一環、自立・自助意識の確立といった、長期的視野に立った骨太の方針が必要と考えられる。

対象項目の選定
　既存の諸制度のコストと利用度の分析、労働者のニーズの把握、追加原資の余力等から、どのようなメニューを揃えるかが導入後の効果に直結する。

税制面の検討

　メニューの内容によって給与課税されるものとされないものがあるため、具体的な各項目についての、企業としての非課税限度や、労働者の個人所得への影響等を、十分詰めておく必要がある。

業務の委託先の選定

　自社でメニューを用意する場合のほか、メニューを外部企業等へ委託することも考えられる。また、多項目にわたり、個別の労働者を対象とするため、例えばポイントの個別管理など膨大な管理事務費用が発生する。適切な業務委託先の選定が必要となる場合がある。

労働者代表の参画

　福利厚生施策の抜本的な改革は、労働条件の大きな変更と考えられるので、検討の初期の段階から、プロジェクトチームに労働者代表（または労働組合）を参画させるなど、円滑な「合意」に向けての十分な配慮が望まれる。

労働者への周知と教育

　カフェテリアプランの有効活用のためには、労働者への周知と教育が必要となる。一方的な給付ではなく、自らが参画し、自らが最適の選択を行う制度の目的を理解させることが、この制度が目指す本来の趣旨であり、自立・自助意識の確立につながると思われる。

第4章

社会保険、企業年金の不利益変更

労働者負担部分の社会保険料の会社負担の廃止

Q52 会社が負担していた健康保険料の労働者負担部分を廃止することは可能ですか？

Point
（1）事業主が多く負担してきた協会管掌健康保険の従業員負担の保険料を法定の労使折半に変更する場合も、当該負担分は賃金とみなされ、労働条件の不利益変更の問題となる。この場合は、経営上の必要性、労働者に対する周知・説明、経過措置等の有無などの点から合理性が判断される。
（2）健保組合の場合は、保険料の労使負担割合の変更は、組合会議で決定され、厚生労働大臣の認可を受けるものであって事業主が自由に変更できるものではないため、労働条件の不利益変更の問題は生じない。

健康保険法では、全国健康保険協会（協会けんぽ）管掌健康保険（以下「協会管掌健康保険」といいます。）の保険料の負担について「被保険者及び被保険者を使用する事業主は、それぞれ保険料額の2分の1を負担する。」（同法第161条第1項）と、原則として労使折半で負担するものと定めています。

しかし、労使間の協議によって事業主の負担割合を多くしている場合に、それまで事業主が負担していた労働者負担部分を廃止し、法律どおり労使折半とすることが労働条件の不利益変更になるか問題となります。

また、健康保険組合（以下「健保組合」といいます。）の場合には、その規約で事業主の負担割合を多くすることができることとされていますが（同法第162条）、事業主の負担割合を多くしていた健康保険組合が、財政状況を改善するため、労働者の保険料に係る料率を引き上げることが不利益変更になるか問題となります。

1 協会管掌健康保険の保険料の負担を労使折半に戻す場合

協会管掌健康保険の場合には、保険料は労使折半が原則ですが、企業

によっては、労使の協議に基づいて、労働者負担分の保険料の一部を事業主が負担しているケースがあります。このように、事業主が負担する労働者負担分の保険料について、労基法第11条に関する行政解釈では、「労働者が法令により負担すべき所得税等（健康保険料、厚生年金保険料、雇用保険料等を含む。）を事業主が労働者に代って負担する場合は、これらの労働者が法律上当然生ずる義務を免れるのであるから、この事業主が労働者に代って負担する部分は賃金とみなされる。」（昭63.3.14基発第150号）とされ、事業主が労働者に代わって負担する健康保険の保険料は、割増賃金や平均賃金の計算の基礎となる賃金に算入しなければならないこととしています。

したがって、労基法上の賃金となる労働者負担分の保険料の事業主負担を廃止することは、労働条件の不利益変更になります。

しかし、企業によっては、毎月の給料とはせずに福利厚生給付として賃金台帳上は別扱いにして、年末調整のときに給与所得の調整として加算している場合もあります。

この場合に、労働者負担分の保険料を事業主が負担していたものを法定の労使折半に変更することは、労働者にとっては不利益変更となりますが、福利厚生的な給付であれば、業務上の必要性があれば、保険料負担を労使折半とする変更の合理性は緩やかに判断されるものと考えられます。

ただし、保険料負担の変更の取扱いについて、労働者に対して周知・説明を行うことや猶予期間、経過措置を設定するなど考慮することも重要です。また、この場合には、労働者個々の同意を得る必要まではなく、周知・説明のうえ、就業規則または労働協約の変更によって画一的に行うことができるものと解されます。

2　健保組合の保険料率の変更

健保組合の保険料率は、1000分の30から1000分の120の範囲内（介護保険料を除きます。）であれば、その規約で保険料率を定めることができる（健康保険法第160条第13項）こととされており、労使の負担割合も独自に設定することができる（ただし、厚生労働大臣の認可が必要）

こととされています。このため、健保組合の中には、事業主負担割合を多くしているところがあります（特に、単一健保組合に多くみられます。）。

しかし、昨今、高齢化が進む中で老人健康保険への拠出が負担となって、多くの健保組合では財政危機に陥っていることから、財政改善のために保険料率を見直すところも出ています。一方、事業主の側でも業績の停滞から、保険料負担を抑えたいという強いニーズがあります。こうした中で、これまで事業主負担分を多くしていた健保組合が、これまで低かった被保険者負担の保険料率を上げて労使折半にするとか、事業主負担分を引き下げた分を被保険者負担分に上乗せするなど、被保険者負担分の保険料率を引き上げるところもみられます。

この場合にも、労働条件の不利益変更になるかどうかが問題となりますが、結論からいえば、不利益変更にはあたらないということになります。健保組合が定める保険料率は、企業が労働者との間の労働契約で締結する労働条件には該当せず、仮に、保険料率が変更されても労働条件の不利益変更の問題は発生せず、また、健保組合の保険料率の変更は、健保組合の組合会議で変更され、厚生労働大臣の認可を得るもので、事業主が自由に変更することができないものだからです（健康保険法第16条）。

したがって、健保組合の保険料率のうち、被保険者負担分のみを改定したとしても労働条件の不利益変更には該当しません。

労働者を被保険者とする団体生命保険の掛金の引下げ

Q53 労働者を被保険者とする団体生命保険の掛金を引き下げることは、不利益変更となりますか？

Point
(1) 団体生命保険は、通常、会社が掛金を負担し、会社を保険金受取人とするもので、死亡退職金等の遺族への支払いにあてられる福利厚生施設の1つとされている。
(2) 団体生命保険契約をめぐり、会社が受け取る保険金から遺族へ支払われる死亡退職金等が低額で、遺族が直接保険会社に対して保険金を請求する事案が多い。裁判例では、公序良俗に反する場合や会社と遺族側との特約がある場合でなければ遺族から直接保険金を請求できないとしている。
(3) 団体生命保険は、その福利厚生としての性格から、その掛金の引下げも使用者の自由裁量の範囲で認められる。

1 団体生命保険の趣旨

　会社が保険金受取人になって労働者に生命保険をかける団体生命保険制度は、労働者の福利厚生制度の1つとして多くの企業で導入されています。
　この制度は、業務上、業務外の理由を問わず、労働者が死亡または高度障害の状態になったときに会社が保険金を受け取り、死亡退職金や弔慰金等の名目で会社から遺族に支払うもので、労働者にとっては、万一のときの遺族の生活の保障が得られ、会社にとっては遺族等への補償に係る費用の原資が得られるというメリットがあります。
　一般に、この制度は、労働者など一定の要件に該当する者全員を被保険者として加入させ、保険料（掛金）は全額会社が負担するという方法がとられますが、その法的性格については、裁判例では、「退職金制度の一部をなすものということができる」（平9.5.12名古屋地裁判決、日本エルシーコンサルタンツ事件）とされているケースもあれば、福利厚生給付とされているケースもありますので、その趣旨をはっきりさせる

ことが必要です。

2 団体生命保険契約の効力発生要件「被保険者の同意」

　さて、この保険制度は、「生命保険契約の当事者以外の者を被保険者とする死亡保険契約（保険者が被保険者の死亡に関し保険給付を行うことを約する生命保険契約をいう。以下この章において同じ。）は、当該被保険者の同意がなければ、その効力を生じない。」と定めた保険法第38条（旧商法第674条第1項に相当）を根拠としたもので、保険契約にあたっては本人の同意が必要とされています。このように、他人の死亡を保険事故とする保険契約締結にあたって、被保険者の同意を得ることを契約の効力発生要件とした趣旨について、裁判例では、「この種の保険は一般に被保険者の生命に対する犯罪の発生を誘発する危険性があること、保険契約者ないし保険金受取人が不労の利得を取得する目的のために利用する危険性があること、一般・社会的倫理として同意を得ずに他人の死亡をいわゆる射倖契約上の条件とすることは他人の人格を無視し、公序良俗に反するおそれがあることなどからこれらを防止するためであるということができる」（平9.3.24静岡地裁浜松支部判決、文化シャッター事件、ID 06928）としています。

　そして、「被保険者の同意」としてどの程度のものが必要かという点について、同判決は「同意は被保険者個々人の個別的具体的なものでなければならない」としています。したがって、同意の程度は、就業規則（付属規程を含みます。）に規定するなどの方法による「包括的同意」を得るだけでは足りないものと解されます。

　ただし、労働組合の同意やこれに対する通知があった場合には、これをもって「被保険者の同意」があったものと緩やかに解釈する裁判例も多くみられます。

3 保険金の帰属

（1）遺族からの保険金直接請求の可否

　団体生命保険契約では通常、労働者の死亡により支払われる保険金

は、会社が受取人となっています。保険契約の目的は、労働者が死亡した場合などの死亡弔慰金や遺族の生活保障といった福利厚生施設の拡充を図るものではありますが、中には会社が保険会社から受け取った保険金全額が遺族に支払われるとは限らない場合があります。このように、団体生命保険契約をめぐっては、使用者が多額の保険金を受け取りながら、遺族にはわずかな金額しか支払われないような場合に、遺族側が保険金の帰属を主張するケースがみられます。

　そこで、前記の保険契約の効力発生要件である「被保険者（労働者）の同意」の有効性と相まって、遺族が直接保険会社へ保険金を請求できるかが問題となります。

　下級審裁判例では、保険金よりも低額な死亡退職金等しか支払われない事案について、被保険者の同意がある以上問題はないとするものがある一方で、このような運用が公序良俗（民法第90条）に反する、あるいは就業規則等の規定にかかわらず、遺族に保険金相当額が支払われる明示または黙示の合意があった、などの法律構成をとるものもあります。例えば、労働者の死亡により使用者が経済的損失を被る可能性があることと、死亡労働者は保険金の一部が使用者に取得されることも容認していたと推定されることを論拠として、保険金8,000万円の半額の4,000万円を遺族に支払うものとした例（**平10.12.14広島高裁判決、パリス観光事件、ID07418**）や「保険金額が社会的に相当な金額を超えるときには、原則として上記相当な金額、ただし、保険金額が上記相当額の2倍を上回るときには保険金額の2分の1が、遺族に支払われるならば、団体定期保険契約は公序良俗に反しないものと解することは、相当であるといわなければならない。」（**平14.4.24名古屋高裁判決、住友軽金属工業（団体定期保険第2）事件、ID07955**）とするものなどがありました。そのような中、最近になって次に紹介する最高裁判決（**平18.4.11最高裁第三小法廷判決、住友軽金属工業（団体定期保険第1）事件、ID08469／同（団体定期保険第2）事件**）が出されたことは注目されます。

(2) 最高裁判決

　この事案は、死亡した労働者の妻が、生命保険会社に対して生命保

険契約に基づく死亡保険金を直接請求したものですが、最高裁はまず、保険契約の効力発生要件である「被保険者の同意」について、「商法674条1項本文の規定によれば、他人を被保険者とする生命保険契約にあっては、被保険者が、保険金額、保険契約者、保険金受取人等の当該保険契約の諸要素を考慮の上、これに同意すれば当該保険契約は有効となり、同意しなければ無効となると解すべきところ、（上告人〔遺族〕の主張は）同項所定の同意を『被保険者となることの同意』と『保険金受取人の指定の同意』とに分け、後者のみが欠ける場合には、保険契約自体は有効であるが、保険金受取人の指定だけが無効となるという独自の見解を前提とするものであって、採用することはできない。」としています（**第1事件**）。

　そして最高裁は、上記のように、会社が実際に受領した保険金額よりも低額の死亡退職金等しか支払われない運用の問題については、保険金の運用が労働者の福利厚生の拡充を図る団体生命保険の趣旨から逸脱していることは明らかであるとしつつも、立法上、他人の生命の保険については、被保険者の同意のみが要件とされており、保険金額に見合う被保険利益の裏づけまでは要求されていないとしたうえで、「死亡時給付金として（中略）遺族に対して支払われた金額が、本件各保険契約に基づく保険金の額の一部にとどまっていても、被保険者の同意があることが前提である以上、そのことから直ちに本件各保険契約の（中略）公序良俗違反を基礎付けるに足りる事情は見当たらない。」、「団体定期保険の本来の目的に照らし、保険金の全部又は一部が社内規定に基づく給付に充当すべきことを認識し、そのことを本件各生命保険会社に確約していたからといって、このことは、社内規定に基づく給付額を超えて死亡時給付金を遺族等に支払うことを約したなどと認めるべき根拠となるものではなく、他に本件合意の成立を推認すべき事情は見当たらない。」として遺族の請求を退けました（**第2事件**）。

　したがって、就業規則等に定めがある場合は、それが会社が受領した保険金よりも低額であっても、就業規則等の定めるところによって支払われることとなります。

4 団体生命保険の掛金の引下げと労働条件の不利益変更

　団体生命保険は、福利厚生として使用者が自由裁量的なものとして団体生命保険の契約をして掛けているものであり、その契約を変更して、仮に掛金を減少（したがって、労働者の死亡等の際に受け取る保険金も減少する）させても、労働条件の変更にはなりませんし、その廃止についても経営の裁量に属する事柄です。

　ただし、遺族等に支払う死亡退職金（弔慰金）等は、それが就業規則に定められ勤続に応ずるものなど支給条件が明白で労働の対価となっているものは退職金と同様に労働条件の一部を構成しますので、掛金を引き下げた（または保険契約を解約した）場合にも、就業規則の規定を改正しない限り、それに則って支給しなければなりません。

独自の退職年金の廃止

Q54 企業独自で運営している退職年金制度を廃止したいと考えていますが、廃止することは可能ですか？

Point
(1) 企業年金は、年金原資を積み立て、年金方式で退職者に給付を行う任意の制度で、労働者の退職後の所得保障の役割を担い、退職金制度の一環とされている。
(2) 企業独自年金の廃止の可否は、退職一時金とは別個の福利厚生的な性格のものか、退職一時金の一部を構成する労働条件の１つとしての性格のものかによっても異なる。
(3) 労働条件の性格をもつ独自年金の廃止は、制度内容、拠出額、退職金規程との関係、経営上の必要性、他の代替制度等を総合的に考慮して合理性が判断される。

1 企業年金の意義と性格

　企業年金は、退職一時金のように退職金を一度に支払うのではなく、年金原資を積み立て、年金方式で退職者に支払う制度であり、公的年金を補充しつつ、退職金制度の一環として広く普及してきたものです。
　一般に企業年金は、事業主が、労働者の労働に対する見返りとして、任意に実施する年金または一時金の給付制度であって、労働者の引退後の所得保障を主たる役割の１つとするものとされています。この定義の下では、適格退職年金（平成24年３月末廃止）、厚生年金基金、確定給付企業年金、企業型確定拠出年金、いわゆる自社年金、中小企業退職金共済制度が「企業年金」に該当します。企業年金制度の多くは退職金制度の枠内で実施され、年金ではなく一時金で支給されることも少なくないことから、年金を福利厚生施設か、労基法の法的支払義務を負う賃金なのかといった観点から検討しておく必要があります。
　すなわち、企業独自で設定し、その拠出も全額企業が行っているものについては、それが①退職一時金とは別個の企業独自の年金（退職一時金の一部を構成しない福利厚生的なもの）か、②企業独自年金の支払い

により退職一時金が減額するものか（退職一時金の一部を構成するもの）によって異なります。

2 企業年金の廃止に関する裁判例

(1) 廃止が有効と認められた例

①の退職一時金とは別個の企業年金の場合であっても、実態としては純粋に福利厚生施設とされる企業年金はほとんどみられません。このような企業年金は、福利厚生的な色彩が強い場合でも、それが労働条件となっている場合には、その一方的廃止等は不利益変更にあたりますが、企業の経営悪化という財務上の事情に基づく合理性が認められる場合は、廃止も有効となります。

裁判例をみると、私立学校の職員の年金制度の性格について、「本件年金規程による年金制度は、被告学院の経営収支から分離された基金を設け、被告学院及び職員の双方が金員を拠出し積み立てる形式をとっている点において特色があり、通常の退職一時金等とは異なる面があることは否定し得ない。しかしながら、（中略）被告学院においては退職金についても昭和50年度までは被告学院の経常収支から分離された基金を設けていたことを認めることができるのであり、会計処理上独立の特別会計を設けているからといって直ちに独立の年金契約と結び付くものではない。また、支給年金に職員の拠出分が含まれていること、支給条件が明確化されていて功労報償的性格が希薄であることも、本件年金規程に基づく年金受給権の権利性の強さを示すものではあるが、このこともまた、必ずしも独立の年金契約と結びつくものではない。むしろ、（中略）本件年金規程に基づく年金は、被告学院に満20年以上勤続した者が退職し又は在職中死亡することにより支払われるものであり、また本件年金規程第3条但書によれば、年金資金からの年金支払が不能になった場合は被告学院が無限定の支払責任を負うものとされていることに鑑みると、本件年金規程に基づく年金は、過去の労働との関連において支払われる点で退職一時金と同様の性格を有するものといわなければならない。」として、労働条件の1つとして判断したものがあります（平3.5.31名古屋地裁判決、名

古屋学院事件、ID 05766)。

　このように、同判決は、本件企業年金が退職一時金の性格をもっている旨判示したことを前提に、当該年金制度の廃止について、学院の財政的な基盤が不十分で、経常会計は消費支出超過状態が続いていたことなどから、本件年金制度につき抜本的改革を要する状態にあったことを認定したうえで、「右必要性との相関において、本件年金制度の廃止及び昭和52年3月31日時点において年金一時金を算出凍結し退職時に返還すること等から成る就業規則等の改廃内容には合理性が認められ、私学共済年金制度の充実及び定年後再雇用制度を含む退職制度の整備を考慮すれば、社会的な相当性もあるものといわなければならない。」として年金制度の廃止を有効としています（平7.7.19名古屋高裁判決（同控訴審）、ID 06539も同旨)。

(2) 廃止が認められなかった例

　一方、退職金額の算定につき、従来「従業員の退職時の基本給に、勤続期間に応じた支給率を乗じた額とする」と定めていた退職金規定を、「中小企業退職金共済事業団との間に締結された中小企業退職金共済法に基づく退職金共済契約に基づく掛金月額と掛金納付月数によって、右事業団が算出した金額とする」と改訂した結果、原告労働者の退職金額が旧規定による額に比べ4分の1程度になった事案について、「新規定がすでに旧規定のもとにおいて雇用され、その退職時には当然旧規定に従った退職金の支払が受けられるものとしてきた従業員の期待的利益を剥奪しても足るほどの合理性があるものと認めるに足りる資料はない。」と判示しています（昭50.3.11東京地裁判決、ダイコー事件、ID 01497)。

　このように、企業における独自年金の廃止については、退職年金制度の内容、企業としての拠出額、労働者の退職金規程との関係、変更・廃止の理由、特に企業の経営財務上の事情、他の代替制度や他の労働条件との関係等を総合的に考慮して合理性があるか否かが判断されるものと考えられます。

企業年金給付の引下げ

Q55 確定給付企業年金の給付水準を一方的に引き下げることができますか？

Point

(1) 企業年金が賃金（退職金）にあたるか否かは、その種類によって異なる。退職金制度と連動する適格退職年金は「賃金」と評価される場合が多いが、厚生年金基金や確定給付企業年金、確定拠出年金の場合は、給付の支払義務を負うのはそれぞれ基金（法人）や資産管理機関等であって使用者ではないため、「賃金」とは異なる。

(2) 確定給付企業年金の給付水準の引下げは、確給法が定める厳格な要件（減額変更が認められる理由に該当すること）と手続き（一定数以上の労働組合等の同意）の下で認められる。

1 企業年金をめぐる問題と企業年金改革

　従来からの代表的な企業年金には、適格退職年金、厚生年金基金があります。これらはそれぞれ昭和37年、昭和41年に創設されて以降、公的年金を補完するものとして、税制面における優遇措置を受けながら、老後の生活保障、福利厚生的な役割を担ってきました。しかし、平成期に入り、事前積立てを基本とするこれらの企業年金も、制度発足以前の過去勤務期間に対する積立金である過去勤務債務に加えて、バブル経済崩壊後の景気低迷下において、積立不足が拡大しているなどの事情から、財政不足に陥りました。

　適格退職年金は、積立基準が設けられておらず、後発の過去勤務債務の償却要件が緩いため、企業が倒産に追い込まれると年金資産が十分に保全されず、受給権の保護に欠けることに最大の問題があります。そこで、平成13年の企業年金制度の改革により、適格退職年金は、以降の新設を認めず、平成24年3月31日に廃止されています。

　一方、厚生年金基金は、厚生年金保険から支給される老齢厚生年金の一部を国に代わって支給する（代行制度）とともに、基金独自の上乗せ分をプラスして支給する点に特徴があります。厚生年金基金もまた、長

図表Q55－1	企業年金の類型	
類　型	概　要	
適格退職年金	昭和37年4月から実施。 事業主と労働者との労働協約や就業規則の一部である年金規程に基づき、労働者を受益者、保険金受取人として、信託銀行、生命保険会社等と法人税法上の要件を満たした年金信託契約、年金保険契約を締結する。 平成24年3月31日に廃止。	
厚生年金基金	昭和41年10月から実施。 老齢厚生年金（厚生年金保険）の一部を国に代行して支給し、企業の実情に応じて独自の上乗せ給付を行う確定給付型の企業年金。	
確定給付企業年金	平成14年4月から実施。	
	規約型	労使で合意した年金規約に基づき、企業と信託会社、生命保険会社等が契約を結び、母体企業の外で年金資金を管理・運用し、年金給付を行う。
	基金型	母体企業とは別の法人格をもった基金を設立し、基金が年金資産を管理・運用し、年金給付を行う。
確定拠出年金	平成13年10月から実施。 制度を実施する事業主が労働者ごとに拠出した資金を労働者が自己の責任で運用する。企業が拠出するが、運用は個人が行う。 60歳以降でないと引き出せない。	

引く不況の下で積立不足に陥り、代行部分を国に返上して解散に追い込まれるケースも相次いでいます。

　こうした状況を踏まえて行われた平成13年の企業年金制度の改革にともない、新企業年金に関する法制が整備され、確定給付企業年金制度（平成14年4月から実施）、確定拠出年金（いわゆる日本版401K。平成13年10月から実施）制度が創設されました。

　確定給付企業年金は、企業と信託会社、生命保険会社等が契約を結び、母体企業の外で年金資金を管理・運用し、年金給付を行うもので、①母体企業とは別の法人格をもつ基金を設立して実施する「基金型」と、②労使で合意した年金規約に基づき、事業主が実施する「規約型」の2つのタイプがあります。従来の企業年金制度からの移行の関係では、「基金型」は厚生年金基金の受け皿として、「規約型」は適格退職年金の受け皿として想定されています。

　また、確定拠出年金は、制度を実施する事業主が労働者ごとに拠出し

た資金を労働者の自己責任で運用するもので、運用次第で年金額が決定されることに特徴があります。

　上記のような現状の企業年金が抱える問題への対応として、各企業では、新企業年金へ移行したり、現在の企業年金の枠組みの中で資産運用方法の見直しや、過去勤務債務の早期償却等を行って財政の建直しに努めています。

2 企業年金の賃金（退職金）性

　これら企業年金が賃金（退職金）にあたるか否かについては、図表Q55－2のように整理できます。財政不足を賄うためには、①運用収益を上げる、②掛金負担を増やす、③給付を減らす、の3つの方法が考えられますが、従前より給付水準を引き下げる場合は、受給者（労働者）にとって不利益をともなうことになりますので、企業年金が賃金（退職金）の性質をもつものであれば、労働条件の不利益変更として就業規則（退職金規程）の合理性が問われることにもなります（就業規則の不利益変更についてはQ13参照）。

図表Q55－2　企業年金の賃金（退職金）性

企業年金	掛金等の負担	賃金（退職金）性の問題
適格退職年金 （平成24年3月31日まで）	企業負担	給付の支給者は、受託金融機関である（法人税施行令附則第16条第1項第2号）。退職金制度との連動型の労基法上の「賃金」と評価されることも多い。これは、退職金規程、適格年金規程を作成し、労基署への届出済みの書類が適格要件となっていることに由来する。
厚生年金基金	企業負担 個人負担も可	法律上使用者とは独立の法人が給付の支払義務者である。このため、「使用者」が支払うものではなく、「賃金」にはあたらない。
確定拠出年金 （企業型）	企業負担	給付は、企業型記録関連運営管理機関または記録関連業務を行う事業主が裁定し、資産管理機関が支給する（確定拠出年金法第29条、第33条）。事業主は労働契約上掛金の支払義務は負うが、給付の支払義務は負わない。運営管理機関を自ら行う場合には裁定は行うが、それは運営管理機関と

			しての義務であり、使用者としての義務ではない。したがって、「賃金」には該当しない。
企業年金付	規約型	企業負担 個人負担も可	受給権者の請求と事業主の裁定を受けて資産管理運用機関（受託金融機関）が「支給」する（確給法第29条、第30条）。これは、確定給付企業年金が「労働条件」であることを示すものではあるが、「賃金」であることは意味しない。
	基金型		厚生年金基金と同様に考えられる。

3 確定給付企業年金の給付水準の引下げ

(1) 給付水準の引下げをする場合の手続き

　確定給付企業年金の給付水準を引き下げる場合については、確定給付企業年金法（以下「確給法」といいます。）が厳格にその要件と手続きについて規定しており、「規約型」の場合は、労使の合意に基づいて規約を変更し、厚生労働大臣の承認を受けなければなりません（確給法第6条）。また、「基金型」の場合は、代議員会で代議員（定数）の3分の2以上の多数の同意を得て規約を変更し、厚生労働大臣の認可を受ける必要があります（同法第16条）。

(2) 給付水準の引下げが認められるための要件

　給付水準の引下げが認められるための要件は、「規約型」の場合も「基金型」の場合も以下のとおりです。

①受給権者以外の加入者の給付の額を減額する場合

　減額の時点で未だ受給権を取得していない加入者の給付の額を減額する場合には、次の要件を満たす必要があります。

> 【減額変更が認められる理由】（確給法施行規則第5条）
> ①　実施事業所において労働協約等が変更され、その変更に基づき給付の設計の見直しを行う必要があること。
> ②　実施事業所の経営の状況が悪化したことにより、給付の額を減額することがやむを得ないこと

> ③ 給付の額を減額しなければ、掛金の額が大幅に上昇し、事業主が掛金を拠出することが困難になると見込まれるため、給付の額を減額することがやむを得ないこと
> ④ 当該企業年金が他の企業年金と統合する場合、他の年金から事業主が給付の支給に関する権利義務を承継する場合であって、給付の額を減額することにつきやむを得ない事由があること
> ⑤ 給付の額を減額し、その相当額を企業型確定拠出年金の掛金に充てるか、給付に充てるべき積立金の一部を企業型確定拠出年金の資産管理機関に移換すること
>
> 【減額変更する場合の手続的要件】（確給法施行規則第6条第1項第1号）
> 受給権者以外の加入者から規約の変更について以下の同意を得ること
> 　① 加入者（受給権者を除く）の3分の1以上で組織する労働組合があるときは、その労働組合の同意
> 　② 加入者の3分の2以上の同意（加入者の3分の2以上で組織する労働組合がある場合はその同意で足りる）

②受給権者等の給付の額を減額する場合

　加入者である受給権者と加入者であった者（以下「受給権者等」といいます。）の給付の額を減額することが認められる理由は、下枠の2つの場合に限られます。

　また、減額変更する場合の手続的要件として、受給権者等から規約の変更について同意を得ることが必要となります。

> 【減額変更が認められる理由】（確給法施行規則第5条）
> ① 実施事業所の経営の状況が悪化したことにより、給付の額を減額することがやむを得ないこと
> ② 給付の額を減額しなければ、掛金の額が大幅に上昇し、事業主が掛金を拠出することが困難になると見込まれるため、給付の額を減額することがやむを得ないこと
>
> 【減額変更する場合の手続的要件】（確給法施行規則第6条第1項第2号）
> 受給権者等から規約の変更について以下の同意を得ること
> 　① 減額について、受給権者等の3分の2以上の同意を得ること

> ② 受給権者等のうち希望する者に対し、減額に係る規約の変更が効力を有することとなる日を当該年金の事業年度の末日とみなし、減額がないものとして本人分の最低積立準備額を一時金として支給することその他の最低積立基準額の確保措置を講じていること

　最近の事案では、退職者の年金減額を厚生労働省が承認しなかったことを不当として企業側が不承認処分の取消しを求めた事案で、最高裁が、年金制度の維持が困難になるほど経営が悪化していたとはいえないとした一審・二審を支持し、企業側の上告を棄却したことが注目されます（**平22.6.8最高裁第三小法廷決定、ＮＴＴグループ企業事件**）。裁判所の立場は、年金減額が認められる場合を厳格に解釈するものといえます。

　なお、厚生年金基金の給付水準の引下げの場合も、基本的には確定給付企業年金（基金型）の場合と同様で、厚生年金基金法令に要件等が同様に定められています。

厚生年金基金の解散

Q56　厚生年金基金を解散することはできますか？

Point
(1) 厚生年金基金が解散できる場合として、①代議員会の議決がある場合、②事業が継続不能の場合、③厚生労働大臣の解散命令があった場合が法定されている。また、解散する際に基金の積立額が最低責任準備金を下回ってはならず、積立不足がある場合は、その不足を解消しなければならない。
(2) 基金の解散によって年金額が減額される場合は、労働条件の不利益変更となるため、基金、母体企業、労働組合等で基金の存続・解散について十分検討することが重要である。

1　厚生年金基金の解散要件

　厚生年金基金は、老齢厚生年金の報酬比例部分の年金を代行し、これに加えて企業の実態に応じた独自の給付を上乗せした年金給付を行うもので、厚生年金の被保険者が基金を設立する事業所に雇用されている場合に加入員となり、老齢厚生年金の受給権を得た後に、基金から年金給付を受ける制度です。
　基金の財政が悪化し、積立不足に陥り、制度を維持できなくなるような場合には、これ以上資産の目減りを防ぐために、基金を解散するという選択肢も十分あり得ます。
　しかし、基金を解散すれば、加入員や受給者に対する年金給付の支給に関する基金の義務は消滅し、代行部分の年金支給義務は厚生年金基金連合会に引き継がれ、加入員や受給者は、基金独自の給付である上乗せ部分の年金給付を受けられなくなるなどの不利益を被ることになります。
　このため、厚生年金保険法は、基金の解散について厳しい条件を付すとともに、解散後にも給付を受けられるように、最低責任準備金を確保するなどの基準が設けられています。
　基金を解散することができる場合として、厚生年金保険法第145条で

は、次の3つのケースを定めています。すなわち、①代議員定数の4分の3以上の多数による代議員会の議決による場合、②基金の事業の継続が不能となった場合、③厚生労働大臣が解散の命令を発した場合です。

(1) 代議員会の議決による場合

　厚生年金保険法第145条第1項第1号の、「代議員の定数の4分の3以上の多数による代議員会の議決」がある場合は、厚生労働大臣の認可を受けて、基金を解散することができることとしています。この場合、次の解散の認可基準のいずれかに該当していなければなりません。

【解散の認可基準】
① 設立事業所の経営状況が、債務超過の状態が続く見込みであるなど著しく悪化していること（連合設立及び総合設立の場合は、当該基金の設立事業所において経営状況が著しく悪化していること）
② 加入員の減少、年齢構成の高齢化等により、今後掛金が著しく上昇する見込みであり、かつ、当該掛金を負担していくことが困難であると見込まれること
③ 加入員数が、基金設立認可基準に比べ著しく減少し、基金の運営を続けていくことが困難であると見込まれること
④ 残余財産の全部または一部を企業型確定拠出年金の資産管理機関に移換しようとする場合であって、その移換を行うために基金の運営を続けていくことが困難であると見込まれること
⑤ ①～④に該当しない場合であって、基金設立後の事情変更等により基金の運営を続けていくことが困難であると見込まれること

　また、基金を解散するためには、次の手続きを行うことが必要です。

【解散手続き】
（1）代議員の定数の4分の3以上の多数による代議員会の議決を得ていること
（2）代議員会の議決前に次の手続きをすべて終了していること
　① 代議員会における議決前1月以内現在における全設立事業所の事業主の4分の3以上の同意を得ていること
　② 代議員会における議決前1月以内現在における加入員総数の4分の3以上の同意を得ていること

> ③ 代議員会における議決前に、全受給者に対して解散基金理由等に係る説明を文書または口頭で行っていること
> ④ 設立事業所に使用される加入員の3分の1以上で組織する労働組合がある場合は、当該労働組合の同意を得ていること
>   ※上記「解散の認可基準」の④にいう移換ができる者が加入者の一部に限られている場合は
>   (ⅰ) 解散基金加入員となるべき者の2分の1以上の同意を得ていること
>   (ⅱ) 移換の行われない者の2分の1以上の同意を得ていること

(2) 事業の継続の不能による場合

　厚生年金保険法第145条第1項第2号は、「基金の事業の継続の不能」となった場合にも、厚生労働大臣の認可を受けて、基金を解散できることとしていますが、昨今の解散基金数の増加に鑑み、解散手続きの透明性を確保するため、平成9年に（旧）厚生大臣の認可基準が具体的に定められました（厚生省年金局長通知、平9.3.31年発第1682号）。

　ここで「事業の継続が不能」な場合とは、次の基準に該当する場合です。

> 【事業の継続が不能な場合と認められるとき】
> ① 設立事業所の経営状況が、債務超過の状態が続く見込みであるなど著しく悪化していること（連合設立及び総合設立の基金にあっては、当該基金の設立事業所の大半において経営状況が著しく悪化していること）
> ② 加入員数の減少、年齢構成の高齢化等により、今後、掛金が著しく上昇する見込みであり、かつ、当該掛金を負担していくことが困難であると見込まれること
> ③ 加入員数が、基金設立認可基準に比べて著しく減少し、基金の運営を続けていくことが困難であると見込まれること
> ④ ①～③のいずれにも該当しない場合であって基金設立後の事情変更等により基金の運営を続けていくことが困難であると見込まれること

(3) 厚生労働大臣の解散命令による場合

　厚生年金保険法第145条第1項第3号は、基金を解散する理由の3

つめとして「第179条第5項の規定による解散の命令」を挙げています。
　同法では、「(事業の状況に関する)報告を徴し、又は質問し、若しくは検査した場合において、基金若しくは連合会の事業の管理若しくは執行が法令、規約、若しくは厚生労働大臣の処分に違反していると認めるとき、(中略)著しく適正を欠くと認めるとき、又は、(中略)役員が事業の管理若しくは執行を明らかに怠っていると認めるときは、(中略)(その)違反の是正又は改善のための必要な措置をとるべき旨を命ずることができる。」(同法第179条第1項)とされていますが、この「命令に違反したとき」または「その事業の状況によりその事業の継続が困難であると認めるとき」には、厚生労働大臣は、基金または連合会の解散を命ずることができることとされています（同条第5項、第6項）。

2 最低責任準備金の確保

　基金が代行部分の支給を行うために確保することが義務づけられている積立金（年金資産）を「最低責任準備金」といいますが、基金が代行返上や解散をする場合には、引き続きその給付を行う最低責任準備金を国に返還することになります。
　したがって、原則として、基金が解散するときは、その認可日において基金の積立の額が最低責任準備金を下回ってはならないことになっており、最低責任準備金に積立不足がある場合は、解散時に母体企業が最低責任準備金の積立不足額を一括して処理し、積立不足を解消しなければなりません。安易な解散を認めず、厳格な要件を課しているわけです。
　なお、基金を解散して企業型確定拠出年金へ移行する場合は、解散認可日において、積立金が最低積立基準額を下回らないようにする必要があります。

3 労働条件の不利益変更

　以上の解散理由に該当するときも、基金の解散によって、既存の退職年金制度が変更になり、それが本来受給し得る退職金額と対比した連動

をすることがあります。この場合、本来受給することができる年金額が減額されることになりますから、労働条件の不利益変更に該当します。

　したがって、基金を解散するには、まず、基金、母体企業、労働組合代表者等から成る検討委員会を設置し、基金存続について十分に検討し、代議員会の議決を得る必要があります。

第5章

その他の労働条件の変更

女性と単身赴任

Q57 女性従業員にも単身赴任となる勤務を命じても差し支えありませんか？

Point

(1) 単身赴任、住居の移転をともなう転勤等を含め配置転換についても、女性であることを理由に差別的な取扱いをすることは認められない。
(2) 転勤を命ずるためには、就業規則等で転勤を命ずることがある旨を定めていれば個別の同意は不要とするのが判例の立場である。ただし、転勤を命ずることができる場合であっても、業務上の必要性、不当な動機・目的、通常感受すべき程度を著しく超えて不利益を負わせるものか否か、といった点から転勤命令が権利濫用にあたる場合には無効となる。
(3) 個別の労働契約において、職種・勤務地を限定している場合は、労働者の個別の同意なければ転勤を命ずることはできない。
(4) 育児・介護をする労働者について就業の場所の変更をともなう配置変更をする場合は、育児・介護休業法上、子の養育や家族の介護の状況に配慮すべき義務が事業主に課せられている。

1 配転に関する性別を理由とする差別的取扱いの禁止

　従来、女性は家庭責任を負っており、育児や家事の負担もあり、また、母性保護といった観点から、男性労働者と同じように住居の移転をともなう転勤、まして遠隔地への転勤命令により、家族をともなって赴くことができない単身赴任となる勤務についてはほとんど命じることがないというのが、わが国企業社会の慣行的事実であったといえます。
　しかし、男女雇用機会均等法では、女性を排除したり、女性を不利に取り扱うことはもとより、「女性のみ」または「女性優遇」といった措置は、かえって、女性の職域を限定したり、固定化したり、女性と男性の仕事を分離してしまうという弊害をもたらすことになるため、このような措置は、原則として禁止され、労働者の配置について、「性別を理由として、差別的取扱いをしてはならない。」と定めています（同法第6条第1号）。

なお、例えば総合職の募集・採用の際に転勤することができることを条件としたり、昇進にあたって転勤経験があることをその基準とすることは、形式的には性別以外の理由による要件を設けているようにみえます。しかし従来、男性は総合職（転勤も含む）、女性は一般職といったように女性の職域が狭められてきた経緯からすれば、相対的にこのような転勤要件、転勤経験要件に該当する女性は少なく、実質的には性別を理由とする差別的取扱いと変わらないため、男女雇用機会均等法では、このような取扱いも、いわゆる「間接差別」として禁止しています（同法第7条、同法施行規則第2条）。

2　転勤命令の可否

(1) 転勤命令の有効性

　単身赴任や転居をともなう転勤の場合は、労働者の生活に大きな影響を与えますので、会社の一方的な都合だけで命ずることができるわけではありません。

　まず、転勤を命ずるのに労働者の個別の同意が必要となるか否かについて、労働協約や就業規則等に業務の都合により転勤を命ずることがある旨定めていれば、このような規定は、個別の特約がある場合を除いて労働契約の内容となりますので、合意（＝契約）があるものと解釈され、個別の合意がなくても転勤を命じることができるとされています（**昭61.7.14最高裁第二小法廷判決、東亜ペイント事件、ID03758**など）。したがって、就業規則等に転勤に関する規定がない場合には、個別の合意が必要となります。

　次に、就業規則等の規定に基づいて転勤命令が可能な場合であっても、当該転勤命令が有効か否かは別個に考える必要があります。同判決でも、一般に、労働者の生活関係に少なからず影響を与えるものですので、使用者は単身赴任となる勤務命令を無制約に行使することはできないとされており、転勤命令が権利濫用になるか否かの判断のポイントとして次の3つを挙げています。

> ①業務上の必要性があるか否か
> ②不当な動機・目的をもってなされたものか否か
> ③労働者に通常甘受すべき程度を著しく超えて不利益を負わせるものであるか否か

　①の「業務上の必要性」について、同判決は、「余人をもっては容易に替え難いといった高度の必要性に限定することは相当ではなく、労働力の適正配置、業務の能率増進、労働者の能力開発、勤務意欲の高揚、業務運営の円滑化など企業の合理的運営に寄与する点が認められる限りは、業務上の必要性の存在を肯定すべきである。」としています。
　③の「労働者に対して通常甘受すべき程度を著しく超える不利益性」の程度ついては、**日本電気事件**（昭43.8.31東京地裁判決、ID04305）における、兄はてんかん、妹は心臓弁膜症、母は高血圧症で当該転勤者本人が面倒をみ、かつ、その家計を支えている場合等が典型的な例といえます。裁判例の傾向としては業務上の必要が十分あり、また、当該労働者の家庭生活の事情を考慮した相当の配慮（別居手当、住宅手当、一時帰省旅費等の経済的援助）がなされている場合には、当該単身赴任となる転勤命令の労働者に対して通常甘受すべき程度を著しく超える不利益性は否定され、当該単身赴任となる転勤命令は有効であるとされています（**昭45.6.11津地裁判決、日本合成ゴム事件、ID04188／平8.5.29東京高裁判決、帝国臓器事件、ID06813**）。
　このように、裁判例はおおむね、会社側に転勤を命じる権限を広く認める傾向がみられます。

(2) 職種・勤務地限定の労働契約の場合

　個別の労働契約に勤務場所・勤務地について特約があったり、単身赴任となる勤務を命じない一般職として採用されている場合など、単身赴任となる勤務について特約があり、単身赴任となる勤務が当該労働者との間に労働契約の内容になっていない場合には、転勤を命じることはできません。このような場合に単身赴任となる勤務を命じるためには、労働者の個別の同意を得る必要があります。
　使用者としては、当該女性労働者について勤務地の限定が労働契約

の内容になっているか否かを確認することが必要です。例えば、採用の際に家庭の事情等で単身赴任となる勤務命令には応じられない旨の申出を前提に採用したような場合には、勤務地限定の特約がなされたと解されます（平9.3.24大阪地裁判決、新日本通信事件、ID 06927）ので、注意しなければなりません。

3 育児・介護をする労働者の転勤に関する配慮

(1) 育児・介護休業法上の配慮義務

育児・介護休業法第26条では、「事業主は、その雇用する労働者の配置の変更で就業の場所の変更を伴うものをしようとする場合において、その就業の場所の変更により就業しつつその子の養育又は家族の介護を行うことが困難となることとなる労働者がいるときは、当該労働者の子の養育又は家族の介護の状況に配慮しなければならない。」と定めています。

この規定は、育児・介護をする労働者にとって、住居の移転等をともなう就業の場所の変更が、雇用の継続を困難にしたり、仕事と生活を両立させる負担が著しく大きい場合があるため、就業の場所の変更をともなう配置変更を行う場合に、当該労働者の育児・介護の状況について配慮することを事業主に義務づけるものです。

ここで、「配置の変更で就業の場所の変更を伴うもの」とは、例えば、ある地方の事業所から別の事業所への配置転換など、場所的に離れた就業の場所への配置の変更をいい、同一事業所内で別の業務に配置換えすることは含まれません。また、育児をする労働者について、その対象となる「子」は、「小学校就学の始期に達するまで」といった限定が付いていないので、小学生や中学生の子も含まれます（平21.12.28職発1228第4号・雇児発1228第2号）。

また、配置変更により育児や介護が困難となるか否かは、「転勤命令の検討をする際等において、配置の変更後に労働者が行う子の養育や家族の介護に係る状況、具体的には、配置の変更後における通勤の負担、当該労働者の配偶者等の家族の状況、配置の変更後の就業の場所近辺における育児サービスの状況等の諸般の事情を総合的に勘案

し、個別具体的に判断」されます。そして、同法により義務づけられている「配慮」の内容は、「労働者の配置の変更で就業の場所の変更を伴うものの対象となる労働者について子の養育又は家族の介護を行うことが困難とならないよう意を用いることをいい、配置の変更をしないといった配置そのものについての結果や労働者の育児や介護の負担を軽減するための積極的な措置を講ずることを事業主に求めるものではない」（前掲行政通達）とされていますので留意してください。

さらに、同法に基づく「子の養育又は家族の介護を行い、又は行うこととなる労働者の職業生活と家庭生活との両立が図られるようにするために事業主が講ずべき措置に関する指針」（平21.12.28厚生労働省告示第509号）では、「配慮することの内容としては、例えば、当該労働者の子の養育又は家族の介護の状況を把握すること、労働者本人の意向をしんしゃくすること、配置の変更で就業の場所の変更を伴うものをした場合の子の養育又は家族の介護の代替手段の有無の確認を行うこと等があること」（同指針第2の14）とされており、遠隔地への配転にあたっては、これらの点について配慮が必要とされます。現に、育児休業や介護休業を取得している労働者は就労義務を免除されているので復帰まではこのような配転問題は生じないのですが、休業の取得の代替として労働時間短縮等の措置を受けている者についてはこの点が問題となります。しかし、権利として育児休業を取得し得る子が1歳（原則）に達するまで及び介護休業開始から3カ月間は、当該措置を受けている労働者については遠隔地への就業場所の変更をともなう配転は、使用者としても原則として避けるべきであろうと思われます。

(2) 育児・介護をする労働者に転勤を命ずる場合の裁判所の判断

最近の裁判例でも、東京本社から大阪支社への転勤命令には業務上の必要性があるものの、「（育児・介護休業法第26条の）『配慮』については、『配置の変更をしないといった配置そのものについての結果や労働者の育児や介護の負担を軽減するための積極的な措置を講ずることを事業主に求めるものではない』けれども、育児の負担がどの程度のものであるのか、これを回避するための方策はどのようなものが

あるのかを、少なくとも当該労働者が配置転換を拒む態度を示しているときは、真摯に対応することを求めているものであり、既に配置転換を所与のものとして労働者に押しつけるような態度を一貫としてとるような場合は、同条の趣旨に反し、その配転命令が権利の濫用として無効となることがあると解するのが相当である。」として、労働者について生じている共働き夫婦における重症のアトピー性皮膚炎の子らの育児の不利益は、通常甘受すべき程度を著しく超えるものであるという特段の事情が存するから、権利濫用として無効とされた例（平14.12.27東京地裁決定、明治図書出版事件、ID 08097）があります。

また、精神病の妻ないし要介護の実母を介護する労働者2名が配転命令の無効を主張した事案では、本件配転命令は業務上の必要性に基づくものと認められるとしつつも、育児・介護休業法第26条の配慮義務に関連して「本件配転命令による被控訴人〔労働者〕らの不利益を軽減するために採り得る代替策の検討として、工場内配転の可能性を探るのは当然のことである。」とも言及し、このような家庭の事情に照らすと、通常甘受すべき程度を著しく超える不利益を負わせるものであるから、権利の濫用にあたるとして無効とされた例（平18.4.14大阪高裁判決、ネスレ日本事件、ID 08471）があります。

懲戒の種類・事由の追加・変更

Q58 就業規則を改正して、懲戒処分の種類や処分事由を追加したり、変更することは、問題ありませんか？

Point
(1) 使用者が労働者を懲戒するには、あらかじめ就業規則等に懲戒の種類・事由を定めておくことが必要である。また、懲戒事由は制限列挙と解釈されており、それ以外の事由で懲戒処分することはできない。
(2) 懲戒は、労働者の行為の性質、態様その他の事情に照らし、客観的に合理性、社会的相当性が認められなければ権利の濫用として無効となる。
(3) 状況の変化に応じて適切な懲戒処分をなし得るよう、懲戒処分の種類を追加・変更することは、著しく社会的妥当性を欠くものでなければ使用者の裁量権の範囲内として認められる。
(4) 懲戒処分事由を追加することは、企業秩序を維持するうえで使用者に広く裁量が認められ、懲戒権の濫用にあたらない限り差し支えないと考えられる。

1 懲戒処分の法的性質と留意事項

(1) 懲戒処分の法的性質

　一般的に多くの企業では、就業規則（または労働協約）に服務規律として、労働者が遵守すべき事項を定め、労働者の服務規律違反などの非違行為に対して使用者が制裁を加える懲戒処分に関する規定が設けられています。最高裁は、「企業は、この企業秩序を維持するため、これに必要な諸事項を規則をもって一般的に定め、あるいは具体的に労働者に指示、命令することができ」る（**昭52.12.13最高裁第三小法廷判決、富士重工事件、ID00248**）と判示し、企業秩序維持権が使用者にあることを認めています。

　使用者の懲戒権の根拠については、使用者は、固有の権能として、企業秩序に違反した労働者に対し、企業の秩序と円滑な業務運営の確保のために、企業からの排除、その他の制裁を課する懲戒権を有しているとする「固有権説」、使用者が懲戒権を行使するには、就業規則等の懲戒規定が労働契約の内容となることによって労使間の合意が成

立していることが前提であるとする「契約説」などの考え方がありますが、現在の学説上は契約説が多数説となっています。

懲戒処分は、企業秩序維持のために認められるものである一方、労働者に不利益を課すものですから、一定の規律違反があった場合に懲戒処分を行うことについて、労使間であらかじめ合意していなければ、使用者は労働者に懲戒処分を行うことはできません。上記判決が就業規則で定めるなどによって企業の秩序維持権（懲戒権）の行使を認めているように、就業規則や労働協約、労働契約などにより、労使間の合意があるからこそ懲戒処分が可能なのです。

最近の最高裁判決は、「使用者が労働者を懲戒するには、あらかじめ就業規則において懲戒の種別及び事由を定めておくことを要する（最高裁昭和54年10月30日第三小法廷判決〈編注：国労札幌支部事件、ID 01855〉）。そして、就業規則が法的規範としての性質を有する（最高裁昭和43年12月25日大法廷判決〈編注：秋北バス事件、ID 01480〉）ものとして、拘束力を生ずるためには、その内容を適用を受ける事業場の労働者に周知させる手続が採られていることを要するものというべきである。」（**平15.10.10最高裁第二小法廷判決、フジ興産事件、ID 08227**）、「使用者の懲戒権の行使は、企業秩序維持の観点から労働契約関係に基づく使用者の権能として行われる」（**平18.10.6最高裁第二小法廷判決、ネスレ日本事件、ID 08513**）と判示しており、契約説に近い立場をとっているといえます。

(2) 就業規則による懲戒処分の規定

懲戒処分の制度が設けられている場合には、就業規則に懲戒の種類と事由を定める必要があります（労基法第89条第9号）。

就業規則に定められている懲戒事由は、単なる例示ではなく、制限列挙と解され、それ以外の事由に基づいて使用者は懲戒処分はなし得ないと解されています（**昭32.12.24高松高裁判決、四国電力事件、ID 01689**）。

そのため、就業規則には懲戒事由をできるだけ具体的に定める必要がありますが、就業規則で個別具体的に列挙された事由に該当しなければ、実際に懲戒処分に値するような非違行為があっても、処分に付

すことができなくなってしまうため、実際には、このような具体的な懲戒事由を補完する形で「その他前各号に準ずる行為があったとき」などのような包括条項を定めている企業がかなりみられます。ただしこれは、前記最高裁判決の考えからみても、でき得る限り制限的・合理的に解すべきものと思われます。

(3) 懲戒処分の適正運用

労働者の行為が就業規則等の懲戒規定に該当し、使用者が懲戒権を行使する場合であっても、それまでの判例法理を実定法化した労契法において、「労働者の行為の性質及び態様その他の事情に照らして、客観的に合理的な理由を欠き、社会通念上相当であると認められない場合は、その権利を濫用したものとして、当該懲戒は、無効とする。」（第15条）とされています。

特に懲戒処分に相当性があるか否かは、刑事手続きの諸原則である①罪刑法定主義、②不遡及の原則、③一事不再理の原則、④平等取扱いの原則、⑤相当性の原則、⑥適正手続きの保障等に準じた適正な措置がとられていたか否かという点に留意する必要があります。

●●罪刑法定主義と刑事手続きの諸原則●●

罪刑法定主義とは、「法律なくして刑罰なし」と言い換えられるように、国家権力が国民に対して刑罰を科すには、犯罪とされる行為とそれに対する刑罰があらかじめ法律で定められていなければならないという原則です（憲法第31条参照）。

罪刑法定主義から、刑事不遡及の原則、一事不再理の原則、平等取扱いの原則、相当性の原則、適正手続きの保障などの諸原則が導かれます。

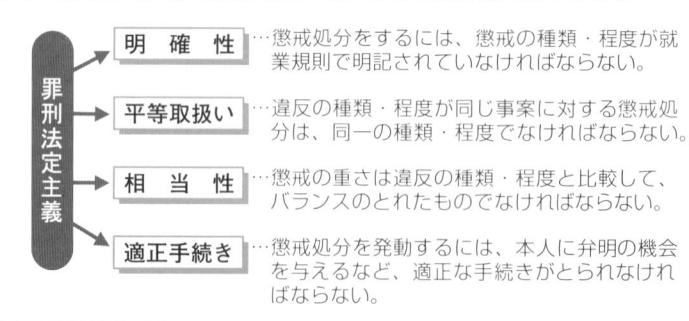

罪刑法定主義

- **明確性**…懲戒処分をするには、懲戒の種類・程度が就業規則で明記されていなければならない。
- **平等取扱い**…違反の種類・程度が同じ事案に対する懲戒処分は、同一の種類・程度でなければならない。
- **相当性**…懲戒の重さは違反の種類・程度と比較して、バランスのとれたものでなければならない。
- **適正手続き**…懲戒処分を発動するには、本人に弁明の機会を与えるなど、適正な手続きがとられなければならない。

2 就業規則への懲戒処分の種類の追加

懲戒処分の種類には、一般的にはけん責・戒告、減給、降格、出勤停止、懲戒解雇等が定められています（図表Ｑ58－１参照）。

企業社会の状況の変化に応じて適切な懲戒処分がなし得るよう、時代の変遷に応じて従来の就業規則の懲戒処分規定になかった懲戒処分の種類を追加・変更すること自体は、使用者の服務規律の維持の問題ですから差し支えないものと考えられます。

また、具体的な懲戒事案について懲戒処分を運用する場合も、基本的には事案に即して使用者の裁量にゆだねられるものですが、前記のとおり、客観的に合理性、社会通念上の相当性が認められるものでなければなりません。判例でも、「懲戒事由がある場合に、懲戒処分を行うかどうか、懲戒処分を行うときにいかなる処分を選ぶかは、懲戒権者の裁量に任されているものと解すべきである。もとより、右の裁量は、恣意に

図表Ｑ58－１　懲戒処分の種類

懲戒処分	内容
けん責・戒告	懲戒処分では最も軽い処分で、一般に始末書を提出させ、将来を戒めるもの。
減給	懲戒処分としての減給は、いわゆる秩序罰で、労働者が本来提供した労務に対して支払われるべき賃金の額から一定額を差し引くことをいう。
降格	懲戒として役職や職能資格を引き下げることをいい、これにともなって賃金も下がる場合が多い。
出勤停止	一定期間、出勤を停止するもので「自宅謹慎」とも呼ばれる。出勤停止期間中は労働していないことから、結果的に賃金は支払われず、また、通常勤続年数にも参入されない。 なお、出勤停止期間が比較的長期間（数カ月程度）にわたるものは、「懲戒休職」とも呼ばれる。
諭旨解雇	懲戒解雇を若干軽減したもので、労働者に辞表を提出させ、通常退職を促す形式によることが多い。退職金の取扱いは、減額・不支給となる場合が多いが、自己都合退職として支給するケースもある。
懲戒解雇	懲戒処分の中では最も重い処分であり、労働者を企業外に放逐すること。一般には即時解雇であり、退職金も減額・不支給とされる場合が多い。

わたることを得ないものであることは当然であるが、懲戒権者が右の裁量権の行使として行った懲戒処分は、それが社会観念上著しく妥当を欠いて裁量権を付与した目的を逸脱し、これを濫用したと認められる場合でない限り、その裁量権の範囲内にあるものとして、違法とならないものというべきである。したがって、裁判所が右の処分の適否を審査するにあたっては、懲戒権者と同一の立場に立って懲戒処分をすべきであったかどうか又はいかなる処分を選択すべきであったかについて判断し、その結果と懲戒処分とを比較してその軽重を論ずべきものではなく、懲戒権者の裁量権の行使に基づく処分が社会観念上著しく妥当を欠き、裁量権を濫用したと認められる場合に限り違法であると判断すべきものである。」(昭52.12.20最高裁第三小法廷判決、神戸税関事件、ID01817)とされています。

3 就業規則への懲戒処分の事由の追加

　就業規則に定める懲戒事由自体を追加することについては、就業規則では、懲戒処分の「種類及び程度」(労基法第89条第9号)を定めるべきことが規定されています。懲戒処分事由も企業社会の時代の変遷に応じ、新たな違反事項や従来は軽い事案とみられていたものがインターネット、Eメールの普及などIT社会の発達といった時代の変化から重大な結果を惹起する事犯に変化するといったこともあります。そこで、時代に応じた新しい懲戒事由を加えることは使用者の企業秩序維持権の中に含まれる裁量行為ですので、特に懲戒権の濫用にあたらない限り、新たな処分事由を追加することは差し支えありません。むしろ、このように時代の推移に応じて懲戒処分事由を追加・変更することは懲戒権の適切な行使上も必要なことです。

秘密保持義務等の強化と競業制限の厳格化

Q59 秘密保持義務、企業情報、個人情報の保護を強化するため、競業の制限や退職後の就業制限を厳しくするよう就業規則を改正しても差し支えありませんか？

Point

(1) 退職後に秘密保持義務を課すには、判例では、就業規則に根拠規定を置くか、個別の労働契約で合意することが必要とされる。また、その義務違反については公序良俗に反しない限り、義務の履行請求や損害賠償請求も可能である。
(2) 秘密保持義務の内容は、不正競争防止法、個人情報保護法などの規制も踏まえて就業規則の規定の整備をすることが重要である。
(3) 退職後に競業避止義務を課すには、あらかじめ就業規則や個別の合意で定めておくことが必要である。また、競業避止義務は、退職者の職業活動を制約することになるため、制限の期間、場所的範囲、対象職種の範囲、代償措置の有無等から必要最小限の合理的な範囲と認められるものでなければならない。
(4) 秘密保持義務や競業避止義務の違反に対して、退職金を不支給または減額することは不合理とはいえないが、裁判例では、制限の必要性、範囲、違反行為の背信性等を踏まえて不支給・減額処分の妥当性が判断されている。

　労働関係は継続的な人的関係ですから、労使当事者間の信頼関係のうえに成り立っています。こうした労働関係の特性から、労務を提供する労働者の義務、賃金を支払う使用者の義務といった労働契約の本来的な権利義務関係に付随して、労働者や使用者に義務が生じます。

　このうち、労働者が労働契約に付随して負う義務には、①誠実勤務義務、②企業秩序維持義務、③信用保持義務、さらに、④営業秘密の保持義務、⑤個人情報の保護義務、⑥競業避止義務といったものがあります。特に④から⑥の義務は、労働契約の存続中のみならず退職後においても問題となり、退職後にこれらの義務が課される根拠や義務違反の場合の制裁や損害賠償などをめぐって争われます。

1 労働者の秘密保持義務

多くの企業では、就業規則に「営業秘密保持義務」が謳われています。使用者の技術上及び営業上の必要はもちろん顧客のプライバシー保護のため、この義務は当然法的にも要請されます。在職中ならば信義則（労契法第3条第4号）上、労働者は労働契約に付随して秘密保持義務を負っています。

労働者の秘密保持義務違反については、就業規則等で懲戒規定や解雇事由を定めれば、使用者は懲戒処分や解雇とすることもなし得ます（懲戒処分については、**昭55.2.18東京高裁判決、古河鉱業事件、ID 03240**、解雇については、**昭43.7.16東京地裁判決、三朝電機製作所事件、ID 04296**等）。また、この義務に違反した労働者に、使用者は債務不履行や不法行為に基づく損害賠償を請求することもできます（**昭61.9.29名古屋地裁判決、美濃窯業事件、ID 03777**）。そして、「（秘密保持義務の）根拠が明確であれば履行請求も可能である」とする見解もあります（菅野和夫『労働法（第九版）』81頁）。

(1) 退職後の秘密保持義務

ところで、この種の法的対抗手段は、労働契約関係終了後も許容され得るかという問題があります。つまり、労働契約関係終了後は、退職者には職業選択の自由（憲法第22条第1項）がありますので、自由な経済活動をする権利に一定の制限を加えるには、法律上明記されている公務員等の守秘義務規定（国家公務員法第100条第1項、地方公務員法第34条第1項）のない一般的な私企業では、その根拠が問題となります。

退職後に秘密保持義務を課すには、裁判実務でも、①就業規則上に具体的な規定を定めるか、②個別的な労働契約上の合意が必要とされるのが一般的です。例えば、労使当事者間に在職中に知り得た企業秘密を退職後も漏えいしない旨の特約があった**フォセコ・ジャパン・リミティッド事件（昭45.10.23奈良地裁判決、ID 04206）**では、技術的秘密の開発・改良に企業は大きな努力を払っており、技術的秘密は当該企業の重要な財産を構成するとして、当該使用者の営業の秘密を

知り得る立場にある技術中枢の労働者に、退職後も秘密保持義務を負わせることは適切・有効であるとしています。

労働者には退職後の職業選択の自由がある一方で、企業にはパテントやノウハウ等企業秘密を保護する法益がありますので、退職後の秘密保持義務についての規定や合意は必要性や公序良俗に反しない限り、その履行請求（同判決）や、義務違反による損害賠償請求（平14.8.30東京地裁判決、ダイオーズサービシーズ事件、ID 08005）が認められます。なお、不法行為による損害賠償請求を認めた裁判例もあります（昭62.3.10東京地裁判決、アイ・シー・エス事件ID 06087）。

(2) 不正競争防止法、個人情報保護法による規制と秘密保持義務の厳格化

労働者の秘密保持義務については、企業社会の時々の変化によって厳格化されてきています。それを象徴するのが不正競争防止法の改正（平成17年、その後数次改正）による規制強化と個人情報保護法の制定（平成15年）です。

このような法令の各種規制を踏まえますと、一面では、就業規則等の規定を整備・改正しないとかえって事業主の責任が問われる時代となっているといえます。

①不正競争防止法による規制

不正競争防止法には、労働者が労働関係の存続中及び終了後も、不正な手段によって得た営業秘密を使用したり、開示した場合には、使用者は差止め、損害賠償、信用回復等の請求をできる旨の規定が設けられています。

ここで「営業秘密」とは、「秘密として管理されている生産方法、販売方法その他の事業活動に有用な技術上又は営業上の情報であって、公然と知られていないものをいう」（同法第2条第6項）のですが、これを「不正の利益を得る目的で、又はその保有者に損害を加える目的で」、使用ないし開示する行為は、営業秘密に関する不正競争の一種（第2条第1項第7号）であり、使用者は、かかる開示・使用行為につき差止め（第3条第1項）、損害賠償（第4条）、

侵害行為を組成した物の廃棄または侵害行為に供した設備の除却（第3条第2項）、信用回復の措置（第14条）などの救済を求めることができます。また、「営業秘密を保有者から示されたその役員〔理事、取締役、執行役、業務を執行する社員、監事若しくは監査役又はこれらに準ずる者をいう。〕又は従業者であった者であって、不正の利益を得る目的で、又はその保有者に損害を加える目的で、その在職中に、その営業秘密の管理に係る任務に背いてその営業秘密の開示の申込みをし、又はその営業秘密の使用若しくは開示について請託を受けて、その営業秘密をその職を退いた後に使用し、又は開示した者」は、10年以下の懲役または1,000万円以下の罰金に処する（第21条第1項第6号）と定められ、罰則が強化されています。

ただし、同法上の秘密保持義務の対象は、前記の「営業秘密」が中心となりますが、労働契約上の秘密保持義務は、「営業秘密」に限定されず、例えば会社のスキャンダルなどの事業活動にとって有用性を欠く情報であっても、労働契約上は秘密保持義務を課すことが可能です。

②個人情報保護法による規制

個人情報の保護に関する法律（個人情報保護法）第21条では「個人情報取扱事業者は、その従業者に個人データを取り扱わせるに当たっては、当該個人データの安全管理が図られるよう、当該従業者に対する必要かつ適切な監督を行わなければならない。」と定められ、データ等の安全管理対策としての労働者等への監督義務を課しています。

そして、「個人情報の保護に関する法律についての経済産業分野を対象とするガイドライン」（平21.10厚生労働省・経済産業省公表）では、「人的安全管理措置」として、「従業者に対する、業務上秘密と指定された個人データの非開示契約の締結や教育・訓練等を行うことをいう。」と定め、次の2点を「人的安全管理措置として講じなければならない事項」として明示しています。

> ①雇用契約時における従業者との非開示契約の締結、及び委託契約等（派遣契約を含む。）における委託元と委託先間での非開示契約の締結
> ②従業者に対する内部規程等の周知・教育・訓練の実施

2 競業避止義務の厳格化

(1) 在職中の競業避止義務

「競業避止義務」とは、競業関係にある他社に就職したり、同業で起業したりしないよう使用者が労働者に義務を課すもので、就業規則でこのような競業禁止規定を置いている企業も少なくありません。

しかし、就業規則に明文の規定があるか否かにかかわらず、労働契約が存続している間、つまり在職中は、労働者は契約の相手方である使用者に対して誠実に労務を提供する義務を負うのであって、このような労働契約に付随して使用者に損害を与えるような行為をしないことが信義則（労契法第3条第4項）上求められます。

したがって、在職中に労働者が競業行為を行えば、会社の利益を害する行為として懲戒処分の対象にもなりますし（ただし、懲戒事由は就業規則等であらかじめ定める必要があります。）、また、実際に損害が生じた場合には、その労働者に対して会社が損害賠償請求をすることも考えられます（民法第415条（債務不履行）、第709条（不法行為）など）。

(2) 退職後の競業避止義務
①競業避止義務の法的根拠

労働者の競業制限や競業避止義務が法的に問題となるのは、いわゆるヘッドハンティング（引き抜き）などによって労働者が退職後に同業他社に就職した場合や同業で新規開業したりする場合で、競業行為の差止め請求や損害賠償請求、退職金の減額・没収ができるか否かといった形で問題が生起されます。

退職後の他社への就職は、職業選択の自由（憲法第22条）が保障されていることから、使用者が退職労働者に対して就職を制限す

ることを当然にできるわけではありませんし、退職後は労働契約関係が終了しますので、本来退職労働者に使用者に対する義務を負わせることはできません。そこで、退職後も労働者に競業避止義務を負わせるための法的根拠が問題となります。

　この点について、裁判例では、労働関係の継続中に身に付けたものを退職後にどのように活かすかは各人の自由であり、この自由を束縛するには何らかの特約が必要であるとするもの（**昭43.3.27金沢地裁判決、中部機械製作所事件、ID 04287**）や、就業規則で競業避止義務について定めることも一応合理性があるとするもの（**平8.12.25大阪地裁判決、日本コンベンションサービス事件、ID 06890**）があります。したがって、退職後に競業避止義務を課すには、就業規則の規定あるいは個別の合意（特約）が必要と考えられます。

②競業避止義務の範囲

　退職後に労働者に競業避止義務を課すことが可能な場合でも、当該競業避止義務による労働者の就職・経済活動の自由に対する制限の範囲が妥当なものか否かが問題となります。

　前掲**フォセコ・ジャパン・リミティッド事件**判決では、営業上の秘密を知る中枢部の労働者の退職後における競業行為の禁止を認めながらも、「競業の制限（の特約）が合理的範囲を超え、債務者〔退職者〕らの職業選択の自由等を不当に拘束し、同人の生存を脅かす場合には、その制限は公序良俗に反し無効」であるとしています。そして、この合理的範囲の基準として「制限の期間、場所的範囲、制限の対象となる職種の範囲、代償の有無等について、債権者の利益（企業秘密の保護）、債務者の不利益（転職、再就職の不自由）及び社会的利害（独占集中の虞れ、それに伴う一般消費者の利害）の3つの視点」を挙げています。また、「規制対象」についても、「当該使用者のみが有する特殊な知識」を利用する行為であって、労働者が修得した知識は「同一業種の営業において普遍的なものである場合」に「雇用終了後（も）禁ずることは単純な競争の制限に他ならず被用者の職業選択の自由を不当に制限するものであって公序良

俗に反する」としています。同じく、**西部商事事件（平6.4.19福岡地裁小倉支部判決）** も、当該特約の合理的限定解釈をしながら「場所的に無制限、3年間」の同業他社に就職しないという特約は公序に反し無効であるとしています。

　最近の裁判例は、競業避止義務を課す範囲を厳格に判断する傾向があります（競業避止義務が課される対象期間に関して、前掲**フォセコ・ジャパン・リミティッド事件**は2年間・**ケプナー・トリゴー日本株式会社事件（平6.9.29東京地裁判決、ID 06489）** は1年間の競業避止義務を有効としています。これに対し、**東京貨物社事件（平9.1.27浦和地裁決定、ID 06900）** は3年間、**ニッシンコーポレーション事件（平10.12.22大阪地裁判決、ID 07631）** は5年間の競業避止義務を無効としています。）。

　なお、経済産業省が策定した「営業秘密管理指針」（平15.1.30経済産業省公表、平23.12.1改訂）では、就業規則・契約等による従業者、退職者等への秘密保持の要請の観点から、次のように示されています。

> 　契約、誓約書等により、営業秘密を開示した相手方（従業者、退職者等）の秘密保持義務を明確にする。
> 　就業規則や各種規程に秘密保持義務を規定し、従業者等に周知する。
> 　就業規則において秘密保持の規定を設ける場合には、労働関連法規に反しないよう留意する必要がある。
> 　退職者に秘密保持義務を課したい場合には、できる限り秘密保持契約を締結する。
> 【従業者、退職者等との間の秘密保持契約等の内容】
> 　秘密保持契約（誓約書を含む。）に盛り込む内容については、例えば①対象となる情報の範囲、②秘密保持義務及び付随義務、③例外規定、④秘密保持期間、⑤義務違反の際の措置等が挙げられる。

　以上のことから、秘密保持義務や競業避止義務については、事業活動の利益を守るうえで必要最小限の合理的な範囲と認められる限り、これらに関する規定を厳格化することは可能と考えられます。

3 退職金の減額・返還請求

　秘密保持義務や競業避止義務の担保のために、退職後一定期間内に競業他社に就職した場合には、退職金の全部または一部を減額する旨の規定を設け、違反があった場合に当該退職金を支払わないという方法がとられています。この就業規則に基づく退職金規程（則）の「同業他社へ就職した場合の退職金減額条項」の効力が争われた**三晃社事件（昭52.8.9最高裁第二小法廷判決、ID06707）**も、同業他社へ就職した労働者への退職金の一部返還請求を認めながらも「原審の確定した事実関係のもとにおいては、被上告会社が営業担当社員に対し退職後の同業他社への就職をある程度の期間制限することをもって直ちに社員の職業の自由等を不当に拘束するものとは認められず、したがって、被上告会社がその退職金規則において、右制限に反して同業他社に就職した退職社員に支給すべき退職金につき、その点を考慮して、支給額を一般の自己都合による退職の場合の半額と定めることも、本件退職金が功労報償的な性格を併せ有することにかんがみれば、合理性のない措置であるとすることはできない。」としています。

　したがって、「特約」や「就業規則」の競業避止を目的とする退職制限条項は、①退職後の競業制限の必要性、②その範囲（期間、地域等）、そして③競業行為の態様（どの程度背信的か）等に照らして解さざるを得ないといえます。例えば、「退職後6か月以内に同業他社に就職した場合（同業を自営した場合を含む）には退職金を支給しない」旨の就業規則の条項の効力が争われた**中部日本広告社事件（平2.8.31名古屋高裁判決、ID05465）**は「6か月以内の他社就職」のみならず退職金の請求権を「背信的事情の発生を解除条件」と解し、そして当該事情の有無を検討することから不支給の是非を判断しています。

　さらに、これら退職金不支給は、退職抑制の意味をもつとともに、秘密保持約定の違反にともなう損害賠償的な意味合いももつものといえます。明確な競業避止義務の定めがないが同業他社に転職した後に、人材の大量引抜きを行ったとして、退職一時金規程（就業規則）に基づく退職金の返還請求を「本件不支給規定は（中略）必ずしも、明確に競業避止義務を唄ったものではないが、原告の企業防衛のための規定であって、

従業員が同業他社に就職することによって、業務に著しい障害を与えるような場合をも想定した規定であ」るという理由からその不支給を正当と認めた**福井新聞社事件**（昭62.6.19福井地裁判決、ID 03059）も同じ意味合いがあります。

　ただ、このような退職後の制裁的意味の退職金返還ではなく、ストレートに損害賠償請求をする事件は、グローバリゼーションの波とともに今後は増えていくものと思われます。したがって、特許等の保護が強く要請される企業ほど秘密保持義務・競業避止義務条項を就業規則・特別合意などにより具体的に（退職の期間、場所、職務の範囲、保護すべき利益ごとの基準など）定めておき、後日トラブルが生じないようにすることが肝要です。

　また、就業規則をもって、秘密保持義務や競業避止義務の違反について退職金の全部または一部の減額措置を定めることも、今日では、企業の健全経営のために必要であって不合理とはいえないと思われます。

全訂　人事・労務管理シリーズⅠ　労働条件の決定・変更

巻末付録・裁判例等索引

民集…最高裁判所民事判例集　　　労民集…労働関係民事裁判例集　　　労旬…労働法律旬報
労判…労働判例　　　労経速…労働経済判例速報　　　判時…判例時報　　　判タ…判例タイムズ
知的財産例集…知的財産権関係民事・行政裁判例集　　　命令集…不当労働行為事件命令集

```
ＩＤ番号
　索引中、ＩＤ番号（ 00000 ）のある裁判例については、全基連のホームページから「労
働基準関係判例検索」へアクセスし、ＩＤ番号から検索すると、事案の概要・判決理由の
抜粋等を見ることができます。　▶ http://www.zenkiren.com 全基連 検索
```

【最高裁判所】

最高裁第二小法廷決定昭27.7.4民集6巻7号635頁［三井造船事件］ 01564 ……　67頁
最高裁第三小法廷判決昭29.11.16民集8巻11号2047頁［日本セメント事件］ 05338
　　……………………………………………………………………………………　254頁
最高裁第三小法廷判決昭43.3.12判タ221号135頁［電電公社事件］ 00972 ……　236頁
最高裁大法廷判決昭43.12.25民集22巻13号3459頁、判タ230号122頁［秋北バス事件］ 01480
　　………………………………………　15,30,69,70,71,75,87,95,103,153,163,299頁
最高裁第二小法廷判決昭48.1.19判時695号107頁［シンガー・ソーイング・メシーン事件］ 01130
　　…………………………………………………………………………………………　132頁
最高裁大法廷判決昭48.12.12判タ302号112頁［三菱樹脂事件］ 00044 ……　56頁
最高裁第三小法廷判決昭50.2.25民集29巻2号143頁［陸上自衛隊事件］ 03465 ……　9頁
最高裁第三小法廷判決昭52.8.9労経速958号25頁［三晃社事件］ 06707 ……　310頁
最高裁第二小法廷判決昭52.12.13労判287号7頁［富士重工事件］ 00248 ……　298頁
最高裁第二小法廷判決昭52.12.20判判288号24頁［神戸税関事件］ 01817 ……　302頁
最高裁第二小法廷判決昭54.7.20判タ399号32頁［大日本印刷事件］ 00173 ……　47,49頁
最高裁第三小法廷判決昭54.10.30民集33巻6号647頁、労判329号12頁［国労札幌運転区事件］ 01855 ……………………………………………………………………　95,299頁
最高裁第二小法廷判決昭57.9.10労判409号14頁［プリマハム事件］ ……………　30頁
最高裁第二小法廷判決昭58.7.15労判425号75頁［御国ハイヤー事件］ 01517 ……　81頁
最高裁第二小法廷判決昭58.11.25労判418号21頁［タケダシステム事件］ 01519
　　……………………………………………………………………………　75,87,167頁
最高裁第三小法廷判決昭59.4.10労判429号12頁［川義事件］ 03115 ……………　9頁
最高裁第一小法廷判決昭59.10.18労判458号4頁［日野自動車事件］ 01194 ……　123頁
最高裁第一小法廷判決昭61.3.13労判470号6頁［電電公社帯広局事件］ 00261 …　16頁
最高裁第二小法廷判決昭61.7.14労判477号6頁［東亜ペイント事件］ 03758 ……　293頁
最高裁第三小法廷判決昭63.2.16判判512号7頁［大曲市農協事件］ 03924
　　……………………………………　70,76,77,81,90,103,132,179,215,241,252頁
最高裁第二小法廷判決平2.11.26労判572号29頁［日新製鋼事件］ 05490 ………　132頁
最高裁第一小法廷判決平3.11.28労判594号7頁［日立製作所武蔵工場事件］ 05831
　　…………………………………………………………………………………………　38頁
最高裁第二小法廷判決平4.7.13労判630号6頁［第一小型ハイヤー事件］ 05934

………………………………………………………………… 84,88,202頁
最高裁第二小法廷判決平4.12.18民集46巻9号3006頁［協立倉庫事件］……………… 230頁
最高裁第二小法廷判決平6.1.31労判648号12頁［朝日火災海上保険事件］ 06237
……………………………………………………………………………………… 134頁
最高裁第一小法廷判決平7.3.9労判679号30頁［商大八戸ノ里ドライビングスクール事件］ 06508
……………………………………………………………………………………… 122頁
最高裁第三小法廷判決平8.3.26労判691号16頁［朝日火災海上保険（高田）事件］ 06785
…………………………………………………… 22,104,107,108,183,215頁
最高裁第二小法廷判決平9.2.28労判710号12頁［第四銀行事件］ 06918
…………………… 70,72,73,76,78,79,80,81,83,84,86,88,90,103,153,163,183頁
最高裁第一小法廷判決平9.3.27労判713号27頁［朝日火災海上保険（石堂）事件］
……………………………………………………………………………… 104,215頁
最高裁第一小法廷判決平12.3.9労判778号11頁［三菱重工業長崎造船所事件］ 07520
……………………………………………………………………………………… 48頁
最高裁第一小法廷判決平12.9.7労判787号6頁［みちのく銀行事件］ 07602
………………………………… 70,72,73,76,77,79,80,85,86,88,89,90,103,180,227頁
最高裁第三小法廷判決平12.9.12労判788号23頁［北都銀行（旧羽後銀行）事件］ 07604
……………………………………………………………… 78,80,82,153,164頁
最高裁第二小法廷判決平12.9.22労判788号17頁［函館信用金庫事件］ 07608
……………………………………………………………… 80,82,89,153,164頁
最高裁第三小法廷決定平12.11.28労判797号12頁［中根製作所事件］ 07621 ……… 105頁
最高裁第二小法廷判決平15.10.10労判861号5頁［フジ興産事件］ 08227
………………………………………………………………………… 17,71,95,299頁
最高裁第一小法廷判決平15.12.18労判866号14頁［北海道国際航空事件］ ……… 134,185頁
最高裁第三小法廷判決平18.4.11労判915号26頁［住友軽金属工業（団体定期保険第1）事件］ 08469 ……………………………………………………………… 273,274頁
最高裁第三小法廷判決平18.4.11労判915号51頁［住友軽金属工業（団体定期保険第2）事件］
……………………………………………………………………………… 273,274頁
最高裁第二小法廷判決平18.10.6労判925号11頁［ネスレ日本事件］ 08513 ……… 299頁
最高裁第三小法廷判決平19.12.18労判951号5頁［福岡雙葉学園事件］ 08619
……………………………………………………………………………… 185,191頁
最高裁第三小法廷決定平22.6.8労判1003号98頁［NTTグループ企業事件］………… 284頁

【高等裁判所】
高松高裁判決昭32.12.24労民集8巻6号834頁［四国電力事件］ 01689 …………… 299頁
大阪高裁判決昭41.1.20労民集17巻1号27頁［コクヨ事件］ 00665 ……………… 94頁
東京高裁判決昭43.1.26労判37号2頁［国鉄田町電車区事件］……………………… 117頁
東京高裁判決昭44.7.24判タ239号175頁［江戸川製作所事件］ 01073 …………… 237頁
東京高裁判決昭49.8.27判時761号107頁［日本ルセル事件］ 01043 ……………… 225頁
東京高裁判決昭49.8.28時報750号21頁［エールフランス事件］ 00281 …………… 141頁
東京高裁判決昭55.2.18労民集31巻1号49頁［古河鉱業事件］ 03240 …………… 304頁
東京高裁判決昭56.7.16労判458号15頁［日野自動車事件］ 01188 ……………… 123頁
東京高裁判決昭58.12.19労判421号33頁［八洲（旧八洲測量）事件］ 00154 ……… 46頁
大阪高裁判決昭59.5.30労判437号34頁［黒川乳業事件］…………………………… 112頁
名古屋高裁判決昭60.11.27労民集36巻6号691頁［日本トラック事件］…………… 103頁
東京高裁判決昭62.2.26労判492号16頁［タケダシステム事件］ 03021 …………… 167頁

巻末付録 313

高松高裁判決昭63.4.27労判537号71頁［御国ハイヤー事件］ 04013 …………… 219頁
大阪高裁判決平2.3.8労判575号59頁［千代田工業事件］ 05253 …………… 45頁
名古屋高裁判決平2.8.31労判569号37頁［中部日本広告社事件］ 05465 ………… 310頁
大阪高裁判決平3.12.25労判621号80頁［京都広告社事件］ 06001 …………… 231頁
東京高裁判決平4.8.28労判615号18頁［第四銀行事件］ 06713 …………… 182頁
福岡高裁判決平4.12.21労判691号22頁［朝日火災海上保険事件］ 06716 …… 182頁
大阪高裁判決平5.6.25労判679号32頁［商大八戸ノ里ドライビングスクール事件］ 32,122頁
東京高裁判決平6.12.26労旬1357号60頁［上尾タクシー事件］ …………… 220頁
大阪高裁判決平7.2.14判タ889号281頁［朝日火災海上保険（石堂）事件］ …… 103頁
東京高裁判決平7.6.28労判686号55頁［東京中央郵便局事件］ …………… 118頁
名古屋高裁判決平7.7.19労判700号95頁［名古屋学院事件］ 06539 …… 278頁
東京高裁判決平8.5.29労判694号29頁［帝国臓器事件］ 06813 …………… 294頁
大阪高裁判決平10.7.22労判748号98頁［駸々堂事件］ 07161 …………… 183,186頁
広島高裁判決平10.12.14労判758号50頁［パリス観光事件］ 07418 …… 273頁
東京高裁判決平12.4.19労判787号35頁［日新火災海上保険事件］ 07542 …… 46頁
東京高裁判決平12.7.26労判789号6頁［中根製作所事件］ 07584 …………… 105頁
東京高裁判決平12.12.27労判809号82頁［更生会社三井埠頭事件］ 07701 …… 133,187頁
広島高裁判決平13.5.23労判811号21頁［マナック事件］ 07760 …………… 206頁
名古屋高裁判決平14.4.24労判829号38頁［住友軽金属工業（団体定期保険第2）事件］ 07955
……………………………………………………………………………………………… 273頁
東京高裁判決平14.11.26労判843号20頁［日本ヒルトン事件］ 08080 ………… 141,165頁
東京高裁判決平15.2.6労判849号107頁［県南交通事件］ 08117 ………… 184,204頁
東京高裁判決平15.4.24労判851号48頁［キョーイクソフト事件］ 08156 ……… 204頁
高松高裁判決平15.5.16労判853号14頁［奥道後温泉観光バス事件］ 08170 …… 184頁
東京高裁判決平15.12.11労判867号5頁［小田急電鉄事件］ …………… 246頁
広島高裁判決平16.4.15労判879号82頁［鞆鉄道事件］ …………… 105頁
大阪高裁判決平16.5.19労判877号41頁［NTT西日本事件］ …………… 185頁
名古屋高裁判決平17.6.23労判951号74頁［名古屋国際芸術文化交流財団事件］ …… 185頁
福岡高裁宮崎支部判決平17.11.30労判953号71頁［牛根漁業協同組合事件］ 08548
……………………………………………………………………………………………… 185頁
大阪高裁判決平18.4.14労判915号60頁［ネスレ日本事件］ 08471 ………… 297頁
東京高裁判決平18.4.19労判917号40頁［高宮学園（東朋学園）事件］ 08472 …… 185頁
福岡高裁判決平18.5.18労判950号73頁［栄光福祉会事件］ 08481 ………… 185頁
東京高裁判決平18.6.22労判920号5頁［ノイズ研究所事件］ 08494 …… 92,185,204頁
大阪高裁判決平19.1.19労判937号135頁［クリスタル観光バス（賃金減額）事件］ 08536
……………………………………………………………………………………………… 185頁
大阪高裁判決平19.5.17労判943号5頁［関西金属工業事件］ 08572 ………… 141頁
東京高裁判決平20.2.13労判956号85頁［日刊工業新聞社事件］ 08628 ……… 185頁
東京高裁判決平20.3.25労判959号61頁［東武スポーツ（宮の森カントリー倶楽部）事件］ 08632
……………………………………………………………………………………………… 186,187頁
東京高裁判決平20.4.9労判959号6頁［日本システム開発研究所事件］ 08638 …… 212頁
東京高裁判決平20.4.23労判960号25頁［中央建設国民健康保険組合事件］ 08641
……………………………………………………………………………………………… 104,105頁

【地方裁判所】
京都地裁判決昭24.4.9労民集3号167頁［京都市職員組合連合会事件］ 00001 … 160頁

京都地裁判決昭24.10.20労民集7号56頁［京都市事件］ 01528 ……………………… 67頁
福岡地裁判決昭33.6.4労民集9巻3号233頁［夕刊フクニチ新聞社事件］………… 20頁
金沢地裁判決昭43.3.27判時522号83頁［中部機械製作所事件］ 04287 ………… 308頁
東京地裁判決昭43.7.16判タ226号127頁［三朝電機製作所事件］ 04296 ………… 304頁
東京地裁判決昭43.8.31判タ230号233頁［日本電気事件］ 04305 ………………… 294頁
東京地裁判決昭44.7.19労民集20巻4号813頁［桂川精螺製作所事件］ …………… 112頁
岡山地裁玉島支部判決昭44.9.26判タ243号249頁［栗山製麦事件］ 01075 ……… 243頁
津地裁判決昭45.6.11労民集21巻3号900頁［日本合成ゴム事件］ 04188 ……… 294頁
奈良地裁判決昭45.10.23判時624号78頁［フォセコ・ジャパン・リミティッド事件］ 04206
……………………………………………………………………………… 304,308,309頁
福井地裁判決昭46.3.26労民集22巻2号355頁［福井放送事件］ 03675 ………… 109頁
大阪地裁判決昭49.3.6判時745号97頁［古田鉄工所事件］ 03506 ……………… 109頁
大阪地裁判決昭49.5.16労経速848号8頁［外銀労事件］ ………………………… 220頁
名古屋地裁判決昭49.5.31労経速857号19頁［中島商事事件］ 00595 ………… 237頁
東京地裁判決昭50.3.11判時778号105頁［ダイコー事件］ 01497 ……………… 278頁
神戸地裁決定昭51.9.6労民集27巻5号455頁［関西弘済整備事件］ 01198 …… 94頁
大阪地裁決定昭53.3.1労判298号73頁［大阪白急タクシー事件］ ……………… 102頁
大阪地裁判決昭54.5.17労例322号60頁［佐野安船渠事件］ 01509 …………… 110頁
東京地裁八王子支部判決昭55.6.16労判458号18頁［日野自動車事件］ ………… 123頁
名古屋地裁判決昭55.10.8労判353号46頁［梶鋳造所事件］ 01049 …………… 218頁
大阪地裁判決昭55.12.19労判356号9頁［北港タクシー事件］ 00236 ……… 102,110頁
大阪地裁判決昭57.1.29労判380号25頁［黒川乳業事件］ ……………………… 112頁
東京地裁決定昭57.12.16労判399号32頁［日本ブリタニカ事件］ 01054 ……… 219頁
東京地裁判決昭58.2.24判時405号41頁［ソニー・ソニーマグネプロダクツ事件］ 01515
……………………………………………………………………………… 121,167,252頁
名古屋地裁判決昭59.3.23労判439号64頁［ブラザー工業事件］ 00204 ……… 59頁
名古屋地裁判決昭60.1.18労判457号77頁［日本トラック事件］ 01577 ……… 102頁
東京地裁判決昭60.11.20労判464号17頁［雅叙園観光事件］ …………………… 59頁
東京地裁判決昭61.1.27労判468号6頁［津軽三年味噌販売事件］ 00495 ……… 232頁
名古屋地裁判決昭61.9.29労判499号75頁［美濃窯業事件］ 03777 …………… 304頁
東京地裁判決昭62.3.10判タ650号203頁［アイ・シー・エス事件］ 06087 …… 305頁
福井地裁判決昭62.6.19労判503号83頁［福井新聞社事件］ 03059 ……… 244,311頁
東京地裁判決昭63.2.24労判512号22頁［国鉄蒲田電車区事件］ 03928 …… 32,120頁
横浜地裁小田原支部判決昭63.6.7労判519号26頁［国鉄国府津運転所事件］ 03973
…………………………………………………………………………………………… 117頁
大阪地裁判決昭63.11.2労判531号100頁［阪神高速道路公団事件］ …………… 246頁
長崎地裁判決平元.2.10労判534号10頁［三菱重工業長崎造船所事件］ 03998 … 32,120頁
福岡地裁小倉支部判決平元.5.30労判545号26頁［朝日火災海上保険事件］ 06711
…………………………………………………………………………………………… 182頁
神戸地裁判決平2.1.26労判562号87頁［朝日火災海上保険（石堂）事件］（仮処分異議審）
04857 ………………………………………………………………………………… 182頁
京都地裁判決平3.3.20労判601号72頁［京都広告社事件］ 05754 …………… 186頁
名古屋地裁判決平3.5.31労判592号46頁［名古屋学院事件］ 05766 ………… 277頁
大阪地裁決定平3.6.17労判592号23頁［阪神交通管理事件］ 05542 ………… 150頁
神戸地裁判決平5.2.23労判629号88頁［朝日火災海上保険（石堂）事件］ 06075
…………………………………………………………………………………………… 103頁

巻末付録 315

青森地裁判決平5.3.16労判630号19頁［青森放送事件］ 06127 …………… 182頁
広島地裁判決平5.10.12労判643号19頁［JR西日本事件］ 06347 …………… 220頁
東京地裁判決平5.11.19労判648号60頁［サンルース東京販売事件］ …………… 186頁
大阪地裁決定平6.3.31労判670号79頁［駸々堂事件］（仮処分） 06360 …………… 186頁
福岡地裁小倉支部判決平6.4.19労旬1360号48頁［西部商事件］ …………… 309頁
福岡地裁判決平6.6.22労判673号138頁［福岡中央郵便局事件］ 06368 ……… 182,189頁
大阪地裁決定平6.8.10労判658号56頁［東海旅客鉄道（出向命令）事件］ 06297 …………… 103頁
東京地裁判決平6.9.29判時1543号134頁［ケプナー・トリゴー日本株式会社事件］ 06489 …………… 309頁
函館地裁判決平6.12.22労判665号33頁［函館信用金庫事件］ 06723 …………… 159頁
東京地裁判決平7.3.29労判685号106頁［山翔事件］ …………… 186頁
東京地裁決定平7.4.13労判675号13頁［スカンジナビア航空事件］ 06451 …………… 138,141頁
東京地裁判決平7.5.17労判677号17頁［安田生命保険事件］ 06524 …………… 103頁
大阪地裁決定平7.9.22労判681号31頁［駸々堂事件］（仮処分異議審） 06562 …… 183頁
大阪地裁決定平7.10.24労判692号67頁［大阪相互タクシー事件］ 06738 …………… 31頁
大阪地裁決定平8.5.20労判697号42頁［駸々堂事件］ 06809 …………… 183,186頁
東京地裁決定平8.12.11労判711号57頁［アーク証券事件］ 06884 …………… 199頁
大阪地裁決定平8.12.25労判711号30頁［日本コンベンションサービス事件］ 06890 …………… 308頁
東京地裁決定平9.1.24判時1592号137頁［ダイエフアイ西友事件］ 06897 …… 211頁
浦和地裁決定平9.1.27判時1618号115頁［東京貨物社事件］ 06900 …………… 309頁
大阪地裁判決平9.3.21労経速1646号21頁［第一自動車工業事件］ 06926 …………… 186頁
大阪地裁判決平9.3.24労経速1649号6頁［新日本通信事件］ 06927 …………… 295頁
静岡地裁浜松支部判決平9.3.24判判713号39頁［文化シャッター事件］ 06928 … 272頁
大阪地裁判決平9.3.26労判719号44頁［大阪市交通局協力会事件］ 06934 …………… 131頁
名古屋地裁判決平9.5.12労判717号197頁［日本エルシーコンサルタンツ事件］ …… 271頁
大阪地裁判決平9.5.19労判725号72頁［松原交通事件］ 07005 …………… 220頁
大阪地裁判決平9.5.26労判717号14頁［長谷工コーポレーション事件］ 06948 … 262頁
東京地裁判決平9.6.23労判719号25頁［JR東日本（杉並寮）事件］ 06961 …………… 254,255頁
大阪地裁判決平10.8.31労判751号38頁［大阪労働衛生センター第一病院事件］ 07170 …………… 139,141頁
東京地裁判決平10.9.25労判746号7頁［新日本証券事件］ 07184 …………… 262頁
東京地裁判決平10.10.5労判758号82頁［東京油槽事件］ 07225 …………… 183頁
大阪地裁判決平10.12.22知的財産例集30巻4号1000頁［ニッシンコーポレーション事件］ 07631 …………… 309頁
東京地裁判決平11.1.19労判764号87頁［エイパック事件］ …………… 186頁
大阪地裁判決平11.1.27労判760号69頁［池添産業事件］ 07273 …………… 183,190頁
東京地裁判決平11.8.24労判780号84頁、労経速1733号3頁［日本貨物鉄道（賃金請求）事件］ 07441 …………… 183頁
東京地裁決定平11.11.24労経速1748号3頁［日本ヒルトン事件］ 07465 …………… 165頁
東京地裁判決平11.11.25労判778号49頁［日本航空（操縦士）事件］ 07466 …… 155頁
東京地裁判決平11.11.26労判778号40頁［東京アメリカンクラブ事件］ 07468 … 186頁
東京地裁判決平11.12.17労判778号28頁［日本交通事業社事件］ 07479 …………… 204頁

名古屋地裁判決平11.12.27労判780号45頁［日本貨物鉄道（定年時差別）事件］ 07487
.... 183頁
東京地裁判決平12.1.31労判785号45頁［アーク証券（本訴）事件］ 07503
.... 131,133,200頁
東京地裁判決平12.2.8労判787号58頁［シーエーアイ事件］ 07508 .... 211,212頁
東京地裁判決平12.2.14労判780号9頁［須賀工業事件］ 07509 .... 219頁
大阪地裁判決平12.2.28労判781号43頁［ハクスイテック事件］ 07517 .... 202,241頁
横浜地裁川崎支部判決平12.6.9労判809号86頁［更生会社三井埠頭事件］ 07655
.... 187頁
東京地裁八王子支部判決平12.6.28労判821号35頁［八王子信用金庫事件］ 07842
.... 183頁
大阪地裁判決平12.8.25労判795号34頁［公共社会福祉事業協会事件］ 07596
.... 183,190頁
東京地裁判決平12.12.18労判807号52頁［アスカ事件］ 07692 .... 242頁
浦和地裁判決平13.2.16労判849号114頁［県南交通事件］................. 184頁
福岡地裁小倉支部判決平13.8.9労判822号79頁［九州自動車学校事件］ 07793 ... 150頁
札幌地裁判決平13.8.23労判815号46頁［日本ニューホランド事件］ 07796 ..... 184,187頁
大分地裁判決平13.10.1労判837号76頁［九州運送事件］ 07877 .... 184頁
大阪地裁決定平13.12.26労経速1797号13頁［大阪国際観光バス事件］ 07901 ... 184頁
東京地裁判決平14.3.29労判827号51頁［全国信用不動産事件］ 07941 .... 184頁
東京地裁判決平14.5.29労判832号36頁［日本ロール製造事件］ 07973 .... 184,191頁
東京地裁決定平14.6.21労判835号60頁［西東社事件］ 07980 .... 187頁
東京地裁決定平14.7.31労判835号25頁［杉本石油ガス事件］ 07994 .... 184頁
神戸地裁判決平14.8.23労判836号65頁［全日本検数協会（賃金減額）事件］ 08001
.... 184頁
東京地裁判決平14.8.30労判838号32頁［ダイオーズサービシーズ事件］ 08005 ... 305頁
東京地裁判決平14.10.29労経速1824号16頁［トピック事件］ 08025 .... 187頁
東京地裁決定平14.12.27労判861号69頁［明治図書出版事件］ 08097 .... 297頁
東京地裁判決平15.4.21労判850号38頁［一橋出版事件］.................. 187頁
東京地裁決定平15.5.6労経速1852号13頁［日伸プロセス・ニッシンライトカラー事件］
.... 187頁
東京地裁判決平15.5.7労経速1852号3頁［全国信用不動産事件］........... 184頁
大阪地裁判決平15.9.3労判867号74頁［東豊観光（賃金減額）事件］......... 187頁
東京地裁判決平15.10.29労判866号40頁［日本航空（機長管理職長時間乗務手当）事件］
.... 184頁
津地裁判決平16.10.28労判883号5頁［第三銀行事件］.................... 185,229頁
東京地裁判決平17.1.28労判890号5頁［宣伝会議事件］.................. 49,50頁
東京地裁判決平18.5.26労判918号5頁［岡部製作所事件］ 08485 .... 187頁
東京地裁判決平18.10.25労判928号5頁［マッキャンエリクソン事件］ 08519 ... 207頁
東京地裁判決平19.2.14労判938号39頁［住友重機械工業事件］ 08651 ...... 185頁
東京地裁判決平19.3.26労判943号41頁［中山書店事件］ 08660 .... 212頁
大阪地裁判決平19.4.19労判948号50頁［中谷倉庫事件］ 08665 .... 185頁
さいたま地裁川越支部判決平20.10.23労判972号5頁［初雁交通事件］ 08739 ... 186頁

【労働委員会命令】

中労委命令昭50.6.18命令集55集693頁・労判232号50頁［商大自動車教習所事件］ ... 126頁

巻末付録 317

大分地労委命令昭57.8.30命令集72集206頁・労判396号105頁［泉都別府タクシー事件］
………………………………………………………………………………………… 30頁
東京地労委命令平7.3.7命令集101集331頁［明和会事件］…………………………… 31頁

【参考文献】
『労働法 第九版』菅野和夫 著（弘文堂）
『五訂新版 労働組合法 労働関係調整法』厚生労働省労政担当参事官室 編（労務行政）
『労働組合法』菊池勇夫、林迪広 著（日本評論新社）
『雇用システムと労働条件変更法理』荒木尚志 著（有斐閣）
『労働契約法』土田道夫 著（有斐閣）
『季刊労働法 104号』（総合労働研究所）
『労働組合法 第2版』山口浩一郎 著（有斐閣）
『新版 労働法』石井照久 著（弘文堂）
『講座 21世紀の労働法 第3巻 労働条件の決定と変更』日本労働法学会 編（有斐閣）
『労働関係民事・行政事件担当裁判官協議会における協議の概要』（労働法律旬報1524号）
『ジュリスト1024号 平成4年度重要判例解説』（有斐閣）
『新版 新法律学辞典』（有斐閣）
『人事労務用語辞典 第6版』（日本経団連出版）

全訂 人事・労務管理シリーズⅠ **労働条件の決定・変更**

平成24年10月16日 初版発行

監　修　安西法律事務所
編　者　社団法人 全国労働基準関係団体連合会
発　行　社団法人 全国労働基準関係団体連合会
　　　　〒101-0052 東京都千代田区神田小川町3-28-2
　　　　　　　　　立花書房ビル302
　　　　TEL 03-5283-1030
　　　　FAX 03-5283-1032
　　　　http://www.zenkiren.com
発売元　労働調査会
　　　　〒170-0004 東京都豊島区北大塚2-4-5
　　　　TEL 03-3915-6401
　　　　FAX 03-3918-8618
　　　　http://www.chosakai.co.jp/

ISBN978-4-86319-155-6 C3032

落丁・乱丁はお取り替えいたします。
本書の全部または一部を無断で複写複製することは、法律で認められた場合を除き、著作権の侵害となります。